Das Steuerrecht im Staatshaushaltssystem der DDR

AF821295

Europäische Hochschulschriften

Publications Universitaires Européennes
European University Studies

Reihe II
Rechtswissenschaft

Série II Series II
Droit
Law

Bd./Vol. 5126

PETER LANG
Frankfurt am Main · Berlin · Bern · Bruxelles · New York · Oxford · Wien

Sandra Duda

Das Steuerrecht im Staatshaushaltssystem der DDR

PETER LANG
Internationaler Verlag der Wissenschaften

Bibliografische Information der Deutschen Nationalbibliothek
Die Deutsche Nationalbibliothek verzeichnet diese Publikation in der Deutschen Nationalbibliografie; detaillierte bibliografische Daten sind im Internet über http://dnb.d-nb.de abrufbar.

Zugl.: Berlin, Freie Univ., Diss., 2010

Gedruckt auf alterungsbeständigem,
säurefreiem Papier.

D 188
ISSN 0531-7312
ISBN 978-3-631-61305-4

© Peter Lang GmbH
Internationaler Verlag der Wissenschaften
Frankfurt am Main 2011
Alle Rechte vorbehalten.

Das Werk einschließlich aller seiner Teile ist urheberrechtlich geschützt. Jede Verwertung außerhalb der engen Grenzen des Urheberrechtsgesetzes ist ohne Zustimmung des Verlages unzulässig und strafbar. Das gilt insbesondere für Vervielfältigungen, Übersetzungen, Mikroverfilmungen und die Einspeicherung und Verarbeitung in elektronischen Systemen.

www.peterlang.de

Meinen Eltern

Vorwort

Die vorliegende Arbeit wurde im Wintersemester 2008/2009 als Dissertation von der Juristischen Fakultät der Freien Universität Berlin angenommen und befindet sich auf dem Stand von Juli 2010. Sie hat ein Thema zum Inhalt, welches sicherlich manchen überraschen dürfte, ist doch das Steuerrecht der DDR schon seit langem Geschichte. Wer jedoch einmal die Gelegenheit hat, sich mit ausgewählten Fragen zu diesem Thema aus heutiger Sicht zu befassen, wird auf interessante Aspekte treffen.

Ich möchte mich an dieser Stelle ganz herzlich bei meinem Doktorvater, Herrn Prof. Dr. Markus Heintzen, für die Anregung zur Bearbeitung dieses Themas, für die Betreuung der Promotion und für die in vielfältiger Weise erfolgte Förderung der Fertigstellung der Arbeit, bedanken.

Ebenfalls möchte ich Herrn Prof. Dr. Thomas Stapperfend von der Humboldt Universität zu Berlin für die Erstellung des Zweitgutachtens danken.

Ferner danke ich Susann Rochlitz und Usama El-Tounsy, die mich in diesen Jahren immer wieder zur Fertigstellung dieser Arbeit ermuntert und motiviert haben.

Ein ganz besonderer Dank gilt meinen Eltern Dietlind und Waldemar Duda. Ihre uneingeschränkte Förderung meines Studiums und ihre große und liebevolle Unterstützung während der Promotionszeit haben die Anfertigung der vorliegenden Arbeit erst ermöglicht. Ihnen ist diese Arbeit gewidmet.

Berlin, im August 2010

Sandra Duda

Inhaltsverzeichnis

Abkürzungsverzeichnis

Abs. ....Absatz
AO ....Abgabenordnung
AöR.................................Archiv des öffentlichen Rechts (Zeitschrift)
Art. ....Artikel
AStR ....Richtlinien zur Besteuerung des Arbeitseinkommens
AStVO ....Verordnung zur Besteuerung des Arbeitseinkommens
Az. ....Aktenzeichen
BB...................................Betriebsberater (Zeitschrift)
Bd. ....Band
BefStG ....Beförderungsteuergesetz
BFH ....Bundesfinanzhof
BFH/NV ....Sammlung der Entscheidungen des Bundesfinanzhofs
BGB ....Bürgerliches Gesetzbuch
BGBl. ....Bundesgesetzblatt
BHO................................Bundeshaushaltsordnung
BK...................................Bonner Kommentar zum Grundgesetz
BMF ....Bundesministerium der Finanzen
BStBl. II..........................Bundessteuerblatt Teil 2
BVerfG ....Bundesverfassungsgericht
BVerfGE..........................Amtliche Sammlung der Entscheidungen des Bundesverfassungsgerichts
bzw. ....beziehungsweise
dass. ....dasselbe
d. ....des
DB...................................Der Betrieb (Zeitschrift)
DDR................................Deutsche Demokratische Republik
ders. ....derselbe
DFW ....Deutsche Finanzwirtschaft (Zeitschrift)
d.h. ....das heißt

DStR ....Deutsches Steuerrecht (Zeitschrift)

DStZ ....Deutsche Steuer-Zeitung (Zeitschrift)

DStZ/A ....Deutsche Steuer-Zeitung / Ausgabe A (Zeitschrift)

DWK................................Deutsche Wirtschaftskommission für die sowjetische Besatzungszone Deutschlands

DWS ....Deutsches Wissenschaftliches Steuerinstitut

DZFA...............................Deutsches Zentralfinanzamt

DZFD...............................Deutsche Zentralfinanzdirektion

DZFV...............................Deutsche Zentralfinanzverwaltung

EFG.................................Entscheidungen der Finanzgerichte

ErbStG.............................Erbschaftsteuergesetz

EStG ....Einkommensteuergesetz

f. ....folgende (Seite / Paragraph)

ff. ....folgende (Seiten / Paragraphen)

FG ....Finanzgericht

FGO ....Finanzgerichtsordnung

Fn. ....Fußnote

FR ....Finanz-Rundschau (Zeitschrift)

FS...................................Festschrift

GBl. ....Gesetzblatt

GewStG ....Gewerbesteuergesetz

GG ....Grundgesetz

GrEStG ....Grunderwerbsteuergesetz

GrStG.............................Grundsteuergesetz

HdbFW ....Handbuch der Finanzwissenschaft

HdwStG..........................Gesetz über die Besteuerung der Handwerker

HGrG..............................Gesetz über die Grundsätze des Haushaltsrechts des Bundes und der Länder

Hrsg. ....Herausgeber

HStR ....Handbuch des Staatsrechts

HStVO ....Verordnung über die Erhebung der Hundesteuer

HwStR ....Handwörterbuch des Steuerrechts
i.d.F. v. ....in der Fassung vom
i.V.m. ....in Verbindung mit
JR...................................Juristische Rundschau (Zeitschrift)
KG ....Kommanditgesellschaft
KoHStVO ....Verordnung über die Besteuerung der Kommissionshändler
KraftStVO ....Verordnung über die Kraftfahrzeugsteuer
KStG ....Körperschaftsteuergesetz
LPG.................................Landwirtschaftliche Produktionsgenossenschaft
MdF ....Ministerium der Finanzen
m.w.N. ....mit weiterem Nachweis / mit weiteren Nachweisen
Nr...................................Nummer
PGH ....Produktionsgenossenschaft des Handwerks
PGHStG..........................Gesetz über die Besteuerung der Produktionsgenossenschaften des Handwerks und ihrer Mitglieder
RAO................................Reichsabgabenordnung
RennwLottG ....Rennwett- und Lotteriegesetz
RGBl. ....Reichsgesetzblatt
Rn. ....Randnummer
S. ....Seite / Satz
SBZ................................Sowjetische Besatzungszone Deutschlands
SMAD............................Sowjetische Militäradministration
s.o. ....siehe oben
sog. ....sogenannt
StHOG ....Gesetz über die Staatshaushaltsordnung der DDR
StRO ....Die Steuerrechtsordnung
StuW ....Steuer und Wirtschaft (Zeitschrift)
u. ....und
u.a. ....unter anderem
UStG ....Umsatzsteuergesetz

usw. ....und so weiter
v. ....von
VEB ....Volkseigener Betrieb
VergnStVO ....Verordnung über die Erhebung der Vergnügungsteuer
vgl. ....vergleiche
VOBl. ....Verordnungsblatt
VStG ....Vermögensteuergesetz
VVB................................Vereinigung volkseigener Betriebe
WPg ....Die Wirtschaftsprüfung (Zeitschrift)
WRV ....Weimarer Reichsverfassung
z.B. ....zum Beispiel
Ziff. ....Ziffer
ZVOBl. ....Zentralverordnungsblatt
zzgl. ....zuzüglich

Einleitung

Die Wurzeln des Steuersystems der DDR lagen im traditionellen Abgabensystem Deutschlands. Die von der Sowjetischen Militäradministration 1945 veranlasste Wiederaufnahme der Steuerzahlungen erfolgte auf der Grundlage der ursprünglich für Gesamtdeutschland gültigen Steuergesetze. Diese waren bis zum Beschluss über die Bekanntmachung der Neufassung von Rechtsvorschriften auf dem Gebiete der Steuern und Abgaben vom 18. September 1970[1] größtenteils zumindest formell in Kraft geblieben, in materieller Hinsicht hatten sie jedoch eine systemtypische Ausgestaltung erfahren.[2] Ursache hierfür war die nach der Teilung Deutschlands in der DDR im Vergleich zur Bundesrepublik Deutschland völlig andersartige politische und wirtschaftliche Entwicklung, die nicht ohne Auswirkungen auf das Gesellschaftssystem sowie die Eigentums- und rechtlichen Verhältnisse blieb. In diesen Entwicklungen lagen jedoch nicht nur die materiell-rechtlichen Änderungen der Steuergesetze begründet, sondern auch die Herausbildung eines – mit dem bundesdeutschen kaum vergleichbaren – Steuersystems. In dieser Arbeit soll das Steuersystem der DDR, beschränkt auf seine Grundzüge und die wichtigsten Steuergesetze und Verordnungen, untersucht und dargestellt werden. Dabei wird besonderes Augenmerk auf die steuerpolitischen Zielsetzungen in Bezug auf die private Wirtschaft gelegt. Die durch den Übergang von der Planwirtschaft zur Marktwirtschaft und die damit verbundene Wirtschaftsreform erforderlich gewordene Neugestaltung des Steuer- und Abgabensystems der DDR, die unter anderem mit dem Steueränderungsgesetz 1990 eingeleitet wurde, wird im Rahmen dieser Arbeit nur punktuell einbezogen.[3] Die Besteuerung in den neuen Bundesländern gestaltete sich im Jahr 1990 wie auch in den Folgejahren angesichts umfassender Neuregelungen, Gesetzesänderungen und Verwaltungsanweisungen äußerst komplex und schwierig. Von einer ausführlichen Darstellung der steuerrechtlichen Besonderheiten in der Übergangsphase wird aus Gründen der Übersichtlichkeit, Überschaubarkeit und des unwesentlichen Aussagegehaltes zur verständlichen Erfassung des Steuerrechts der DDR abgesehen.

Die Anfertigung dieser Arbeit liegt darin begründet, dass schon während des Bestehens der DDR auf bundesdeutscher Seite eine allgemeine Unkenntnis über die DDR und deren Steuersystem vorherrschte.[4] Es wurden damals nur selten Untersuchungen angestellt, die steuerrechtliche oder finanzwissenschaftliche Probleme in der DDR zum Gegenstand hatten.[5] Erst aus der Zeit des Beitritts der DDR zur Bundesrepublik Deutschland stammten vereinzelt Untersuchungen im

1 GBl. I 1970, S. 362.

2 *Haase,* DDR, Finanz- und Steuersystem, in: HwStR, Bd. I, S. 348.

3 Siehe 2. Kapitel I. u. 4. Kapitel A.

4 *Töben,* Besteuerung des deutsch-deutschen Wirtschaftsverkehrs, S. 25.

5 *Ernst,* Besteuerung privater Industriebetriebe, S. 19.

Zusammenhang mit dem Steuersystem der DDR, wobei jedoch das Hauptaugenmerk auf den Änderungen und Überleitungsbestimmungen für die Anwendung der bundesdeutschen Steuergesetze auf dem Gebiet der früheren DDR lag. Nach der Übernahme des bundesdeutschen Steuerrechts fand eine Auseinandersetzung mit Fragen des DDR-Steuerrechts weitgehend nur noch in gerichtlichen Verfahren statt. Gegenstand der bei den bundesdeutschen, insbesondere den in den neuen Bundesländern neu geschaffenen Finanzgerichten geführten Verfahren waren in erster Linie die Probleme und Zweifelsfragen, die die Besteuerung auf dem Gebiet der ehemaligen DDR im Jahre 1990 und in den Folgejahren, insbesondere die (befristete) Weiteranwendung steuerrechtlicher Regelungen der DDR[6], aufwarfen. Darüber hinaus waren die Finanzgerichte mit Streitigkeiten betreffend die Aufhebung von vor dem Wirksamwerden des Beitritts der DDR zur Bundesrepublik Deutschland ergangener Steuerbescheide wegen Unvereinbarkeit mit rechtsstaatlichen Grundsätzen nach Art. 19 S. 2 des Einigungsvertrages befasst.[7]

Das Interesse der Literatur am Steuerrecht der DDR ließ jedoch alsbald nach der Übernahme des bundesdeutschen Steuerrechts nach. Diese Arbeit soll dazu beitragen, das steuerrechtsgeschichtliche Interesse an der DDR zu wecken.

---

6 Siehe z.B. FG Brandenburg, Urteil v. 5.4.1995, Az.: 3 K 561/94 GE; BFH, Urteil v. 30.5.2001, BStBl. II 2001, S. 606.

7 Siehe z.B. FG Berlin, Urteil v. 15.12.2003, EFG 2004, S. 1108; BFH, Urteil v. 25.1.1995, BStBl. II 1995, S. 686; BFH, Urteil v. 8.5.1996, BFH/NV 1996, S. 87.

Gang der Untersuchung

Die Untersuchung und Darstellung besteht aus vier Abschnitten, den Kapiteln der Arbeit:

In einem ersten Schritt sollen die Grundzüge des Staatshaushalts der DDR dargestellt werden, welcher als wichtigstes Kontroll- und Lenkungsinstrument im Mittelpunkt des Finanzsystems der DDR stand. Dadurch soll insbesondere aufgezeigt werden, welche Bedeutung die unter dem Begriff „Steuern“ vom privaten Wirtschaftssektor erhobenen Einnahmen am Gesamtvolumen des Staatshaushalts hatten und nach welchen Grundsätzen das Steueraufkommen geplant wurde.

Im zweiten Kapitel werden die Grundzüge des Steuersystems der DDR dargestellt. Hierbei geht es vor allem darum, zu untersuchen, in welchem Umfang das traditionelle deutsche Steuersystem in der DDR noch Bedeutung hatte bzw. welche Ausgestaltung es durch die im Vergleich zur Bundesrepublik Deutschland völlig andersartige politische und wirtschaftliche Entwicklung, insbesondere durch die daraus abgeleiteten staatlichen Zielsetzungen, erfahren hatte.

Das dritte Kapitel der Arbeit widmet sich der Frage, in welchem Verhältnis die Abgabenordnung der DDR zu dem Grundgedanken eines rechtsstaatlichen Verwaltungsverfahrens stand.

Unentbehrlich ist schließlich die – das vierte Kapitel umfassende – detaillierte Darstellung und Analyse der für die Besteuerung in der DDR maßgebenden Steuerrechtsnormen. Hierdurch soll verdeutlicht werden, welchen Einfluss die mit der Steuerpolitik verfolgten staatlichen Zielsetzungen auf den materiellrechtlichen Inhalt der wichtigsten Steuergesetze und Verordnungen hatten.

Erstes Kapitel: Steuern im Staatshaushaltssystem der DDR

A. Der Staatshaushalt als Bestandteil des Finanzsystems der DDR

I. Grundlagen des Finanzsystems der DDR

Das Finanzsystem in der DDR entstand auf der Grundlage der sozialistischen Gesellschafts- und Wirtschaftsordnung.[8] Zu den Grundlagen der sozialistischen Gesellschaftsordnung, die auch das Wirtschaftssystem in der DDR bestimmt hatten, zählten unter anderem das sozialistische Eigentum an Produktionsmitteln sowie die Leitung und Planung der gesellschaftlichen Entwicklung.[9] Hauptmerkmale des Wirtschaftssystems waren die zentrale Planung und Leitung der Wirtschaftsprozesse einschließlich der Finanz- und Steuerpolitik sowie das Staatseigentum an den Produktionsmitteln.[10] Aufgrund dieser Strukturmerkmale des Wirtschaftssystems war das Finanzsystem in der DDR wesentlich umfassender als die öffentliche Finanzwirtschaft westlicher Industriestaaten. Es diente nicht nur der Beschaffung der für die Verwirklichung der staatlichen Aufgaben erforderlichen Finanzmittel, sondern auch der Steuerung und Kontrolle der Volkswirtschaft.[11]

Das Finanzsystem der DDR umfasste folgende Bereiche:

- die Einnahmen und Ausgaben des Staatshaushalts;
- die Geldbeziehungen der staatlichen und genossenschaftlichen Betriebe;
- das Kreditwesen;
- das Versicherungssystem;
- die internationalen Finanzbeziehungen.[12]

---

8 *Autorenkollektiv,* Finanzsystem der DDR, S. 9.

9 Art. 2 Abs. 2 der Verfassung der DDR v. 7.10.1974, GBl. I 1974, S. 432. Siehe auch *Rytlewski,* in: DDR-Handbuch, Bd. II, S. 1498.

10 *Buck,* in: DDR-Handbuch, Bd. I, S. 400; *Haase*, DDR, Finanz- und Steuersystem, in: HwStR, Bd. I, S. 345; *Müssener,* Steuer- und Abgabensystem der DDR, S. 9; *Rytlewski,* in: DDR-Handbuch, Bd. II, S. 1498 ff.

11 *Haase,* DDR, Finanz- und Steuersystem, in: HwStR, Bd. I, S. 345; *ders.,* DDR, in: HdbFW, Bd. IV, S. 545; *Kaemmel*, Finanzsystem der DDR, in: HdbFW, Bd. III, S. 397; *Müssener,* Steuer- und Abgabensystem der DDR, S. 10.

12 *Haase,* DDR, Finanz- und Steuersystem, in: HwStR, Bd. I, S. 345; *ders.,* DDR, in: HdbFW, Bd. IV, S. 547; *ders.,* Haushaltswesen der DDR, S. 30. Im Einzelnen hierzu *Autorenkollektiv,* Sozialistisches Finanzwesen der DDR, S. 28 ff.; *Autorenkollektiv,* Sozialistische Finanzwirtschaft, S. 57 ff.

Zusammengefasst waren dies die gesamten Geldbewegungen und -bestände bzw. die gesamten Finanzbeziehungen auf der Grundlage staatlicher Pläne.[13]

Prinzipiell hatte das Finanzsystem in der DDR die gleichen Funktionen zu erfüllen wie das öffentliche Finanzwesen in der Bundesrepublik Deutschland. Zu diesen Funktionen zählten:

- die Meß- und Rechnungslegungsfunktion,
- die Allokations- und Lenkungsfunktion,
- die Mittelbeschaffungsfunktion,
- die Stabilisierungs- und Stimulierungsfunktion,
- die Verteilungsfunktion,
- die Kontrollfunktion sowie
- die Informationsfunktion.[14]

Zur Erfüllung dieser Aufgaben war der Staatshaushalt das wichtigste Instrument. Der Staatshaushaltsplan legte endgültig fest, wie mit den Einnahmen und Ausgaben zu verfahren war, und stand damit als Hauptfinanzplan der Volkswirtschaft im Mittelpunkt des Finanzsystems.[15]

II. Grundfragen zum Staatshaushalt der DDR

Der Staatshaushalt wurde in der DDR definiert als „*Gesamtheit der unmittelbar durch die Organe der Staatsmacht organisierten Geldbeziehungen und der bei ihnen zentralisierten Geldfonds zum Zweck der Finanzierung staatlicher Aufgaben*“[16].

1. Aufbau des Staatshaushalts

Als Gesamthaushalt des Staates vereinigte der Staatshaushalt die Haushalte der zentralen Organe, der Ministerien und zentralen Einrichtungen, der übrigen Gebietskörperschaften sowie den Haushalt der Sozialversicherung. Der einheitliche Aufbau des Staatshaushalts liegt darin begründet, dass die Haushalte der unterschiedlichen Leitungsebenen nicht isoliert nebeneinander bestanden, sondern in aufsteigender Weise Bestandteil des Haushalts der nächst höheren Leitungsebe-

---

13 *Haase*, DDR, Finanz- und Steuersystem, in: HwStR, Bd. I, S. 346; *ders.*, DDR, in: HdbFW, Bd. IV, S. 545.

14 Im Einzelnen hierzu *Autorenkollektiv,* Finanzsystem der DDR, S. 21 ff.; *Autorenkollektiv,* Sozialistische Finanzwirtschaft, S. 53 ff.; *Buck,* in: DDR-Handbuch, Bd. I, S. 403 ff.

15 *Autorenkollektiv,* Sozialistische Finanzwirtschaft, S. 103 ff.; *Buck*, Wirtschaftslenkung in kommunistischen Staaten, Bd. II, S. 577 ff.; *Haase*, DDR, in: HdbFW, Bd. IV, S. 547.

16 *Gebhardt/Thümmler,* Wirtschaftswissenschaft 1978, S. 1209, 1213. Siehe auch die Definition bei *Autorenkollektiv,* Sozialistische Finanzwirtschaft, S. 103.

ne waren. Einen Finanzausgleich zwischen den Gebietskörperschaften nach bundesdeutschem Vorbild gab es in der DDR nicht.[17]

Der Aufbau des Staatshaushalts kann graphisch wie folgt dargestellt werden:[18]

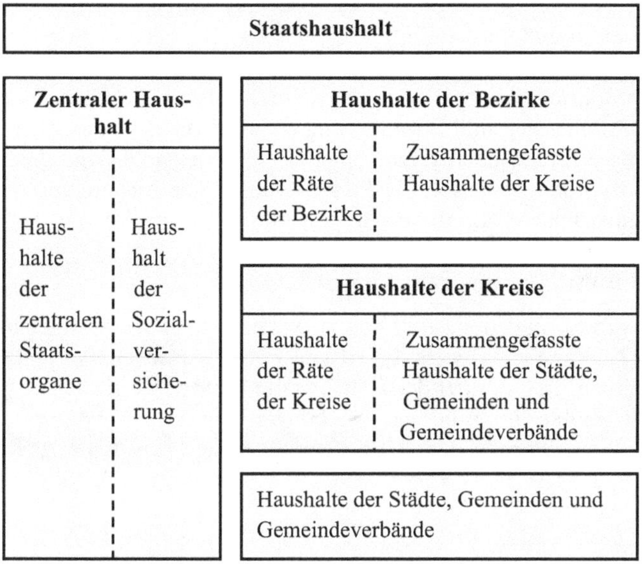

Abbildung 1.1: Aufbau des Staatshaushalts

2. Die Stellung des Staatshaushalts im Finanzsystem

Der Staatshaushalt nahm innerhalb des Finanzsystems der DDR eine zentrale Stellung ein. Diese lag in erster Linie darin begründet, dass mithilfe des Staatshaushalts die finanziellen Mittel aufgebracht wurden, mit denen die Prozesse im Zusammenhang mit der Erfüllung der Aufgaben des Staates finanziert wurden. Zur Finanzierung dieser Prozesse wurden direkt bei den Organen der Staats-

17 Vgl. *Autorenkollektiv,* Finanzsystem der DDR, S. 73 ff.; *Autorenkollektiv,* Sozialistische Finanzwirtschaft, S. 119 ff.; *Fuchs,* Die Verwaltung 13 (1980), S. 213, 215 f.; *Gurtz/ Kaltofen,* Staatshaushalt der DDR, S. 24 ff.

18 Quelle: *Gurtz/Kaltofen,* Staatshaushalt der DDR, S. 27.

macht[19] in der Gestalt des Staatshaushalts Geldfonds gebildet und entsprechend verwendet. Der Staatshaushalt umfasste die Gesamtheit dieser zentralisierten Geldfonds und die zu ihrer Bildung und Verwendung notwendigen Geldbeziehungen.[20]

Über den Staatshaushalt wurde zudem der größte Teil des Nationaleinkommens[21], welches die Quelle der Einnahmen und Ausgaben des Staatshaushalts darstellte, verteilt und umverteilt.[22]

Darüber hinaus bestand zwischen dem Staatshaushalt und dem gesellschaftlichen Reproduktionsprozess[23] eine enge Verknüpfung. Der Staatshaushalt diente der Leitung, Planung und Stimulierung dieses Prozesses, indem er die für die Reproduktion erforderlichen finanziellen Mittel bereitstellte und der Ablauf des Reproduktionsprozesses durch die Finanzierung unter Ausnutzung der Funktionen des Staatshaushalts stimuliert und kontrolliert werden konnte.[24]

3. Funktionen des Staatshaushalts

Unter Funktionen sind die Aufgaben zu verstehen, die dem Staatshaushalt als Instrument öffentlicher Haushaltswirtschaft im staatlichen Gesamtzusammenhang zukommen. Der Begriff der Haushaltsfunktionen wurde schon zur Zeit der Weimarer Republik durch die Untersuchungen von *Fritz Neumark*[25] geprägt. Er ist somit keine Erfindung der DDR, sondern basiert auf den Grundsätzen von

---

19 Das zentrale Organ der Staatsmacht bezeichnete in der DDR eine Einrichtung, deren sachliche, personelle und funktionelle Kompetenz sich auf das gesamte Staatsterritorium erstreckte. Die wichtigsten zentralen Organe der DDR waren die Volkskammer, der Ministerrat, der Nationale Verteidigungsrat, das Oberste Gericht der DDR sowie der Generalstaatsanwalt der DDR. Daneben zählten zu den zentralen Organen der Staatsmacht auch die Organe des Ministerrats, mithin die Ministerien, die Staatliche Plankommission, die Staatssekretariate und die zentralen Ämter. Vgl. hierzu *Neugebauer,* in: DDR-Handbuch, Bd. II, S. 1270 ff.

20 Vgl. *Autorenkollektiv,* Sozialistische Finanzwirtschaft, S. 103 f.; *Gurtz/Kaltofen*, Staatshaushalt der DDR, S. 16 f.

21 Das Nationaleinkommen war das Nettosozialprodukt ohne den Beitrag bestimmter unproduktiver Dienstleistungsbereiche. Im Einzelnen hierzu *Autorenkollektiv,* Nationaleinkommen im Sozialismus.

22 *Autorenkollektiv,* Sozialistische Finanzwirtschaft, S. 103; *Buck*, Wirtschaftslenkung in kommunistischen Staaten, Bd. II, S. 577; *Gurtz/Kaltofen,* Staatshaushalt der DDR, S. 17; *Rohde/Fengler,* Staatshaushalt der DDR, S. 12.

23 Der gesellschaftliche Reproduktionsprozess war der gesamte gesellschaftliche Produktionsprozess. Vgl. *Autorenkollektiv,* Finanzsystem der DDR, S. 61.

24 Vgl. *Autorenkollektiv,* Finanzsystem der DDR, S. 61 f.; *Autorenkollektiv,* Sozialistische Finanzwirtschaft, S. 111 f.; *Gurtz/Kaltofen,* Staatshaushalt der DDR, S. 15 f.

25 *Neumark,* Budgetgestaltung, in: HdbFW, Bd. I, S. 554 ff.; *ders.,* Reichshaushaltsplan, S. 15 ff.

Neumark, die im Laufe der Zeit ergänzt und vervollständigt wurden.[26] Auch in der Bundesrepublik Deutschland erfüllt der Haushalt bestimmte Funktionen, welche sich ebenfalls auf der Grundlage der Untersuchungen von *Neumark* entwickelt haben. Daher wird im Folgenden nicht nur auf die Staatshaushaltsfunktionen in der DDR eingegangen, sondern vergleichsweise ein Blick auf die Haushaltsfunktionen in der Bundesrepublik Deutschland geworfen.

a. Funktionen des Staatshaushalts der DDR

Der Staatshaushalt der DDR hatte folgende Funktionen zu erfüllen:

- Verteilungsfunktion;
- Stimulierungsfunktion;
- Kontrollfunktion.

aa. Verteilungsfunktion

Die Verteilungsfunktion war die Grundfunktion des Staatshaushalts der DDR. Das Nationaleinkommen wurde im Staatshaushalt zentralisiert und zur Verwirklichung der volkswirtschaftlichen Ziele des Staates seiner planmäßigen Verwendung zugeführt, also entsprechend verteilt.[27]

bb. Stimulierungsfunktion

Die Haushaltsbeziehungen wurden bewusst dazu genutzt, die gesamtgesellschaftlichen und volkswirtschaftlichen Ziele durchzusetzen. Die umfangreichen Haushaltsbeziehungen des Staatshaushalts sprachen stets die Interessen der daran Beteiligten, mithin die der Bürger, der Kollektive, der Wirtschaftseinheiten sowie der staatlichen Einrichtungen und Organe, an. Deren Verhaltensweisen und Handlungen sollten durch die entsprechende Gestaltung der Haushaltsbeziehungen bzw. durch die planmäßig vorgegebene Erwirtschaftung und Verteilung der Geldfonds so stimuliert werden, dass Ziele, wie z.B. Produktionssteigerungen, Qualitätsverbesserungen der Erzeugnisse oder Produktivitätserhöhungen, verwirklicht werden konnten.[28]

---

26 Vgl. *Gröpl,* in: Dolzer/Graßhof/Kahl/Waldhoff, BK, Art. 110 Rn. 37; *Heintzen,* in: Isensee/Kirchhof, HStR, Bd. V, § 120 Rn. 1.

27 Vgl. *Autorenkollektiv,* Sozialistische Finanzwirtschaft, S. 115 f.; *Buck*, Wirtschaftslenkung in kommunistischen Staaten, Bd. II, S. 584; *Gurtz/Kaltofen,* Staatshaushalt der DDR, S. 42 ff.; *Haase*, Funktionen der öffentlichen Finanzwirtschaft in der DDR, S. 74.

28 Vgl. *Autorenkollektiv,* Sozialistische Finanzwirtschaft, S. 116 f.; *Gurtz/Kaltofen*, Staatshaushalt der DDR, S. 45 f.; *Haase*, Funktionen der öffentlichen Finanzwirtschaft in der DDR, S. 74 f.

cc. Kontrollfunktion

Über die Haushaltsbeziehungen, welche die ihnen zugrunde liegenden ökonomischen, politischen und sozialen Prozesse reflektierten, konnte die Verwirklichung der staatlichen Ziele von der Finanzseite her kontrolliert werden. Zwar war der Informationsgehalt einzelner Haushaltsbeziehungen sehr unterschiedlich, jedoch waren sie in ihrer Gesamtheit bezüglich des Verlaufs, der Planmäßigkeit und Effektivität des Reproduktionsprozesses umfangreich aussagekräftig. Dies lag nicht zuletzt daran, dass der Staatshaushalt über seine umfangreichen Haushaltsbeziehungen mit allen Bereichen der Reproduktion und der Bevölkerung eng verbunden war.[29]

b. Funktionen des Staatshaushalts der Bundesrepublik Deutschland im Vergleich

Im Haushaltsrecht der Bundesrepublik Deutschland unterscheidet man nach der klassischen Einteilung von *Neumark*[30] zwischen folgenden vier Funktionen:

- politische Funktion;
- Kontrollfunktion;
- finanzpolitische Funktion;
- wirtschaftspolitische Funktion.

aa. Politische Funktion

Die politische Funktion des Haushaltsplans liegt darin begründet, dass dessen Ausgabenseite der ziffernmäßige Ausdruck des politischen Handlungsprogramms der Regierung ist. Der Haushaltsplan spiegelt die Aufgaben des Staates wider und gestaltet die politischen Ziele der Regierung, indem er diese finanziell konkret beziffert und finanziell absichert.[31]

bb. Kontrollfunktion

Eine zweite Haushaltsfunktion ist die Kontrollfunktion. Das Regierungshandeln unterliegt einer vorherigen, aber auch nachträglichen spezifischen Finanzkontrolle durch das Parlament und vor allem durch besondere Haushaltskontrollbehörden (Rechnungshöfe). Der gesetzlich festgelegte Haushaltsplan ist nicht nur Grundlage und Grenze staatlicher Haushaltswirtschaft, sondern durch die Abbildung zahlreicher Handlungsanweisungen in Form von Ausgabe- und Verpflich-

29 Vgl. *Autorenkollektiv*, Sozialistische Finanzwirtschaft, S. 117 f.; *Gurtz/Kaltofen*, Staatshaushalt der DDR, S. 46; *Kaemmel*, Finanzsystem der DDR, in: HdbFW, Bd. III, S. 398.

30 *Neumark*, Budgetgestaltung, in: HdbFW, Bd. I, S. 558 f.

31 Vgl. *Gröpl*, in: Dolzer/Graßhof/Kahl/Waldhoff, BK, Art. 110 Rn. 39; *Heintzen*, in: Isensee/Kirchhof, HStR, Bd. V, § 120 Rn. 18; *Stern*, Staatsrecht, Bd. II, § 49 II 3c (S. 1198).

tungsermächtigungen sowie Auszahlungen auch der entscheidende Maßstab für dessen Kontrolle auf Wirtschaftlichkeit und Ordnungsmäßigkeit.[32]

cc. Finanzpolitische Funktion

Die finanzpolitische Funktion kommt dem Haushalt insoweit zu, als er ein Instrument zur Deckung des Finanzbedarfs für die finanzpolitisch verantwortbare Verwirklichung der politischen Ziele ist. Es erfolgt eine planmäßige Gegenüberstellung des sich aus dem Gesamtbetrag der Ausgabeermächtigungen des Haushaltsplans ergebenden Finanzbedarfs und der voraussichtlichen Einnahmen des Haushaltsträgers zum Zwecke des Ausgleichs. Der gesamte Finanzbedarf muss durch Einnahmen gedeckt sein.[33]

dd. Wirtschaftspolitische Funktion

Neben diesen drei traditionellen Funktionen der Haushaltswirtschaft hat der Haushalt gegenwärtig zusätzlich eine wirtschaftspolitische Funktion zu erfüllen. Abgesehen von den verfolgten Ausgabenzwecken hat der Haushalt allein schon aufgrund seines Umfanges erhebliche gesamtwirtschaftliche Auswirkungen und kann daher als konjunktursteuerndes Instrument eingesetzt werden. Als solches soll er in erster Linie auf ein gesamtwirtschaftliches Gleichgewicht als einen Zustand der Ausgeglichenheit zwischen Stabilität des Preisniveaus, hohem Beschäftigungsstand, außenwirtschaftlichem Gleichgewicht und stetigem Wirtschaftswachstum hinwirken.[34]

ee. Vergleichbarkeit

Nachdem nun die Funktionen des Staatshaushalts der Bundesrepublik Deutschland im Einzelnen dargestellt wurden, soll der Frage nachgegangen werden, inwieweit diese mit den Funktionen des Staatshaushalts der DDR vergleichbar sind.

Gemeinsamkeiten können im Hinblick auf folgende Funktionen festgestellt werden: Der Staatshaushalt der DDR war ebenso wie gegenwärtig der Haushalt der Bundesrepublik Deutschland ein Instrument zur finanziellen Absicherung der Verwirklichung staatlicher Aufgaben. Durch den Staatshaushaltsplan der DDR und den Haushaltsplan der Bundesrepublik Deutschland wurden bzw.

---

32 Vgl. *Gröpl,* in: Dolzer/Graßhof/Kahl/Waldhoff, BK, Art. 110 Rn. 41; *Heintzen,* in: Isensee/Kirchhof, HStR, Bd. V, § 120 Rn. 19; *Stern,* Staatsrecht, Bd. II, § 49 II 3b (S. 1197).

33 Vgl. *Gröpl,* in: Dolzer/Graßhof/Kahl/Waldhoff, BK, Art. 110 Rn. 38; *Heintzen,* in: Isensee/Kirchhof, HStR, Bd. V, § 120 Rn. 17; *Stern,* Staatsrecht, Bd. II, § 49 II 3a (S. 1197).

34 Vgl. *Gröpl,* in: Dolzer/Graßhof/Kahl/Waldhoff, BK, Art. 110 Rn. 40; *Heintzen,* in: Isensee/Kirchhof, HStR, Bd. V, § 120 Rn. 21; *Stern,* Staatsrecht, Bd. II, § 49 II 3d (S. 1198).

werden die für die Verwirklichung staatlicher Aufgaben notwendigen Finanzmittel bereitgestellt. In der Verteilung der Finanzmittel durch den Haushaltsplan der Bundesrepublik Deutschland spiegelt sich das politische Programm in Zahlen wider. Vergleichsweise war die Verteilung des Nationaleinkommens durch den Staatshaushalt der DDR Ausdruck der volkswirtschaftlichen Zielsetzung des Staates. Darüber hinaus wurde in der DDR wie auch gegenwärtig in der Bundesrepublik Deutschland mit Hilfe des Staatshaushalts lenkend in die wirtschaftliche Entwicklung eingegriffen.

Unterschiede zeigen sich beim Vergleich der Kontrollfunktion beider Haushalte. Während in der Bundesrepublik Deutschland der Haushalt eine Finanzkontrolle durch das Parlament und die Rechnungshöfe im Hinblick auf die zahlenmäßige und rechnerische Richtigkeit, die Vorschriftsmäßigkeit, die Verfassungsmäßigkeit sowie die Wirtschaftlichkeit und Sparsamkeit der Haushaltsführung möglich machen soll, diente der Staatshaushalt der DDR vielmehr der Kontrolle der Durchführung der staatlichen Ziele bzw. des planmäßigen Verlaufs des Reproduktionsprozesses von der Finanzseite her. Eine entsprechende parlamentarische Kontrolle fehlte in der DDR. Der Inhalt der Finanzkontrolle in der DDR, mithin die Kontrolle der Einhaltung der im Volkswirtschaftsplan vorgegebenen Aufgaben, ist demnach nicht vergleichbar mit dem Inhalt der Finanzkontrolle in der Bundesrepublik Deutschland.

Des Weiteren ist die Stimulierungsfunktion des Staatshaushalts der DDR nicht mit den Haushaltsfunktionen in der Bundesrepublik Deutschland vergleichbar. Eine vergleichbare bewusste Stimulierung von Verhaltensweisen durch entsprechende Haushaltsbeziehungen lässt sich in der Haushaltswirtschaft der Bundesrepublik Deutschland nicht feststellen.

Im Ergebnis bleibt somit festzuhalten, dass trotz der unterschiedlichen Terminologie grundsätzliche Gemeinsamkeiten, aber auch wesentliche Unterschiede bezüglich der Haushaltsfunktionen in der DDR und in der Bundesrepublik Deutschland festgestellt werden können.

4. Grundfragen der Planung und Durchführung des Staatshaushalts

a. Verknüpfung von Staatshaushaltsplan und Volkswirtschaftsplan

Zur Planung der öffentlichen Haushaltswirtschaft bedarf jeder Staat bestimmter haushaltsrechtlicher Grundlagen für die Aufstellung, Durchführung und Kontrolle des Etats. Dabei beginnt die Planung des Haushalts in der Regel mit der Vorlage eines Haushaltsentwurfes und endet mit der Verabschiedung eines für den Vollzug verbindlichen Haushaltsgesetzes sowie dessen Kontrolle. Neben dieser im Wesentlichen vom politischen System unabhängigen Haushaltstechnik war die Haushaltswirtschaft der DDR durch systemtypische Unterschiede geprägt. Die Staatsfinanzen waren in der DDR nur ein Teil der gesamtgesellschaftlichen Planung. Hauptsteuerungselement bei der Planung der Haushaltswirtschaft war der Volkswirtschaftsplan[35], auf dessen Grundlage jährlich der Staatshaushaltsplan aufzustellen war. Beide Pläne wurden von der Volkskammer als Gesetz auf der Grundlage gemeinsamer Planungsrichtlinien erlassen.[36]

Während der Volkswirtschaftsplan die materiellen Aufgaben für die Entwicklung des gesellschaftlichen Lebens, der Produktionsverhältnisse, der sozialen Beziehungen, der Wissenschaft, des Bildungswesens, der Kultur sowie der Arbeits- und Lebensbedingungen festlegte, wurde im Staatshaushaltsplan festgehalten, wie die zur Erfüllung der im Volkswirtschaftsplan festgelegten Aufgaben erforderlichen finanziellen Mittel erwirtschaftet, verteilt und verwendet werden sollten.[37]

b. Rechtliche Grundlagen für die Haushaltswirtschaft

Neben der Verfassung der DDR, die allgemeine Feststellungen für das Finanz- und Abgabensystem enthielt, war das Gesetz über die Staatshaushaltsordnung der DDR vom 13. Dezember 1968[38] eine wesentliche rechtliche Grundlage für die Haushaltswirtschaft. Es regelte die Grundsätze der Haushaltsplanung und -durchführung, die Aufgaben der Volksvertretungen sowie die Rechte und Pflichten der an der Haushaltsplanung und -durchführung beteiligten Staats- und Wirtschaftsorgane und Einrichtungen.[39]

c. Grundsätze und Prinzipien der Planung und Durchführung

Ebenso wie in der Bundesrepublik Deutschland erfolgte die Haushaltsplanung und -durchführung in der DDR nach bestimmten Grundsätzen und Prinzipien. Interessant erscheint auch hier wieder die Frage, inwiefern diese vergleichbar sind bzw. wo die Unterschiede liegen. Im Folgenden werden daher zunächst die wichtigsten Grundsätze und Prinzipien der Planung und Durchführung des Staatshaushalts der DDR kurz dargestellt und im Anschluss daran wird ein vergleichsweiser Blick auf die Haushaltsgrundsätze in der Bundesrepublik Deutschland geworfen.

---

35 Der Volkswirtschaftsplan war ein von der staatlichen Plankommission auf der Grundlage des laufenden Fünfjahresplanes sowie politischer Vorgaben für jeweils ein Kalenderjahr erstelltes und von der Volkskammer verabschiedetes Planungsdokument, welches als Hauptsteuerungsinstrument der zentralen Planwirtschaft zu betrachten war. Vgl. hierzu *Gurtz/Kaltofen*, Staatshaushalt der DDR, S. 101 f.

36 Vgl. *Autorenkollektiv*, Sozialistische Finanzwirtschaft, S. 133 f.; *Fuchs*, Die Verwaltung 13 (1980), S. 213; *Haase*, Deutschland Archiv 1976, S. 283, 284; *ders.*, in: DDR-Handbuch, Bd. II, S. 1282; *Kaemmel*, Finanzsystem der DDR, in: HdbFW, Bd. III, S. 398 f.

37 Vgl. *Gurtz/Kaltofen*, Staatshaushalt der DDR, S. 101 f.; *Rohde/Fengler*, Staatshaushalt der DDR, S. 31 ff.

38 GBl. I 1968, S. 383.

39 *Rohde/Fengler*, Staatshaushalt der DDR, S. 28 f.

aa. *Haushaltsgrundsätze in der DDR*[40]

Die Haushaltsgrundsätze wurden in der DDR teilweise aus den Prinzipien der Planung der Volkswirtschaft und teilweise aus den Funktionen und der Rolle des Staatshaushalts selbst abgeleitet.

Ein wichtiger Grundsatz war die Jährlichkeit des Haushalts (§ 13 StHOG/DDR), nach dem für jedes Haushaltsjahr ein Staatshaushaltsplan aufgestellt werden musste.

Nach dem Prinzip der Einheit von materieller und finanzieller Planung (§ 11 Abs. 1 StHOG/DDR) erfolgte die Planung der Einnahmen und Ausgaben des Staatshaushalts in Übereinstimmung mit den Zielsetzungen des Volkswirtschaftsplanes.

Nach dem Grundsatz der Übereinstimmung zwischen den Teilplänen des Finanzsystems (§ 12 Abs. 2 StHOG/DDR) mussten die Finanzpläne der Kombinate, der wirtschaftsleitenden Organe und der Betriebe sowohl hinsichtlich der Einnahmen und Ausgaben als auch hinsichtlich der Finanzierung der Investitionen mit dem Staatshaushaltsplan übereinstimmen.

Das Prinzip des demokratischen Zentralismus besagte, dass einerseits die grundsätzlichen Fragen der Haushaltsplanung von den zentralen staatlichen Organen verbindlich entschieden werden mussten (§§ 3 bis 5 StHOG/DDR), andererseits aber auch die Werktätigen und übrigen Bürger an der Planung des Staatshaushalts mitwirken sollten (§ 14 StHOG/DDR).

Das Prinzip der sozialistischen Sparsamkeit (§ 23 Abs. 1 StHOG/DDR) verlangte den rationalen Einsatz der materiellen und finanziellen Mittel in der Weise, dass ein möglichst hoher Nutzen für die Gesellschaft bzw. die Verwirklichung der geplanten Aufgaben mit einem Minimum an materiellem und finanziellem Aufwand erreicht werden konnte.

Nach dem Prinzip der Ausgeglichenheit (§ 11 Abs. 2 StHOG/DDR) mussten sowohl der Staatshaushalt als Ganzes, der zentrale Haushalt als auch die Haushalte der örtlichen Organe hinsichtlich der Einnahmen und Ausgaben ausgeglichen sein, bzw. die Summe der Ausgaben durfte die Summe der Einnahmen nicht übersteigen. Nur so war eine Deckung der Ausgaben durch die Einnahmen gesichert.

Zu den Haushaltsgrundsätzen zählte ferner der Grundsatz der Einheit des Staatshaushaltsplanes (§ 21 Abs. 1 und 2 StHOG/DDR). Dieser umfasste sowohl den zentralen Haushaltsplan als auch die Haushaltspläne der örtlichen Organe. Die Grundsätze der Haushaltswirtschaft waren einheitlich bei der Ausarbeitung und Durchführung dieser Finanzpläne anzuwenden. Zudem waren die Haushaltspläne hinsichtlich der Einnahmen und Ausgaben einheitlich zu gliedern.

---

40 Vgl. zum Folgenden *Autorenkollektiv,* Finanzsystem der DDR, S. 100 ff.; *Autorenkollektiv,* Sozialistische Finanzwirtschaft, S. 133 ff.; *Fuchs,* Die Verwaltung 13 (1980), S. 213, 221 f.; *Gurtz/Kaltofen*, Staatshaushalt der DDR, S. 107 ff.; *Rohde/Fengler*, Staatshaushalt der DDR, S. 41 ff.

Ein weiterer Grundsatz war die Vollständigkeit (§ 15 Abs. 2 und 5 StHOG/DDR), welcher beinhaltete, dass alle Einnahmen und Ausgaben vom Staatshaushalt erfasst werden mussten. Es durften nur die Maßnahmen finanziert werden, die im Staatshaushaltsplan vorgesehen waren.

Der Grundsatz der Zweckgebundenheit der Ausgaben besagte, dass die finanziellen Mittel grundsätzlich nur für konkret festgelegte Zwecke geplant und verwendet werden durften.

Nach dem Grundsatz der Nonaffektation (§ 15 Abs. 3 StHOG/DDR) galten die im Staatshaushalt geplanten Einnahmen als allgemeines Deckungsmittel. Sie dienten daher der planmäßigen Finanzierung aller Ausgaben. Abgesehen von der zweckgebundenen Verwendung der Einnahmen aus der Sozialversicherung bestand grundsätzlich keine Zweckbindung bestimmter Einnahmen für bestimmte Ausgaben.

Weiterhin war nach dem Grundsatz der Gesetzlichkeit (§ 23 Abs. 1 und 3 StHOG/DDR) zu beachten, dass in den Haushaltsplan nur die gesetzlich begründeten Einnahmen- und Ausgabenpositionen aufgenommen werden durften. Ferner erfolgte durch die Haushaltsplanung weder eine Begründung noch Aufhebung von Rechtsansprüchen bzw. Rechtsverbindlichkeiten Dritter gegenüber staatlichen Organen und Einrichtungen (§ 15 Abs. 4 StHOG/DDR). Das bedeutete einerseits, dass gesetzlich festgelegte Zahlungspflichten gegenüber dem Staatshaushalt wie auch Zahlungsansprüche von staatlichen Organen und Einrichtungen zu Lasten des Staatshaushalts trotz fehlender Planung im Haushalt nicht aufgehoben waren. Andererseits wurde ein Leistungsanspruch trotz entsprechender Planung im Haushalt nicht begründet, wenn hierfür die gesetzlichen Voraussetzungen nicht gegeben waren.

Ferner waren bei der Planung der Höhe der Einnahmen und Ausgaben die Rechtsvorschriften zu befolgen, die bezüglich der jeweiligen Planpositionen anzuwenden waren.

In welchem Haushalt einzelne Einnahmen und Ausgaben zu planen waren, richtete sich nach der Verantwortlichkeit der Staatsorgane für die Durchführung der zu erfüllenden Aufgaben (§ 15 Abs. 1 StHOG/DDR).

Die Planung der Einnahmen und Ausgaben erfolgte entweder nach dem Brutto- oder dem Nettoprinzip. Nach dem Nettoprinzip, welches in Bezug auf die volkseigene Wirtschaft anzuwenden war, wurden in den Haushaltsplänen der übergeordneten Verwaltungsorgane nur die in den Finanzplänen der einzelnen Kombinate und Betriebe ausgewiesenen Ergebnisse als Einnahmen oder Ausgaben aufgeführt. Nach dem Bruttoprinzip, welches für die staatlichen Verwaltungen und Einrichtungen galt, wurden sämtliche Einnahmen und Ausgaben in den entsprechenden Haushaltsplänen aufgeführt.

Zur Gewährleistung der Plandurchführung und Finanzierung unvorhergesehener Ausgaben mussten sowohl im zentralen Haushalt als auch in den Haushalten der örtlichen Organe Reserven eingeplant werden (§ 11 Abs. 2 StHOG/DDR).

Ferner galt nicht zuletzt das Prinzip der materiellen Interessiertheit (§ 17 StHOG/DDR), wonach im Haushalt finanzielle Mittel dafür geplant werden konnten, um Werktätige bzw. Kollektive zur Lösung staatlicher Aufgaben und zur Verbesserung der Arbeits- und Lebensbedingungen der Bürger zu bewegen.

bb. Haushaltsgrundsätze in der Bundesrepublik Deutschland im Vergleich

Während in der DDR die Haushaltsgrundsätze weitgehend einfachgesetzlich in dem Gesetz über die Staatshaushaltsordnung festgelegt waren, sind die Haushaltsgrundsätze der Bundesrepublik Deutschland überwiegend in der Verfassung niedergelegt oder zumindest verfassungsrechtlich abgeleitet. Die wesentlichen Haushaltsgrundsätze werden im Folgenden dargestellt.

Ebenso wie in der DDR muss der Haushaltsplan in der Bundesrepublik Deutschland nach dem Grundsatz der Vollständigkeit (Art. 110 Abs. 1 S. 1 GG) sämtliche Einnahmen und Ausgaben bzw. alle haushaltsmäßigen Aktivitäten erfassen. Außerhalb des Haushaltsplans dürfen grundsätzlich keine Einnahmen und Ausgaben veranschlagt werden. Im Unterschied zur DDR, in der Sonderhaushalte und andere vom Plan nicht erfasste Haushalte grundsätzlich nicht geführt werden durften, sind Nebenhaushalte in der Bundesrepublik Deutschland nicht generell verboten. Nebenhaushalte sind insbesondere zugelassen bei rechtlich unselbständigen Bundesbetrieben und Sondervermögen, bei denen nicht alle Einnahmen und Ausgaben, sondern nur die Zuführungen und Ablieferungen im Haushaltsplan veranschlagt werden.[41]

Der mit dem Vollständigkeitsgrundsatz eng verbundene Grundsatz der Einheit des Haushalts (Art. 110 Abs. 1 S. 1 GG) besagt, dass es nur einen Haushaltsplan geben darf, damit ein umfassender Überblick über alle haushaltsrelevanten Maßnahmen sichergestellt ist. Die Bildung von Teilhaushalten ist jedoch grundsätzlich zugelassen (Art. 110 Abs. 2 S. 2 GG).[42] Dieser Grundsatz ist vergleichbar mit dem Grundsatz der Einheit des Staatshaushaltsplanes in der DDR, wonach der Staatshaushaltsplan sowohl den zentralen Haushaltsplan als auch die örtlichen Haushaltspläne umfasste und damit alle haushaltsrelevanten Aktivitäten zu einer Einheit zusammenfasste. Ebenso waren in der DDR Teilpläne zugelassen.

Ein weiterer Haushaltsgrundsatz in der Bundesrepublik Deutschland ist das Bruttoprinzip (Art. 110 Abs. 1 GG), wonach die Einnahmen und Ausgaben in

---

41 Vgl. *Gröpl,* in: Dolzer/Graßhof/Kahl/Waldhoff, BK, Art. 110 Rn. 95 ff.; *Heintzen,* in: Isensee/Kirchhof, HStR, Bd. V, § 120 Rn. 25 ff.; *Maunz,* in: Maunz/Dürig, GG, Art. 110 Rn. 28 f.

42 Vgl. *Gröpl,* in: Dolzer/Graßhof/Kahl/Waldhoff, BK, Art. 110 Rn. 102 ff.; *Heintzen,* in: Isensee/Kirchhof, HStR, Bd. V, § 120 Rn. 25 ff.; *Maunz,* in: Maunz/Dürig, GG, Art. 110 Rn. 39 f.

voller Höhe und getrennt voneinander im Haushaltsplan zu veranschlagen und Saldierungen verboten sind. Nur in Ausnahmefällen tritt an die Stelle des Bruttoprinzips das Nettoprinzip. Nach dem Nettoprinzip wird z.B. bei Bundesbetrieben und Sondervermögen nur das Endergebnis in Gestalt von Zu- und Abführungen in den Haushaltplan eingestellt.[43] In der DDR wurde ebenfalls zwischen dem Brutto- und Nettoprinzip unterschieden, wobei sich jedoch die Anwendungsbereiche im Vergleich zu denen in der Bundesrepublik Deutschland unterschieden. Das Bruttoprinzip galt in der DDR für die Einnahmen und Ausgaben der staatlichen Einrichtungen, während das Nettoprinzip nicht nur in Ausnahmefällen, sondern im Regelfall für die volkseigene Wirtschaft anzuwenden war.

Des Weiteren muss in der Bundesrepublik Deutschland der Spezialitätsgrundsatz bzw. der Grundsatz der Einzelveranschlagung (Art. 110 Abs. 1 S. 1 GG) beachtet werden. Dieser Grundsatz beinhaltet zum einen, dass die Einnahmen nach ihren Entstehungsgründen und die Ausgaben nach ihren Zwecken getrennt im Haushaltsplan veranschlagt werden müssen. Zum anderen dürfen die finanziellen Mittel nur für den im Haushaltsplan bestimmten Zweck und in bestimmter Höhe in Anspruch genommen werden.[44] In vergleichbarer Weise waren auch die Einnahmen und Ausgaben in den Haushaltsplänen der DDR entsprechend ihrer Quellen und Zwecke gegliedert.[45] Auch waren die einzelnen Haushaltsansätze in der DDR nur für die vorgesehenen Zwecke bestimmt.

Ferner sind in der Bundesrepublik Deutschland die Grundsätze der Haushaltsklarheit und -wahrheit (Art. 110 Abs. 1 S. 1 GG) sowie der Grundsatz der Haushaltsöffentlichkeit (Art. 110 Abs. 1 S. 1 und Abs. 2 S. 1 GG) zu beachten. Haushaltsklarheit bedeutet, dass der Haushaltsplan möglichst transparent und verständlich aufgestellt werden muss, wozu insbesondere eine entsprechende systematische Gliederung der Einnahmen und Ausgaben beitragen soll. Haushaltswahrheit beinhaltet demgegenüber, dass der Haushaltsplan keine der Verschleierung dienenden Ansätze enthalten darf und die Veranschlagungen im Hinblick auf die Realisierbarkeit auf vernünftigen Schätzungen beruhen müssen. Nach dem Grundsatz der Haushaltsöffentlichkeit muss der Haushaltsplan publiziert werden. Er soll für die Abgeordneten des Bundestages und die Mitglieder des Bundesrates frei verfügbar sowie für die allgemeine Öffentlichkeit zugänglich sein.[46] Der Grundsatz der Publizität war in dem Gesetz über die Staatshaus-

---

43 Vgl. *Gröpl,* in: Dolzer/Graßhof/Kahl/Waldhoff, BK, Art. 110 Rn. 110 ff.; *Heintzen,* in: Isensee/Kirchhof, HStR, Bd. V, § 120 Rn. 31; *Maunz,* in: Maunz/Dürig, GG, Art. 110 Rn. 33 ff.

44 Vgl. *Gröpl,* in: Dolzer/Graßhof/Kahl/Waldhoff, BK, Art. 110 Rn. 105 ff.; *Heintzen,* in: Isensee/Kirchhof, HStR, Bd. V, § 120 Rn. 32 ff.

45 Siehe hierzu die Tabellen 4 u. 6, abgedruckt u.a. bei *Haase,* in: DDR-Handbuch, Bd. II, S. 1288 f. u. 1293.

46 Vgl. *Gröpl,* in: Dolzer/Graßhof/Kahl/Waldhoff, BK, Art. 110 Rn. 114 ff. u. 131 ff.; *Heintzen,* in: Isensee/Kirchhof, HStR, Bd. V, § 120 Rn. 37 ff.; *Maunz,* in: Maunz/Dürig, GG, Art. 110 Rn. 37 f. u. 46.

haltsordnung der DDR nicht aufgeführt. Detaillierte Angaben über die einzelnen Einnahmen- und Ausgabenpositionen wurden nicht veröffentlicht. Bekannt gegeben wurden nur der Gesamtumfang und wesentliche Hauptpositionen. Etwa ein Viertel der Einnahmen und zwei Fünftel der Ausgaben wurden in den 70er Jahren in den Haushaltsplänen weder publiziert noch nachgewiesen. Die Volksvertretungen wurden nur in begrenztem Umfang über die Planpositionen unterrichtet, und selbst leitenden Partei- und Staatsangehörigen war der Einblick in den vollständigen Staatshaushaltsplan teilweise verwehrt. Die Haushaltsführung der DDR glich daher mehr einer internen Buchhaltung.[47] Demzufolge überrascht es nicht, dass auch die Grundsätze der Klarheit und Wahrheit als Haushaltsgrundsätze in der DDR nirgends aufgeführt waren. Diesbezüglich zeigt sich demnach ein bedeutender Unterschied im Vergleich zur Bundesrepublik Deutschland.

Weiterhin ist in der Haushaltswirtschaft der Bundesrepublik Deutschland der Grundsatz der Vorherigkeit (Art. 110 Abs. 2 S. 1 GG) zu beachten. Danach muss der Haushaltsplan grundsätzlich vor Beginn des Haushaltsjahres aufgestellt und durch das Haushaltsgesetz festgestellt werden.[48] Auf diesen Grundsatz verzichtete man in der DDR, da er oftmals nicht eingehalten werden konnte. Teilweise wurden Haushaltspläne erst nach Beginn des Haushaltsjahres verabschiedet, wobei sie dann rückwirkend in Kraft traten. Eine durch Spezialgesetz bestimmte Verlängerung der zuvor gültigen Haushaltspläne erfolgte in diesen Fällen nicht.[49]

Ferner wird der Haushaltsplan nach dem Jährlichkeitsprinzip (Art. 110 Abs. 2 S. 1 GG) grundsätzlich jährlich für jedes Haushaltsjahr aufgestellt. In Angrenzung an die mehrjährige Finanzplanung besteht jedoch die Möglichkeit, dass der ganze, aber auch einzelne Teile des Haushaltsplans für mehrere, gemäß §§ 9 HGrG[50], 12 BHO[51] maximal zwei Jahre (Doppelhaushalt), aufgestellt werden kann (Art. 110 Abs. 2 S. 1 bzw. S. 2 GG), wobei jedoch auch hier die Veranschlagung und der Ausgleich für jedes Jahr getrennt erfolgen muss. In Ergänzung des Jährlichkeitsgrundsatzes dürfen im Haushaltsplan nur Einnahmen und Ausgaben veranschlagt werden, die auch im jeweiligen Haushaltsjahr fällig

---

47 *Haase,* DDR, in: HdbFW, Bd. IV, S. 556; *ders.,* Deutschland Archiv 1976, S. 283, 291; *ders.,* Haushaltswesen der DDR, S. 46 f.

48 Vgl. *Gröpl,* in: Dolzer/Graßhof/Kahl/Waldhoff, BK, Art. 110 Rn. 128 f.; *Heintzen,* in: Isensee/Kirchhof, HStR, Bd. V, § 120 Rn. 42; *Maunz,* in: Maunz/Dürig, GG, Art. 110 Rn. 41.

49 *Haase,* DDR, in: HdbFW, Bd. IV, S. 556; *ders.,* Haushaltswesen der DDR, S. 48 f.

50 Haushaltsgrundsätzegesetz v. 19.8.1969, BGBl. I 1969, S. 1273, zuletzt geändert durch Art. 1 des Haushaltsgrundsätzemodernisierungsgesetzes v. 31.7.2009, BGBl. I 2009, S. 2580.

51 Bundeshaushaltsordnung v. 19.8.1969, BGBl. I 1969, S. 1284, zuletzt geändert durch Art. 4 des Haushaltsgrundsätzemodernisierungsgesetzes v. 31.7.2009, BGBl. I 2009, S. 2580.

werden.[52] Obwohl die Haushaltsplanung in der DDR auf der Grundlage des Fünfjahresplans der Volkswirtschaft erfolgte, musste der Staatshaushaltsplan für jedes Haushaltsjahr aufgestellt, verabschiedet, durchgeführt und abgerechnet werden. Eine Ausnahme in Gestalt der Ausarbeitung eines fünfjährigen Staatshaushaltsplanes gab es in der DDR nicht.

Weiterhin muss nach dem Grundsatz der Ausgeglichenheit des Haushalts (Art. 110 Abs. 1 S. 2 GG) der Haushaltsplan hinsichtlich der Einnahmen und Ausgaben ausgeglichen sein. Die Summe der Ausgaben darf die Summe der Einnahmen nicht übersteigen.[53] Dieser Grundsatz war in der DDR in vergleichbarer Weise sowohl beim Staatshaushalt als Ganzes, beim zentralen Haushalt als auch bei den örtlichen Haushalten zu beachten.

Der im Zusammenhang mit dem Grundsatz der Ausgeglichenheit stehende Grundsatz der Gesamtdeckung bzw. Nonaffektation (§§ 7 S. 1 HGrG, 8 S. 1 BHO) besagt, dass alle Einnahmen gleichsam der Deckung der Ausgaben dienten, und zwar ohne eine Zweckbindung bestimmter Einnahmen für bestimmte Ausgaben. Eine derartige Zweckbindung muss auf Ausnahmefälle beschränkt bleiben.[54] Auch in der DDR galten alle Einnahmen als allgemeines Deckungsmittel. Eine Einnahme-Ausgabe-Kopplung musste die Ausnahme bleiben und war ausdrücklich nur für die Einnahmen und Ausgaben der Sozialversicherung vorgesehen.

Ein weiterer Grundsatz ist das Bepackungsverbot (Art. 110 Abs. 4 GG), welcher sich zwar ausdrücklich nur auf das Haushaltsgesetz bezieht, wegen des engen Zusammenhangs zwischen diesem und dem Haushaltsplan aber für das Haushaltsgesetz einschließlich des Haushaltsplans gilt. In materieller Hinsicht besagt das Bepackungsverbot, dass Regelungen, die sich nicht auf die Einnahmen und Ausgaben des Bundes beziehen, nicht in das Haushaltsgesetz aufgenommen werden dürfen. In zeitlicher Hinsicht besagt es, dass das Haushaltsgesetz grundsätzlich nur für die Dauer eines Haushaltsjahres Geltung beanspruchen darf und daher Regelungen, die über diesen Zeitraum hinauswirken, nicht aufgenommen werden dürfen. Von diesem Grundsatz lässt Art. 110 Abs. 4 S. 2 GG zwei Ausnahmen zu: Regelungen des Haushaltsgesetzes können bei ausdrücklicher Anordnung bis zur Verkündung des nächsten Haushaltsgesetzes oder bei staatsschuldenrechtlichen Ermächtigungen nach Art. 115 GG darüber

52 Vgl. *Gröpl,* in: Dolzer/Graßhof/Kahl/Waldhoff, BK, Art. 110 Rn. 122 ff.; *Heintzen,* in: Isensee/Kirchhof, HStR, Bd. V, § 120 Rn. 43; *Hillgruber,* in: v. Mangoldt/Klein/Starck, GG, Art. 110 Rn. 83 f.

53 Vgl. *Gröpl,* in: Dolzer/Graßhof/Kahl/Waldhoff, BK, Art. 110 Rn. 119 f.; *Heintzen,* in: Isensee/Kirchhof, HStR, Bd. V, § 120 Rn. 44 f. Ausführlich zum Inhalt und Umfang des Haushaltsausgleichs *Maunz,* in: Maunz/Dürig, GG, Art. 110 Rn. 47 ff.

54 Vgl. *Gröpl,* in: Dolzer/Graßhof/Kahl/Waldhoff, BK, Art. 110 Rn. 145; *Heintzen,* in: Isensee/Kirchhof, HStR, Bd. V, § 120 Rn. 47; *Maunz,* in: Maunz/Dürig, GG, Art. 110 Rn. 43.

hinaus weitergelten.[55] Einen diesem vergleichbaren Grundsatz gab es in der DDR nicht. Das liegt nicht zuletzt darin begründet, dass es in der DDR keine Unterscheidung zwischen Haushaltsgesetz und Haushaltsplan gab, sondern der Staatshaushaltsplan selbst als Gesetz verabschiedet wurde.

Ferner ist der Haushaltsplan nach den Grundsätzen der Wirtschaftlichkeit und Sparsamkeit (als Kontrollmaßstab verankert in Art. 114 Abs. 2 S. 1 GG) aufzustellen (§§ 6 Abs. 1 HGrG, 7 Abs. 1 S. 1 BHO). Das bedeutet, dass das vorgegebene Ziel entweder mit möglichst wenigen finanziellen Mitteln erreicht oder mit den vorgegebenen Mitteln ein größtmöglicher Nutzen erzielt werden soll.[56] Diese Grundsätze entsprechen dem in der DDR zu beachtenden Grundsatz der sozialistischen Sparsamkeit, wonach die für bestimmte Zwecke veranschlagten Mittel zur Erzielung eines größtmöglichen Nutzens eingesetzt werden oder die geplanten Aufgaben mit einem Minimum an finanziellen Mitteln erreicht werden sollten.

Des Weiteren entfacht der Haushaltsplan in der Bundesrepublik Deutschland keine Drittwirkung (§ 3 Abs. 2 BHO), was bedeutet, dass er gegenüber Dritten weder Rechte noch Pflichten begründet oder aufhebt. Im Haushaltsplan veranschlagte Ausgabeermächtigungen begründen für den Bürger demzufolge keine subjektiven Rechte gegenüber dem Staat. Zur Begründung solcher Rechte bedarf es anderer Rechtsgrundlagen, zu denen die Rechtsnormen über die in den Haushaltsplan einzustellenden Einnahmen und Ausgaben zählen, denen sich der Haushaltsplan unterzuordnen hat.[57] Einen vergleichbaren Ansatz verbarg der Grundsatz der Gesetzlichkeit in der DDR, wonach durch die Haushaltsplanung weder Rechtsansprüche noch Rechtsverbindlichkeiten begründet oder aufgehoben wurden. Entscheidende Grundlage für solche Rechtsansprüche oder Rechtsverbindlichkeiten blieben die gesetzlichen Festlegungen. Vergleichbar ist zudem, dass bei der Planung der Höhe der Einnahmen und Ausgaben in der DDR die Rechtsvorschriften zu befolgen waren, die für die jeweiligen Planpositionen galten.

Zusammengefasst bringt die vergleichsweise Darstellung der Haushaltsgrundsätze in der Bundesrepublik Deutschland zum Vorschein, dass die Haushaltsplanung und -durchführung auf teilweise vergleichbaren, aber auch sehr unterschiedlichen Grundsätzen und Prinzipien beruhte bzw. beruht. Die identische Terminologie einzelner Haushaltsgrundsätze kann nicht zu der Auslegung

---

55 Vgl. *Brockmeyer,* in: Schmidt-Bleibtreu/Hofmann/Hopfauf, GG, Art. 110 Rn. 21; *Gröpl,* in: Dolzer/Graßhof/Kahl/Waldhoff, BK, Art. 110 Rn. 134 ff.; *Hillgruber,* in: v. Mangoldt/Klein/Starck, GG, Art. 110 Rn. 106 ff.; *Maunz,* in: Maunz/Dürig, GG, Art. 110 Rn. 44 f.

56 Vgl. *Gröpl,* in: Dolzer/Graßhof/Kahl/Waldhoff, BK, Art. 110 Rn. 140 ff.; *Heintzen,* in: Isensee/Kirchhof, HStR, Bd. V, § 120 Rn. 48.

57 Vgl. *Gröpl,* in: Dolzer/Graßhof/Kahl/Waldhoff, BK, Art. 110 Rn. 139; *Hillgruber,* in: v. Mangoldt/Klein/Starck, GG, Art. 110, Rn. 63 ff.

zwingen, dass diese Grundsätze in beiden Teilen Deutschlands auch identischen Inhalts waren bzw. sind. Neben inhaltlich vergleichbaren oder teilweise abweichenden Haushaltsgrundsätzen gibt es auch solche, die zwar in der Bundesrepublik Deutschland gelten, aber der Haushaltswirtschaft der DDR fremd waren und umgekehrt.

5. Ausgaben des Staatshaushalts

Die Ausgaben dienten der Finanzierung der im Volkswirtschaftsplan festgelegten Aufgaben. Sowohl der Zweck als auch die Höhe der einzelnen Ausgaben richtete sich nach den zu verwirklichenden Aufgaben. Dementsprechend spiegelten die Ausgaben die ökonomischen und politischen Aufgaben des Staates wider.[58]

Im Folgenden wird auf die wichtigsten Ausgaben des Staatshaushalts der DDR kurz eingegangen.

a. Ausgaben für die Entwicklung der Volkswirtschaft

Eine Aufgabe des sozialistischen Staates war es, die Volkswirtschaft weiterzuentwickeln. Dazu sollte insbesondere eine Steigerung der gesellschaftlichen Produktion erreicht werden. Neben den Kombinaten und Betrieben, die die dafür erforderlichen finanziellen Mittel größtenteils selbst erwirtschafteten, trug der Staatshaushalt zur Finanzierung dieser Aufgabe durch die Bereitstellung von Haushaltsmitteln bei, die in erster Linie für folgende Zwecke eingesetzt werden sollten:

- Investitionsvorhaben der Industrie;
- Wissenschaftlich-technische Forschungsvorhaben;
- Förderung der außenwirtschaftlichen Tätigkeit des sozialistischen Staates;
- Förderung der volkseigenen und genossenschaftlichen Land-, Forst- und Nahrungsgüterwirtschaft;
- Förderung der Entwicklung und Erhaltung des Verkehrs- und Nachrichtenwesens.[59]

58 Allgemein zu den Ausgaben *Autorenkollektiv,* Finanzsystem der DDR, S. 203 ff.; *Gurtz/ Kaltofen,* Staatshaushalt der DDR, S. 76 f.; *Rohde/Fengler,* Staatshaushalt der DDR, S. 93 ff.

59 Vgl. *Autorenkollektiv,* Finanzsystem der DDR, S. 212 ff.; *Autorenkollektiv,* Sozialistische Finanzwirtschaft, S. 131; *Gurtz/Kaltofen,* Staatshaushalt der DDR, S. 77 ff.; *Rohde/Fengler,* Staatshaushalt der DDR, S. 100 ff.

b. *Ausgaben für die Sozialpolitik und die Förderung des kulturellen Lebens*

In der DDR bestand ferner das Ziel, eine Einheit von Wirtschafts- und Sozialpolitik zu schaffen und das kulturelle Leben der Bevölkerung zu fördern. Die dafür erforderlichen finanziellen Mittel stammten überwiegend aus gesellschaftlichen Fonds, die über den Staatshaushalt entsprechend verteilt wurden. Für die Durchsetzung der Sozialpolitik wurden insbesondere folgende Ausgaben im Staatshaushalt geplant:

- Ausgaben für die Durchführung des Wohnungsbauprogramms, welches insbesondere den Neubau und die Modernisierung von Wohnungen sowie die Gewährleistung niedriger und stabiler Mieten vorsah;
- Ausgaben für Subventionen zur Erhaltung niedriger Preise für Waren des Grundbedarfs und Tarife für die Bevölkerung;
- Ausgaben für die Förderung der staatlichen Einrichtungen des Bildungswesens, des Gesundheitswesens, des Sozialwesens, der Kultur sowie der Einrichtungen der Naherholung und des Sports;
- Zuwendungen an die Sozialversicherung;
- Geldzuwendungen an die Bevölkerung zur Verwirklichung sozialpolitischer Maßnahmen, wie z.B. Stipendien, Kindergeld, Krankengeld oder Beihilfen.[60]

c. *Ausgaben für die Landesverteidigung und Sicherheit*

Des Weiteren wurden im Staatshaushalt die finanziellen Mittel für die nationale Verteidigung, die öffentliche Sicherheit, die Rechtspflege sowie die Sicherung der Staatsgrenze bereitgestellt. Umfasst waren insbesondere Ausgaben für die Streitkräfte und die Deutsche Volkspolizei.[61]

d. *Ausgaben für den Staatsapparat*

Aus dem Staatshaushalt wurde ferner der Staatsapparat finanziert. Dieser umfasste neben der Volkskammer und dem Ministerrat die staatliche Plankommission, die Ministerien, die Staatssekretäre und ihre Dienststellen.[62]

---

60 Vgl. *Autorenkollektiv,* Finanzsystem der DDR, S. 221 ff.; *Autorenkollektiv,* Sozialistische Finanzwirtschaft, S. 129 f.; *Gurtz/Kaltofen,* Staatshaushalt der DDR, S. 82 ff.; *Haase,* in: DDR-Handbuch, Bd. II, S. 1290 f.

61 Vgl. *Autorenkollektiv,* Finanzsystem der DDR, S. 232; *Autorenkollektiv,* Sozialistische Finanzwirtschaft, S. 131 f.; *Gurtz/Kaltofen*, Staatshaushalt der DDR, S. 97 f.

62 Vgl. *Autorenkollektiv,* Finanzsystem der DDR, S. 231 f.; *Autorenkollektiv,* Sozialistische Finanzwirtschaft, S. 131 f.; *Gurtz/Kaltofen*, Staatshaushalt der DDR, S. 98 f.; *Rohde/Fengler*, Staatshaushalt der DDR, S. 95.

6. Einnahmen des Staatshaushalts

Zur Deckung der zuvor dargestellten Ausgaben benötigte der sozialistische Staat finanzielle Mittel, die dem Staatshaushalt aus folgenden Einnahmequellen zuflossen:

- Abführungen der sozialistischen Wirtschaft;
- Steuern der sozialistischen Genossenschaften, der privaten Handwerker und Gewerbetreibenden sowie der Bevölkerung;
- Beiträge und Gebühren.

Im Unterschied zur Bundesrepublik Deutschland waren Haupteinnahmequelle die Abführungen der volkseigenen Wirtschaft, während den Steuern als Einnahmequelle nur eine untergeordnete Bedeutung zukam.[63]

Die wichtigsten Einnahmequellen werden im Folgenden kurz dargestellt.

a. Abführungen der volkseigenen Wirtschaft

Charakteristisch für den sozialistischen Staat war die große Bedeutung des Volkseigentums. Dies äußerte sich insbesondere darin, dass dem Staatshaushalt der DDR etwa drei Viertel aller Einnahmen in Form von Abführungen der volkseigenen Wirtschaft zuflossen.[64]

Die Abführungen der volkseigenen Kombinate und Betriebe setzten sich im Wesentlichen zusammen aus:

- produktgebundenen Abgaben,
- Produktionsfondsabgaben sowie
- Nettogewinnabführungen.

Aufgrund der bedeutenden Rolle als Haupteinnahmequelle des Staatshaushalts der DDR werden die Abführungen der volkseigenen Wirtschaft im Folgenden näher erläutert.

aa. Produktgebundene Abgaben

Die Verpflichtung zur Abführung produktgebundener Abgaben entstand in erster Linie für volkseigene Betriebe und Kombinate beim Verkauf bestimmter Erzeugnisse oder beim Erbringen bestimmter Leistungen. Abzuführen war entweder ein bestimmter Prozentsatz vom Industrieabgabepreis (= Abnehmerpreis für den Groß- und Einzelhandel und alle Direktbezieher), ein fester Betrag je Erzeugniseinheit oder ein Differenzbetrag zwischen dem höheren Industrieabga-

---

63 Allgemein zu den Einnahmen *Autorenkollektiv,* Sozialistische Finanzwirtschaft, S. 124 f.; *Gurtz/Kaltofen,* Staatshaushalt der DDR, S. 49 f.; *Haase,* Deutschland Archiv 1976, S. 283, 287.

64 Vgl. *Bielig/Gurtz,* Wirtschaftswissenschaft 1973, S. 1634 ff.; *Gurtz/Kaltofen,* Staatshaushalt der DDR, S. 50; *Haase,* Haushaltswesen der DDR, S. 101 ff.

bepreis und dem Betriebspreis (= staatlich diktierter Verkaufspreis, den die Betriebe selbst berechnen durften). Die produktgebundenen Abgaben wurden in die Verkaufspreise der Erzeugnisse einkalkuliert und waren untrennbarer Bestandteil der für den Handel und die Endverbraucher geltenden Industrieabgabe- und Einzelhandelsverkaufspreise. Die Abgabensätze differenzierten je nach Erzeugnissen, Verwendungszwecken und betrieblichen Merkmalen und waren an das jeweilige Produkt oder die jeweilige Dienstleistung gebunden. Nach der Industriepreisreform (1964 bis 1967) wurden jedoch nur noch die Endverbraucherpreise von Erzeugnissen der Konsumgüterindustrie mit produktgebundenen Abgaben belastet. Erhoben wurden diese vorwiegend bei hochwertigen Konsumgütern der inländischen Produktion sowie bei Importen (z.B. Kaffee, Spirituosen, Tabakwaren, technischen Geräten), während auf Grundnahrungsmittel und sozialpolitisch bedeutsame Industriewaren (z.B. Kinderbekleidung, Schulmittel, Arzneimittel) keine oder nur geringe Abgaben entfielen. Die von den Betrieben und Kombinaten selbst errechneten Abführungsbeträge wurden bei Fälligkeit dem Staatshaushalt zugeführt, wobei die Abführungszeiträume in Abhängigkeit vom jährlichen Abgabenvolumen variierten.[65]

bb. Produktionsfonds- und Handelsfondsabgaben

Die Produktionsfondsabgabe wurde in den 1960er Jahren als Abgabe auf die Produktionsfonds eingeführt. Ziel war es, die staatlichen Betriebe dazu anzuhalten, das Kapital ökonomisch rational einzusetzen. Bemessungsgrundlage war der Bruttowert aller produktiven Fonds (Grund- und Umlaufmittel), unabhängig von ihren Finanzierungsquellen. Ausgenommen waren Grundmittel für kulturelle und soziale Zwecke sowie für die Arbeiterversorgung. Der Abgabensatz betrug regelmäßig 6 % des Bruttowertes der produktiven Fonds. Ein davon abweichender Abgabensatz in Höhe von 4 % kam für kapitalintensive Industriezweige (z.B. Energiewirtschaft, Grundstoffindustrie) oder für volkseigene Betriebe der örtlichen Versorgungswirtschaft, die nicht von vornherein befreit waren, zur Anwendung. Die Betriebe und Kombinate planten und berechneten die Produktionsfondsabgabe selbst und führten sie zweimal monatlich aus ihrem Bruttogewinn an den Staatshaushalt ab.[66]

Die Handelsfondsabgabe, die seit 1968 von den staatlichen Groß- und Einzelhandelsbetrieben aus dem Gewinn der Handelstätigkeit zu entrichten war, wurde auf den Wert des von ihnen genutzten Anlagevermögens und der von ih-

65 Vgl. *Autorenkollektiv,* Finanzsystem der DDR, S. 127 ff.; *Autorenkollektiv,* Sozialistische Finanzwirtschaft, S. 126 f.; *Buck,* in: DDR-Handbuch, Bd. II, S. 1322 f.; *Gurtz/ Kaltofen,* Staatshaushalt der DDR, S. 52 f.; *Haase,* Hauptsteuern, S. 44 ff.; *ders.,* Haushaltswesen der DDR, S. 106 ff.; *Kruse,* StuW 1985, S. 356, 359.

66 Vgl. *Autorenkollektiv,* Sozialistische Finanzwirtschaft, S. 127; *Gurtz/Kaltofen,* Staatshaushalt der DDR, S. 54; *Haase,* Hauptsteuern, S. 58 ff.; *ders.,* Haushaltswesen der DDR, S. 116 ff.; *Kruse,* StuW 1985, S. 356, 359 f.

nen bewirtschafteten Umlaufmittel erhoben. Der Abgabensatz betrug regelmäßig 6 % des Anschaffungswertes bei Grund- bzw. Anlagemitteln und 3 % bei Umlaufmitteln. Ein davon abweichender Abgabensatz in Höhe von einheitlich 1 % galt für Betriebe des Hotel- und Gaststättenwesens. Auch bei der Handelsfondsabgabe gab es zahlreiche Ausnahmeregelungen und Befreiungen.[67]

cc. Nettogewinnabführungen

Die Nettogewinnabführung war von staatlichen Betrieben aus dem Nettogewinn (= Bruttogewinn abzüglich Produktionsfondsabgabe) zu entrichten. Sie wurde betriebsindividuell für jedes Jahr neu festgelegt, wobei die Höhe regelmäßig zwischen 40 und 70 % des Nettogewinns lag. Wenn mehr Nettogewinn erwirtschaftet wurde als im Betriebsplan festgelegt war, musste mindestens 50 % des überbotenen Nettogewinns abgeführt werden. Wurde dagegen weniger Nettogewinn erwirtschaftet als von staatlicher Seite vorgegeben war, mussten der gesamte erwirtschaftete Nettogewinn abgeführt und gegebenenfalls auch vorhandene Bestände eigener finanzieller Fonds dafür eingesetzt werden. Die Nettogewinnabführung war zweimal monatlich ans Kombinat bzw. vom Kombinat an den Haushalt des zuständigen Organs abzuführen.[68]

dd. Sonstige Abgaben der volkseigenen Wirtschaft

Bei Vorliegen entsprechender Voraussetzungen hatten die volkseigenen Betriebe weitere Abgaben abzuführen, wie z.B.:

- Betriebsanteile zur Sozialversicherung und Unfallumlagen;
- Abführungen von Amortisationsmitteln, die von den Betrieben und Kombinaten nicht benötigt wurden, um Investitionsfonds zu bilden oder verzinsliche Grundmittelkredite zu tilgen;
- Gewinne, die nicht Ergebnis eigener ökonomischer Leistungen waren, sondern z.B. aus Verstößen gegen preisrechtliche Bestimmungen, aus Verstößen gegen Sortimentsbestimmungen oder aus unbefugten Einstellungen von Arbeitskräften resultierten;
- Bodennutzungsgebühren.[69]

---

67 Vgl. *Haase,* Hauptsteuern, S. 59; *ders.,* Haushaltswesen der DDR, S. 118; *Kruse,* StuW 1985, S. 356, 360.

68 Vgl. *Autorenkollektiv,* Sozialistische Finanzwirtschaft, S. 127 f.; *Gurtz/Kaltofen,* Staatshaushalt der DDR, S. 54 ff.; *Haase,* Hauptsteuern, S. 61 ff.; *ders.,* Haushaltswesen der DDR, S. 122 ff.; *Kruse,* StuW 1985, S. 356, 360 f.; *Rohde/Fengler,* Staatshaushalt der DDR, S. 76 f.

69 Vgl. *Gurtz/Kaltofen,* Staatshaushalt der DDR, S. 57 ff.; *Haase,* Hauptsteuern, S. 66 ff.; *ders.,* Haushaltswesen der DDR, S. 104; *Kruse,* StuW 1985, S. 356, 361.

b. Steuern

Steuern waren in der DDR auf staatlichen Rechtsnormen beruhende Abgaben der sozialistischen Genossenschaften, der privaten Handwerks- und Gewerbebetriebe sowie der Bevölkerung, die endgültig im Staatshaushalt zentralisiert wurden. Im Unterschied zur Bundesrepublik Deutschland spielten Steuern trotz zahlreicher Steuergesetze als Einnahmequelle des Staatshaushalts nur eine untergeordnete Rolle. Nur etwa ein Neuntel der öffentlichen Einnahmen entfielen auf die Steuern.[70]

Entsprechend ihres sozialökonomischen Inhalts ließen sich die Steuern wie folgt gruppieren:

- Steuern der Produktionsgenossenschaften und ihrer Mitglieder;
- Steuern der Kommissionshändler;
- Steuern der privaten Handwerks- und Gewerbebetriebe;
- Steuern vom Arbeitseinkommen der Arbeiter und Angestellten;
- Steuern der freiberuflich Tätigen;
- Einkommensteuer auf Kapitaleinkünfte;
- Vermögensteuer der Bevölkerung;
- Gemeindesteuern;
- sonstige Steuern der Bevölkerung.[71]

c. Nutzungsentgelte, Beiträge und Gebühren

Nutzungsentgelte, Beiträge und Gebühren wurden erhoben, wenn eine bestimmte Leistung eines staatlichen Organs oder einer staatlichen Einrichtung in Anspruch genommen wurde. Diese Verbindung mit einer Gegenleistung unterschied sie von den zuvor dargestellten Einnahmequellen. Beiträge und Gebühren konnten in den verschiedensten Formen auftreten und wie folgt eingeteilt werden:

- Sozialversicherungsbeiträge der Bürger und der Betriebe;
- Entgelte für die Nutzung kultureller und sozialer Einrichtungen (z.B. Eintrittsgelder, Benutzer- und Teilnehmergebühren);
- Entgelte für Nutzungsüberlassung von Wohnraum, Gewerberaum, andere Räumlichkeiten und Grundstücke durch staatliche Organe und Einrichtungen;
- Gebühren der Staatsorgane (Verwaltungsgebühren) für spezielle Tätigkeiten im Interesse der Bürger (Beurkundungen usw.).[72]

---

70 *Autorenkollektiv,* Finanzsystem der DDR, S. 164; *Autorenkollektiv,* Sozialistische Finanzwirtschaft, S. 128; *Gurtz/Kaltofen,* Staatshaushalt der DDR, S. 61 f.

71 *Gurtz/Kaltofen,* Staatshaushalt der DDR, S. 62 f. Eine teilweise abweichende Gruppierung findet sich bei *Rzesnitzek,* Staatseinnahmen in der DDR, S. 32. Zu den einzelnen Steuerarten siehe 4. Kapitel C.

72 Vgl. *Autorenkollektiv,* Sozialistische Finanzwirtschaft, S. 128 f.; *Gurtz/Kaltofen,* Staatshaushalt der DDR, S. 74 f.; *Haase,* Haushaltswesen der DDR, S. 168 ff.

B. Planung und Kontrolle des Steueraufkommens durch den Staatshaushalt der DDR

Der Staatshaushalt der DDR diente nicht nur der Zentralisierung und der anschließenden Verteilung bzw. Umverteilung der Steuereinnahmen, sondern auch der für die Verwirklichung der Haushaltspläne notwendigen Planung und Kontrolle des Steueraufkommens.[73]

I. Planung des Steueraufkommens[74]

Die Planung des Steueraufkommens in allen Einzelheiten, insbesondere hinsichtlich der Höhe als auch der Fälligkeitstermine, erfolgte im Steuerplan, welcher Teil des Staatshaushaltsplanes der DDR war. In Anlehnung an die auf sozialökonomischen Besonderheiten beruhende Unterteilung der Steuern wurden für die Steuerplanung der verschiedenen Wirtschaftsformen und der Bevölkerung unterschiedliche Planungsmethoden angewandt.

Grundlage der Steuerplanung waren grundsätzlich die im Volkswirtschaftsplan festgelegten Kennziffern für die Entwicklung der verschiedenen Wirtschaftsformen und -zweige sowie für die steuerpflichtigen Bürger, die zur Ermittlung der Planansätze dienten.

Eine Ausnahme hiervon galt für bestimmte wirtschaftlich selbständige Genossenschaften, bei denen die Steuerplanung auf der Grundlage der von den zuständigen staatlichen Organen festgelegten Umsatz- bzw. Produktionsentwicklung erfolgte.

Auch bei den Betrieben mit staatlicher Beteiligung und den Kommissionshandelsbetrieben erfolgte die Steuerplanung nur ansatzweise auf der Grundlage der Volkswirtschaftsplanung, während im Übrigen die Planungsgrundsätze für die private Wirtschaft zur Anwendung kamen.

Das Steueraufkommen der privaten Wirtschaft wurde anhand der von den örtlichen Plankommissionen ausgearbeiteten Entwicklungskennziffern geplant. Diese Kennziffern (Steigerungssätze) wurden auf das voraussichtliche Istaufkommen der unterschiedlichen Steuerarten im laufenden Haushaltsjahr angewandt und ergaben im Ergebnis die Planansätze für die Steuerplanung der privaten Wirtschaft.

Diese Grundsätze galten in der Regel auch für die Planung der Steuern der einfachen Warenproduzenten, wobei abweichend hiervon nur bestimmte Steuern von einer Leistungssteigerung abhängig waren.

Bei der Planung der Lohnsteuern wurde die Bruttolohnsumme, also die geplante Lohnsumme der sozialistischen Betriebe und der staatlichen Verwaltun-

---

73 Allgemein zur Planung und Kontrolle des Aufkommens der Staatseinnahmen *Rzesnitzek,* Staatseinnahmen in der DDR, S. 66 ff.

74 Vgl. zum Folgenden *Autorenkollektiv,* Finanzsystem der DDR, S. 199 ff.

gen und Einrichtungen sowie die geschätzte Lohnsumme der privaten Wirtschaft für das zu planende Haushaltsjahr zu Grunde gelegt. Die Planansätze wurden schließlich durch die Anwendung eines Prozentsatzes auf die Bruttolohnsumme ermittelt, der entsprechend dem Verhältnis des voraussichtlichen Lohnsteueraufkommens zur voraussichtlichen Bruttolohnsumme des laufenden Haushaltsjahres errechnet wurde.

Die Planansätze der Steuern der freischaffenden Intelligenz, der sonstigen Verkehrsteuern sowie der Gemeindesteuern wurden ebenfalls nach den Grundsätzen für die Steuerplanung der privaten Wirtschaft ermittelt.

Diese möglichst genaue Planung des Steueraufkommens war nicht nur Voraussetzung für die Richtigkeit der Haushaltsplanung und die rechtzeitige Bereitstellung der Deckungsmittel für die Ausgaben des Staatshaushalts, sondern beeinflusste auch die wirtschaftliche Bilanzierung der Einnahmen und Ausgaben der privaten Wirtschaft und der Bevölkerung sowie die Verteilung des Nationaleinkommens.

II. Kontrolle des Steueraufkommens[75]

Darüber hinaus bildete der Steuerplan als Teil des Staatshaushaltsplanes die wichtigste Grundlage für die Kontrolle der wirtschaftlichen Entwicklung der verschiedenen privaten Wirtschaftszweige und der Auswirkungen der ihnen gegenüber durchgeführten Steuerpolitik. Ferner wurde über den Steuerplan die planmäßige Entwicklung des Einkommens der steuerpflichtigen Bürger kontrolliert.

Diese Kontrolle wurde in erster Linie dadurch ermöglicht, dass zwischen der Entwicklung der Produktion, des Umsatzes, des Gewinns sowie des Einkommens und den abzuführenden Steuern ein enger Zusammenhang bestand. Anhand der Analyse der Entwicklung des Steueraufkommens konnte so die entsprechende Entwicklungstendenz festgestellt werden.

Diese Entwicklungstendenz wurde schließlich zum Anlass für wirtschafts- und steuerpolitische Maßnahmen genommen.

---

75 Vgl. zum Folgenden *Autorenkollektiv,* Finanzsystem der DDR, S. 201; *Rohde/Fengler,* Staatshaushalt der DDR, S. 149.

Zweites Kapitel: Das Steuersystem der DDR

A. Historische Entwicklung des Steuersystems

Die folgenden Ausführungen sollen zeigen, dass sich in der DDR ein – vom bundesdeutschen stark abweichendes – Steuersystem herausgebildet hatte, obwohl es im traditionellen Steuersystem Deutschlands wurzelte. Nach 1945 wurden die Steuern zunächst auf der Grundlage der auf den Reichssteuergesetzen beruhenden Rechtsvorschriften erhoben, die ihre Gültigkeit lange Zeit behielten. Erst durch den eingangs genannten Beschluss über die Bekanntmachung der Neufassung von Rechtsvorschriften auf dem Gebiete der Steuern und Abgaben vom 18. September 1970 wurden diese Rechtsvorschriften außer Kraft gesetzt und die neu gefassten allgemeinen Steuergesetze bekannt gegeben. In dem nachfolgenden Überblick über die historische Entwicklung des Steuersystems werden die wichtigsten Neuerungen und die systemtypischen Veränderungen des materiellen Steuerrechts dargestellt.

I. Entwicklung des Steuersystems in der sowjetischen Besatzungszone Deutschlands bis zur Gründung der DDR

1. Wiederaufnahme der Steuerzahlungen und Neuordnung des Finanzwesens

Zu der nach dem Zweiten Weltkrieg erforderlichen politischen und wirtschaftlichen Neuordnung wurden neben einem funktionierenden Verwaltungs- und Finanzapparat in erhöhtem Maße finanzielle Mittel benötigt, die aus der Bevölkerung und der Wirtschaft mobilisiert werden sollten. Um diese Ziele möglichst schnell erreichen zu können, wurde zunächst auf die Ausarbeitung eines den gesellschaftlichen Verhältnissen angepassten Steuerrechts verzichtet. Stattdessen wurden die bis dahin geltenden Steuergesetze weitgehend übernommen.[76]

Durch den Befehl 01 der Sowjetischen Militäradministration vom 23. Juli 1945[77] wurde schließlich eine grundlegende Neuordnung des Steuerwesens und der Finanzverwaltung[78] eingeleitet. Dieser forderte zum einen die Wiederaufnahme der Steuerzahlungen auf der Grundlage bestehender Steuergesetze sowie die Feststellung aller Steuerzahler und zum anderen die Einrichtung von Finanz-

76 Vgl. *Bielig,* Sozialistische Finanzwirtschaft 5/1979, S. 23; *Rzesnitzek,* Staatseinnahmen in der DDR, S. 79 ff.

77 VOBl. für die Provinz Sachsen 1945, Nr. 1 S. 16, zitiert bei *Bielig,* Sozialistische Finanzwirtschaft 5/1979, S. 23, 24 (Fn. 3).

78 Zur Neuordnung der Finanzverwaltung siehe 2. Kapitel H.

abteilungen bei den Provinzialregierungen, den Regierungen der vereinigten Länder sowie bei den Städten und Kreisen.[79]

Damit wurden zwar die Steuerzahlungen in der sowjetischen Besatzungszone Deutschlands wieder aufgenommen, jedoch blieb die Höhe der Steuereinnahmen infolge der zerrütteten Wirtschaft hinter den Erfordernissen zurück. Aufgrund dessen wurden in den nachfolgenden Jahren die Steuersätze der wichtigsten Steuern (Einkommen-, Lohn-, Körperschaft-, Vermögen-, Kraftfahrzeug-, Umsatz- und Erbschaftsteuer) durch eine Reihe von Gesetzen des Alliierten Kontrollrates[80] wesentlich erhöht und Steuererleichterungen und Vergünstigungen gestrichen. Trotz dieser Erhöhungen der Steuersätze der direkten Steuern blieben höhere Steuereinnahmen aufgrund des niedrigen Produktionsniveaus aus, so dass im Folgenden auch die Steuersätze der indirekten Steuern (Tabak-, Branntwein-, Bier-, Zündholz-, Zuckersteuer usw.) wesentlich erhöht wurden.[81]

2. Weiterentwicklung des Steuersystems einschließlich der steuerlichen Auswirkungen der Währungsreform

In den nachfolgenden Jahren hielt sich die Weiterentwicklung des Steuersystems in der sowjetischen Besatzungszone Deutschlands in Grenzen. Lediglich in einzelnen Bereichen traten Veränderungen auf.

So bewirkte z.B. die Bodenreform 1945 steuerliche Änderungen bei der Einkommen-, Vermögen- und Grundsteuer. An die Stelle der Großgrundbesitzer, die enteignet wurden, traten volkseigene Güter und zahlreiche kleinere Landwirtschaftsbetriebe oder Einzelbauern. Damit traten Veränderungen hinsichtlich der für die Einkommensteuer heranzuziehenden Einkünfte aus Land- und Forstwirtschaft und des für die Vermögen- und Grundsteuer heranzuziehenden land- und forstwirtschaftlichen Vermögens ein. Im gleichen Zuge wurden die land- und forstwirtschaftlichen Einheitswerte der Neubauern sowie der Klein- und Mittelbauern an die geänderten Besitzverhältnisse angepasst, was wiederum Auswirkungen auf die Einkommen-, Vermögen- und Grundsteuerveranlagungen hatte.[82]

Auch die zunehmende Herausbildung des volkseigenen Sektors der Wirtschaft durch die Überführung privatwirtschaftlicher Betriebe und sonstiger Vermögensmassen in Volkseigentum zeigte steuerliche Auswirkungen. Trotz

---

79 Vgl. *Haase*, Öffentliche Finanzen im Wirtschaftssystem der DDR, S. 168; *Kitsche,* Steuersystem in der SBZ, S. 40; *Rzesnitzek*, Staatseinnahmen in der DDR, S. 82.

80 Siehe hierzu die Nachweise bei *Bielig,* Sozialistische Finanzwirtschaft 5/1979, S. 23, 24 (Fn. 4 u. 5); *Rzesnitzek,* Staatseinnahmen in der DDR, S. 83 (Fn. 5 bis 7).

81 Vgl. *Frenkel,* Steuerverwaltung und Steuerrecht in der SBZ, S. 44 f.; *Kitsche,* Steuersystem in der SBZ, S. 41; *Rzesnitzek*, Staatseinnahmen in der DDR, S. 82 ff.

82 Vgl. *Frenkel*, Steuerverwaltung und Steuerrecht in der SBZ, S. 73 f.; *Rzesnitzek*, Staatseinnahmen in der DDR, S. 86 f.

dieser weitreichenden Veränderungen schuf man zunächst keine neuen, an die veränderten Verhältnisse angepassten steuerrechtlichen Bestimmungen. Die neu geschaffenen volkseigenen Betriebe wurden nach den bekannten Formen des früheren Steuersystems besteuert. Die anzuwendenden Steuerarten, wie die Körperschaft-, Umsatz-, Grund- und Gewerbesteuer, erhielten durch die Anwendung auf volkseigene Betriebe einen grundlegend neuen Inhalt. Sie wurden zu Gewinnsteuern der volkseigenen Betriebe. Das Vermögensteuerrecht wurde dahingehend geändert, dass volkseigene Betriebe steuerfrei gestellt wurden. Durch die Überführung der großen kapitalistischen Einzelunternehmen in volkseigene Betriebe änderte sich zudem der Kreis der Steuerschuldner. Steuerpflichtig waren nun überwiegend Kleingewerbetreibende, Einzelhändler und Handwerker.[83]

1948 wurden die neu gebildeten volkseigenen Betriebe teilweise zu „Vereinigungen volkseigener Betriebe“ (VVB) als selbständige juristische Personen zusammengefasst, wobei die einzelnen Betriebe nur noch Betriebsstätten dieser Vereinigungen waren. Diese strukturellen Veränderungen hatten insbesondere körperschaftsteuerliche Auswirkungen, denn nicht mehr die Einzelbetriebe, sondern die VVB waren steuerpflichtig. Die Körperschaftsteuerschuld wurde anhand der von den VVB selbständig aufzustellenden Bilanzen ermittelt. Änderungen in Bezug auf die Umsatzsteuer traten dahingehend ein, dass die Innenumsätze zwischen den VVB und den eingegliederten volkseigenen Betrieben umsatzsteuerfrei blieben.[84]

Trotz dieser Veränderungen galten sowohl in der sowjetischen Besatzungszone Deutschlands als auch im westlichen Teil Deutschlands nach wie vor überwiegend einheitlich die früheren Steuergesetze und die Gesetze des Alliierten Kontrollrates. Erst die im Juni 1948 vorgenommenen Währungsreformen in beiden Teilen Deutschlands leiteten die weitere getrennte Entwicklung des Steuersystems ein. Während die Währungsreform im westlichen Teil Deutschlands das Geschäftsjahr und den Besteuerungszeitraum vorzeitig beendete und bei der Neueröffnung Bilanzbereinigungen und Neubewertungen zuließ, gab es dergleichen in der sowjetischen Besatzungszone Deutschlands nicht. Hier wurde die Währungsreform vielmehr dazu genutzt, den Geldüberhang abzuschöpfen. Steuerrückstände und veranlagte, noch nicht fällige Steuern mussten sofort in neuer Währung geleistet werden und zu erstattende Steuern wurden im Verhältnis 10:1 (10 RM = 1 Mark) umgerechnet. Auch die im Juli 1948 fälligen Vorauszahlungen der Einkommen-, Körperschaft- und Gewerbesteuer und alle übrigen Steuerarten mussten in neuer Währung entrichtet werden.[85]

---

83 Vgl. *Frenkel*, Steuerverwaltung und Steuerrecht in der SBZ, S. 50 ff.; *Rzesnitzek*, Staatseinnahmen in der DDR, S. 87 ff.

84 Vgl. *Rzesnitzek*, Staatseinnahmen in der DDR, S. 90 ff.

85 Vgl. *Frenkel*, Steuerverwaltung und Steuerrecht in der SBZ, S. 71 f.; *Rzesnitzek*, Staatseinnahmen in der DDR, S. 94 f.

3. Änderungen durch die Steuerreformverordnung

Nachdem die Währungsreform die Fortentwicklung bzw. die Umgestaltung des bis dahin noch gültigen Steuersystems eingeleitet hatte, sollten nun die sehr hohen Steuersätze der Kontrollratsgesetze abgebaut und damit die Produktion stimuliert sowie das Steueraufkommen erhöht werden.[86]

Daher beschloss die Deutsche Wirtschaftskommission[87] am 1. Dezember 1948 für die sowjetische Besatzungszone Deutschlands die Steuerreformverordnung[88], die am 1. April 1949 in Kraft trat. Sie enthielt zahlreiche Bestimmungen zur Einkommen-, Lohn-, Körperschaft-, Vermögen-, Erbschaft- und Kraftfahrzeugsteuer, die wesentliche Änderungen im materiellen Steuerrecht vorsahen. In der Folgezeit wurden zahlreiche Durchführungsbestimmungen zur Steuerreformverordnung erlassen.[89]

Ziel der Steuerreformverordnung war neben der Senkung der hohen Steuersätze der Kontrollratsgesetzgebung insbesondere die Beseitigung der Gleichmäßigkeit und Allgemeinheit der Besteuerung. Die Schaffung einer sozialökonomisch differenzierten Besteuerung sollte der damaligen Vorstellung, dass zwischen Einkommen aus eigener Arbeit und fremder Arbeit ein Unterschied besteht, gerecht werden.[90] Die wesentlichen Änderungen im materiellen Steuerrecht werden im Folgenden dargestellt.

Im Zuge der Schaffung einer sozialökonomisch differenzierten Besteuerung des Einkommens wurden je nach Art und Weise des Einkommenserwerbs zwei unterschiedliche Tarife, nämlich der niedrigere Lohnsteuertarif für Lohn- und Gehaltsempfänger und der höhere Einkommensteuertarif für Bezieher von Ein-

---

86 Vgl. *Bielig,* Sozialistische Finanzwirtschaft 5/1979, S. 23 f.; *Frenkel*, Steuerverwaltung und Steuerrecht in der SBZ, S. 45. Zu den Auswirkungen der hohen Steuersätze siehe auch *Kaiser,* DFW 4/5/1949, S. 145.

87 Da es nach 1945 keine zentrale deutsche Finanzverwaltung gab, schuf die SMAD 1945 zentrale deutsche Fachverwaltungen und errichtete die Deutsche Zentralfinanzverwaltung (DZFV). 1947 wurden diese Verwaltungseinheiten zur Deutschen Wirtschaftskommission (DWK) vereinigt, welcher 1948 die Befugnis erteilt wurde, verbindliche Anordnungen und Verordnungen zu erlassen. Der DZFV, die als Hauptverwaltung Finanzen in der DWK weiterlebte, wurde dadurch die Möglichkeit eröffnet, in die noch in der Kompetenz der Länder liegende Steuerverwaltung leitend und lenkend einzugreifen. Die DWK bestand bis zur Gründung der DDR am 7.10.1949. Vgl. hierzu *Frenkel*, Steuerverwaltung und Steuerrecht in der SBZ, S. 19 f.; *Kitsche,* Steuersystem in der SBZ, S. 41; *Rzesnitzek,* Staatseinnahmen in der DDR, S. 89 f.

88 Verordnung zur Änderung und Ergänzung von Steuergesetzen (Steuerreformverordnung) v. 1.12.1948, ZVOBl. I 1949, S. 235, zitiert bei *Bielig,* Sozialistische Finanzwirtschaft 5/1979, S. 23, 24 (Fn. 8).

89 Vgl. *Kitsche,* Öffentliche Finanzen im Wirtschaftssystem der SBZ, S. 11; *ders.,* Steuersystem in der SBZ, S. 42; *Rzesnitzek,* Staatseinnahmen in der DDR, S. 95 ff.

90 Vgl. *Bielig,* Sozialistische Finanzwirtschaft 5/1979, S. 23, 24; *Frenkel*, Steuerverwaltung und Steuerrecht in der SBZ, S. 45; *Kitsche,* Steuersystem in der SBZ, S. 28.

kommen aus gewerblicher und unternehmerischer Tätigkeit, eingeführt. Neben dem niedrigeren Lohnsteuertarif wurden zudem steuerliche Vergünstigungen für Leistungszuschläge bei Leistungslohn, für Leistungsprämien bei Einzel- oder Kollektivleistungen und für sonstige einmalige Bezüge, wie Tantiemen, Gratifikationen usw., gewährt. Der niedrigere Lohnsteuertarif wurde schließlich auch bei der Besteuerung der steuerlich begünstigten freiberuflichen Einkünfte angewendet.[91]

Ferner wurden zum Teil die hohen Steuertarife der Kontrollratsgesetzgebung gesenkt. Herabgesetzt wurde in erster Linie der hohe Einkommensteuertarif, wobei von der starken Herabsetzung vor allem die niedrigeren Einkommensstufen, insbesondere Handwerker und Kleingewerbetreibende, profitierten. Hinzu kam die Senkung des Vermögensteuertarifes.[92]

Eine weitere wesentliche Änderung betraf das Körperschaftsteuerrecht. Vor dem Hintergrund der zunehmenden Überführung privater Betriebe in Volkseigentum wurde der Körperschaftsteuertarif an diese Veränderungen angepasst. Während in den vergangenen Jahren sowohl für die volkseigenen Betriebe als auch für die privaten Körperschaften der gleiche Tarif zur Anwendung kam, wurde nunmehr auch hier differenziert. Für die Besteuerung der volkseigenen Betriebe sowie der Erwerbs- und Wirtschaftsgenossenschaften usw. wurde der bisherige niedrigere Tarif beibehalten, während die Körperschaftsteuer bei den privaten Körperschaften zukünftig nach dem Einkommensteuertarif bemessen wurde, so dass Spitzensteuersätze bis zu 95 % möglich waren.[93]

II. Entwicklung des Steuersystems nach der Gründung der DDR

1. Besteuerung der Handwerker

Im ursprünglichen Steuersystem wurden für die Besteuerung der Handwerker die gleichen steuerlichen Bestimmungen herangezogen wie für die privatwirtschaftlichen Betriebe. Mit der Einführung der Handwerksteuer im Jahre 1950 wurde die Besteuerung der Handwerker jedoch aus dem ursprünglichen Steuersystem herausgelöst. Mit dem Gesetz über die Steuer des Handwerks vom 6. September 1950[94] wurde für die Handwerker eine einheitliche Normativsteuer

---

91 Vgl. *Bielig,* Sozialistische Finanzwirtschaft 5/1979, S. 23, 24; *Förster,* WPg 1955, S. 245, 248; *Frenkel*, Steuerverwaltung und Steuerrecht in der SBZ, S. 67; *Gurtz/Kaltofen,* Staatshaushalt der DDR, S. 167; *Kaiser,* DFW 4/5/1949, S. 145, 146; *Rzesnitzek*, Staatseinnahmen in der DDR, S. 96 f.

92 Vgl. *Gurtz/Kaltofen,* Staatshaushalt der DDR, S. 167; *Rzesnitzek*, Staatseinnahmen in der DDR, S. 98 f.

93 Vgl. *Kaiser,* DFW 4/5/1949, S. 145, 150; *Rzesnitzek*, Staatseinnahmen in der DDR, S. 99 f.

94 GBl. I 1950, S. 967.

eingeführt, die an die Stelle der Einzelveranlagung zur Einkommen-, Körperschaft-, Gewerbe- und Vermögensteuer trat. Die Handwerksteuer setzte sich aus einem für die einzelnen Handwerksberufe unterschiedlich festgesetzten Grundbetrag und Zuschlägen zusammen, die entweder von der Bruttolohnsumme der beschäftigten Lohnempfänger oder vom Materialeinsatz abhängig waren. Zur Stimulierung der Produktionssteigerung wurde zudem der über der Norm liegende Gewinn von der Steuer befreit.[95]

In den Jahren nach der Einführung der Steuer des Handwerks stellte sich heraus, dass diese insbesondere größeren, „kapitalistisch" produzierenden Handwerksbetrieben und weniger den kleineren Betrieben zugute kam. Betriebe mit mehr als 10 Arbeitskräften wurden daher grundsätzlich aus dem Handwerk ausgegliedert und als Industriebetriebe der Besteuerung der privaten Wirtschaft unterstellt. Des Weiteren wurde 1957 der Begriff der Handwerksbetriebe eingeengt, wodurch einige Betriebe aus der Handwerksrolle gestrichen wurden. Mit dem Gesetz über die Besteuerung des Handwerks vom 12. März 1958[96] wurde die Handwerksteuer insgesamt neu geregelt. Die ursprüngliche Normativsteuer wurde nur noch auf Handwerksbetriebe mit bis zu drei Arbeitskräften angewendet (Handwerksteuer A). Für die übrigen Handwerksbetriebe wurde die Handwerksteuer B, die sich aus der Umsatzsteuer und einer Gewinnsteuer zusammensetzte, eingeführt.[97]

Die Normativbesteuerung wurde jedoch 1966 gänzlich aufgegeben und aufgrund des Gesetzes über die Besteuerung der Handwerker vom 16. März 1966[98] durch eine Besteuerung in Form von Gewinn-, Umsatz- und Lohnsummensteuern ersetzt.[99]

2. Besteuerung privater Landwirte

Eine der Handwerksteuer ähnliche Normativsteuer sollte auch für die privaten Landwirte eingeführt werden, was jedoch nicht verwirklicht wurde. Private Landwirte mussten auch in den darauf folgenden Jahren Einkommen-, Vermögen-, Umsatz- und Grundsteuer abführen. Es gab lediglich zahlreiche Anordnungen und Anweisungen, die steuerliche Vergünstigungen für private Landwir-

---

95 Vgl. *Förster,* WPg 1955, S. 245, 247 f.; *Frenkel*, JR 1957, S. 47, 49; *ders.*, Steuerverwaltung und Steuerrecht in der SBZ, S. 75 f.; *Rzesnitzek*, Staatseinnahmen in der DDR, S. 117 ff.; Stichwort: Handwerksteuer, in: DDR-Handbuch, Bd. I, S. 594 f.

96 GBl. I 1958, S. 262.

97 Vgl. *Gurtz/Kaltofen,* Staatshaushalt der DDR, S. 175; *Kitsche,* Steuersystem in der SBZ, S. 94 ff.; *Rzesnitzek*, Staatseinnahmen in der DDR, S. 171 ff.; Stichwort: Handwerksteuer, in: DDR-Handbuch, Bd. I, S. 594 f.

98 GBl. I 1966, S. 71. Zu den einzelnen Regelungen dieses Gesetzes siehe 4. Kapitel C. VI.

99 Vgl. *Haase,* Steuern der DDR, S. 31 f.; Stichwort: Handwerksteuer, in DDR-Handbuch, Bd. I, S. 595.

te vorsahen.[100] Ab 1. Januar 1971 wurden alle landwirtschaftlichen Betriebe, die nicht in landwirtschaftliche Produktionsgenossenschaften eingegliedert waren, nach den Vorschriften für die Betriebe mit staatlicher Beteiligung besteuert, wobei jedoch auf die den privaten Gesellschaftern und Inhabern zuzurechnenden Gewinne hohe Einkommensteuertarife angewendet wurden.[101]

3. Besteuerung halbstaatlicher Betriebe

Im Zuge der weiteren Entwicklung entstanden durch die Beteiligung des Staates an privaten Betrieben, insbesondere an Industriebetrieben, zunehmend halbstaatliche Betriebe. Solche Betriebe wurden in der Regel in der Form der KG gebildet, wobei der private Unternehmer Komplementär und der staatliche Gesellschafter Kommanditist wurde. Anreize für die Bildung halbstaatlicher Betriebe boten steuerliche Vergünstigungen bei der Gewinnbesteuerung und der Besteuerung der Tätigkeitsvergütung des privaten Unternehmers. So wurde z.B. diese Tätigkeitsvergütung wie Arbeitseinkommen behandelt. Allerdings wurden auf die den privaten Gesellschaftern zuzurechnenden Gewinnanteile auch hier hohe Einkommensteuertarife angewendet.[102]

4. Besteuerung der Kommissionshändler

Neben der staatlichen Beteiligung an privaten Betrieben wurden auch im Einzelhandel zunehmend Kommissionsverträge zwischen Einzelhändlern und Gastwirten auf der einen Seite und dem staatlichen Großhandel oder den Konsumgenossenschaften auf der anderen Seite geschlossen. Solche Kommissionshändler unterlagen ab 1956 einer günstigeren Besteuerung, da die Steuersätze nur geringfügig über denen der Lohnsteuer lagen.[103]

5. Besteuerung der übrigen privaten Wirtschaft

Die mit der Steuerreformverordnung eingeleitete Beseitigung der Gleichmäßigkeit und Allgemeinheit der Besteuerung bzw. die Differenzierung der steuerlichen Belastung nach Art des Einkommenserwerbs, nach Wirtschaftsbereichen

---

100 Vgl. *Frenkel*, JR 1957, S. 47, 48 f.; *ders.*, Steuerverwaltung und Steuerrecht in der SBZ, S. 73 f.; *Kitsche*, Öffentliche Finanzen im Wirtschaftssystem der SBZ, S. 38 f.; *Rzesnitzek*, Staatseinnahmen in der DDR, S. 120 f.

101 Vgl. *Töben*, Besteuerung des deutsch-deutschen Wirtschaftsverkehrs, S. 82.

102 Vgl. *Frenkel*, JR 1957, S. 47, 51; *Gurtz/Kaltofen*, Staatshaushalt der DDR, S. 174; *Rzesnitzek*, Staatseinnahmen in der DDR, S. 173 f.; *Töben*, Besteuerung des deutsch-deutschen Wirtschaftsverkehrs, S. 82.

103 Vgl. *Bielig*, Sozialistische Finanzwirtschaft 4/1976, S. 37; *Frenkel*, JR 1957, S. 47, 51; *Gurtz/Kaltofen*, Staatshaushalt der DDR, S. 174; *Rzesnitzek*, Staatseinnahmen in der DDR, S. 174. Zur Besteuerung der Kommissionshändler siehe 4. Kapitel C. XI.

und nach Eigentumsformen[104] wurde in den Folgejahren konsequent weitergeführt. Sie bewirkte gerade für den privaten Wirtschaftssektor immer höhere steuerliche Belastungen.

Eine weitere Verschärfung der Besteuerung der privaten Wirtschaft erfolgte schließlich durch die Verordnung zur Änderung der Einkommensbesteuerung und zur Sicherung des Einganges der Abgabenforderungen vom 5. März 1953[105]. Der Einkommensteuertarif für veranlagte Steuerpflichtige wurde erhöht. Personengesellschaften wurden selbständig einkommensteuerpflichtig und dem verschärften Einkommensteuertarif unterworfen. Kapitalgesellschaften durften bestimmte Vergütungen an Aktionäre oder Gesellschafter bei der Ermittlung des körperschaftsteuerlichen Einkommens nicht mehr als Betriebsausgaben abziehen. Privatentnahmen aus Gewerbebetrieben wurden zusätzlich besteuert. Die Absetzungen für Abnutzungen bei Anlagegütern wurden eingeschränkt. Das hatte zur Folge, dass die privaten Unternehmen zunehmend zur Aufgabe gezwungen waren.[106]

Da sich der sozialistische bzw. volkseigene Wirtschaftssektor jedoch noch nicht in dem erhofften Umfang herausgebildet hatte, gab es durch den Rückgang der privaten Wirtschaft in kürzester Zeit wirtschaftliche Engpässe und damit eine Gefährdung der Versorgung der Bevölkerung. In der Folge wurden daher die zuvor verschärften Bestimmungen durch gemäßigtere steuerliche Bestimmungen ersetzt. Neben der Senkung des Einkommensteuertarifes wurden zahlreiche steuerliche Vergünstigungen gewährt. Diese Änderungen beruhten auf der Verordnung zur Änderung der Besteuerung und zur Senkung des Einkommensteuertarifes vom 23. Juli 1953[107], auf in der Folgezeit hierzu ergangene Durchführungsbestimmungen, auf Anweisungen und weiteren Verordnungen zur Änderung der Besteuerung der privaten Wirtschaft.[108]

Sämtliche Steuererleichterungen betrafen nur die der Einkommensteuer unterliegenden privaten Betriebe, nicht jedoch die Kapitalgesellschaften. Deren Körperschaftsteuerbelastung stieg sogar auf bis zu 95 % des steuerpflichtigen Einkommens an, so dass in der Folgezeit zahlreiche Kapitalgesellschaften aufgelöst oder in Einzelfirmen oder Personengesellschaften umgewandelt wurden. Entsprechende Umwandlungen wurden steuerlich gefördert.[109]

---

104 Vgl. hierzu 2. Kapitel A. I. 3.

105 GBl. I 1953, S. 392.

106 Vgl. *Frenkel*, Steuerverwaltung und Steuerrecht in der SBZ, S. 76 f.; *Kitsche,* Öffentliche Finanzen im Wirtschaftssystem der SBZ, S. 15.

107 GBl. I 1953, S. 889.

108 Vgl. *Frenkel*, Steuerverwaltung und Steuerrecht in der SBZ, S. 77; *Kitsche,* Steuersystem in der SBZ, S. 107; *Rzesnitzek,* Staatseinnahmen in der DDR, S. 153 ff.

109 Vgl. *Frenkel*, Steuerverwaltung und Steuerrecht in der SBZ, S. 78 u. 83; *Kitsche,* Öffentliche Finanzen im Wirtschaftssystem der SBZ, S. 45; *Rzesnitzek,* Staatseinnahmen in der DDR, S. 155 f.

Trotz der einkommensteuerlichen Erleichterungen erfolgte auch in den folgenden Jahren eine diskriminierende Besteuerung der privaten Wirtschaft. Neben hohen Steuerprogressionen (Einkommensteuertarif bis 90 %, Körperschaftsteuertarif bis 95 %) wurde die private Wirtschaft durch weitere belastende Steuerbestimmungen, wie z.B. dem Verbot der Bildung steuerfreier Rücklagen, der vollen Besteuerung von Sanierungsgewinnen, dem beschränkten Abzug von Werbungskosten, Betriebs- und Sonderausgaben, der Beschränkung von Abschreibungen sowie der vollen Besteuerung von Veräußerungsgewinnen, benachteiligt. Darüber hinaus bestand keine Möglichkeit des Verlustabzuges oder des Verlustausgleiches.[110]

Mit der Abschaffung der Lebensmittelkarten im Mai 1958 wurde der Einkommensteuertarif für die private Wirtschaft nochmals erhöht, und zwar für Einkommen über 15.000 Mark. Gleichzeitig wurden Familienermäßigungen bei Einkommen über 20.000 Mark nicht mehr gewährt und Steuerermäßigungen wegen außergewöhnlicher Belastungen ganz gestrichen. Zwar wurden die Pflichtbeiträge zur Sozialversicherung bei der Deutschen Versicherungsanstalt als Sonderausgaben anerkannt, jedoch wurde der Pauschalbetrag für Sonderausgaben nicht mehr gewährt.[111]

Die Entwicklung der Besteuerung der privaten Wirtschaft führte dazu, dass die Zahl der privaten Wirtschaftsbetriebe und Kapitalgesellschaften immer mehr abnahm. Durch die sehr hohe steuerliche Belastung waren viele Betriebe zur Aufgabe gezwungen oder gingen in den volkseigenen Wirtschaftssektor über.[112]

6. Besteuerung der Lohnempfänger und der Angehörigen steuerlich begünstigter freier Berufe

Gemäß Art. 29 Abs. 2 der Verfassung der DDR vom 7. Oktober 1949[113] war *„bei der Besteuerung [...] auf erarbeitetes Vermögen und Einkommen besonders Rücksicht zu nehmen*". Eine begünstigende Besteuerung für Lohneinkommen wurde bereits mit der Steuerreformverordnung eingeleitet und anschließend weiterentwickelt. So wurden in den Folgejahren die Steuertarife weiter gesenkt und weitere Steuervergünstigungen eingeführt. Trotz dieser Entwicklung wurden für die Besteuerung der Lohnempfänger immer noch die Bestimmungen des allgemeinen Steuerrechts ergänzend herangezogen. Erst mit der Verordnung über die

---

110 Vgl. *Frenkel*, JR 1957, S. 47, 49; *ders.*, Steuerverwaltung und Steuerrecht in der SBZ, S. 77 f.; *Kitsche,* Steuersystem in der SBZ, S. 106.

111 Vgl. *Kitsche,* Steuersystem in der SBZ, S. 106; *Rzesnitzek*, Staatseinnahmen in der DDR, S. 177.

112 Vgl. *Kitsche,* Steuersystem in der SBZ, S. 107 f.; *Rzesnitzek,* Staatseinnahmen in der DDR, S. 179 ff.

113 GBl. I 1949, S. 5.

Besteuerung des Arbeitseinkommens (AStVO) vom 22. Dezember 1952[114] wurde ein selbständiges, vom Einkommensteuerrecht abgekoppeltes Lohnsteuerrecht geschaffen.[115]

Der begünstigenden Besteuerung nach der AStVO unterlagen ab dem damaligen Zeitpunkt nicht nur die Lohnempfänger, sondern auch die Angehörigen der steuerlich begünstigten freien Berufe, die hinsichtlich der Besteuerung bereits durch die Steuerreformverordnung den Lohnempfängern gleichgestellt wurden. Steuerlich begünstigt waren freie Berufe, von denen „*Beiträge zum Aufbau des Sozialismus*" erwartet wurden. Dazu zählten insbesondere Wissenschaftler, Ärzte, Ingenieure und Erfinder, nicht jedoch Rechtsanwälte oder Steuerberater.[116]

Trotz der bereits durch die AStVO bewirkten begünstigten Besteuerung der Lohnempfänger sollte deren Belastung mit Lohnsteuern in der Folgezeit weiter gesenkt werden. Neben der Senkung des allgemeinen Lohnsteuertarifs wurden unter bestimmten Voraussetzungen auch Leistungsprämien von der Steuer befreit oder Familienermäßigungen gewährt.[117]

7. Besteuerung der volkseigenen Wirtschaft

Die zunehmende Herausbildung des volkseigenen Wirtschaftssektors und die damit einhergehende Umgestaltung der Eigentumsordnung[118] erforderte entsprechende Änderungen auf dem Gebiet der Besteuerung. Nachdem zunächst zahlreiche Veränderungen hinsichtlich einzelner Steuerarten (Körperschaft-, Gewerbe-, Umsatz- und sonstige Verbrauchssteuern) vorgenommen und Gewinnabgaben sowie für einige Zweige der volkseigenen Industrie Produktionsabgaben eingeführt wurden, erfolgte schließlich in den Jahren 1954 bis 1957 die Einführung des sog. Zwei-Kanäle-Systems für den gesamten Bereich der volkseigenen Wirtschaft.[119]

Danach hatten ab 1. Januar 1955 alle volkseigenen Industrie- und Dienstleistungsbetriebe und ab 1. Januar 1957 auch die volkseigenen Land- und Forstwirtschaftsbetriebe eine Produktions-, Dienstleistungs- bzw. Handelsabgabe, welche 1972 zur produktgebundenen Abgabe[120] umbenannt wurde, zu entrichten. Diese

114 Bekannt gemacht im GBl. I 1952, S. 1413, abgedruckt in: *Datev,* Steuerrechtssammlung 1990, Bd. I, Nr. 3. Zu den einzelnen Bestimmungen der AStVO siehe 4. Kapitel C. IX.

115 Vgl. *Frenkel,* JR 1957, S. 47, 48; *ders.,* Steuerverwaltung und Steuerrecht in der SBZ, S. 63 ff.; *Rzesnitzek,* Staatseinnahmen in der DDR, S. 122 ff.; *Töben,* Besteuerung des deutsch-deutschen Wirtschaftsverkehrs, S. 82 f.

116 Vgl. *Frenkel,* JR 1957, S. 47, 48; *ders.,* Steuerverwaltung und Steuerrecht in der SBZ, S. 63 f. u. 69 f.; *Kitsche,* Öffentliche Finanzen im Wirtschaftssystem der SBZ, S. 16 f.; *Rzesnitzek,* Staatseinnahmen in der DDR, S. 123 f.

117 Vgl. *Rzesnitzek,* Staatseinnahmen in der DDR, S. 160 f.

118 Siehe hierzu 2. Kapitel F.

119 Im Einzelnen zu den Änderungen bis 1955 *Frenkel,* Steuerverwaltung und Steuerrecht in der SBZ, S. 50 ff.; *Rzesnitzek,* Staatseinnahmen in der DDR, S. 137 ff.

120 Zu den produktgebundenen Abgaben siehe 1. Kapitel A. II. 6. a. aa..

traten an die Stelle der bis dahin von den volkseigenen Betrieben zu zahlenden Körperschaft-. Gewerbe-, Umsatz-, Beförderung- und sonstigen Verbrauchssteuern.[121]

Daneben hatten die volkseigenen Betriebe die Nettogewinnabführung[122] zu entrichten. Während zunächst noch der gesamte Gewinn an den Staatshaushalt abzuführen war und Investitionen und Umlaufmittelerhöhungen der volkseigenen Betriebe unabhängig vom erwirtschafteten Gewinn aus dem Haushalt finanziert wurden, hatten die volkseigenen Betriebe ab 1. Januar 1955 nur noch Teile des betrieblichen Gewinns als Nettogewinnabführung an den Staatshaushalt abzuführen. Ab 1971 wurde die Höhe der Nettogewinnabführung jährlich von staatlicher Seite festgelegt.[123]

Ab 1966 wurde der Übergang vom Zwei-Kanäle-System zum Drei-Kanäle-System vollzogen. Das bedeutete, dass die volkseigenen Betriebe neben den produktgebundenen Abgaben und den Nettogewinnabführungen nunmehr zusätzlich Produktionsfonds- bzw. Handelsfondsabgaben[124] aus ihrem Bruttogewinn zu entrichten hatten. Ab 1. Januar 1974 wurden diese Fondsabgaben in allen Bereichen der volkseigenen Wirtschaft erhoben.[125]

8. Besteuerung der genossenschaftlichen Wirtschaft

Die Besteuerung der genossenschaftlichen Wirtschaft als Teil des sozialistischen noch nicht verstaatlichten Wirtschaftssektors erfolgte noch lange nach 1945 auf der Grundlage der alten Reichssteuergesetze. Jedoch sah bereits die Steuerreformverordnung 1949 steuerliche Vergünstigungen für Erwerbs- und Wirtschaftsgenossenschaften und Genossenschaftsverbände vor. Hierzu zählte z.B. die Anwendung des gleichen Körperschaftsteuertarifes wie bei volkseigenen Betrieben. Zahlreiche Genossenschaften wurden von der Vermögensteuer befreit oder ihnen wurden rückständige Steuern erlassen.[126]

Besondere Aufmerksamkeit kam auch den neu geschaffenen Genossenschaften zuteil. Um möglichst viele Handwerker, Bauern und Gewerbetreibende dazu zu bewegen, sich der genossenschaftlichen Wirtschaft anzuschließen, wurde deren Zusammenschluss zu Genossenschaften mit allgemeinen Steuervergünstigungen und teilweise zeitlich begrenzten Steuerbefreiungen gefördert.

---

121 Vgl. *Förster,* WPg 1955, S. 245; *Frenkel*, Steuerverwaltung und Steuerrecht in der SBZ, S. 52 ff.; *Rzesnitzek*, Staatseinnahmen in der DDR, S. 142 ff.

122 Zur Nettogewinnabführung siehe 1. Kapitel A. II. 6. a. cc..

123 Vgl. *Frenkel*, Steuerverwaltung und Steuerrecht in der SBZ, S. 57; *Haase,* Hauptsteuern, S. 61 ff.; *Rzesnitzek*, Staatseinnahmen in der DDR, S. 141.

124 Zu den Produktionsfonds- und Handelsfondsabgaben siehe 1. Kapitel A. II. 6. a. bb..

125 Vgl. *Gurtz/Kaltofen,* Staatshaushalt der DDR, S. 177; *Haase,* Hauptsteuern, S. 37; *ders.,* Haushaltswesen der DDR, S. 116.

126 Vgl. *Kitsche,* Öffentliche Finanzen im Wirtschaftssystem der SBZ, S. 19; *Rzesnitzek,* Staatseinnahmen in der DDR, S. 144 f.

Diese allgemeinen Steuerbefreiungen, die zunächst für alle Genossenschaften galten, wurden 1953 allmählich wieder abgebaut. An deren Stelle traten individuelle Sonderregelungen für besonders förderungswürdige Genossenschaften. Dazu zählten insbesondere Genossenschaften, die in besonderem Maße geeignet waren, selbständige Unternehmer zu kollektivieren. So wurden z.B. landwirtschaftliche Produktionsgenossenschaften (LPG) für zwei Jahre von jeglichen Steuerzahlungen befreit und Produktionsgenossenschaften des Handwerks (PGH) grundsätzlich von der Gewerbe- und Vermögensteuer befreit sowie zwei Jahre von der Zahlung der Körperschaftsteuer freigestellt.[127]

Im Laufe der Entwicklung wurde auch das Besteuerungssystem der Konsumgenossenschaften umorganisiert. Diese leisteten durch ihre Handelstätigkeit einen wichtigen Beitrag zur Versorgung der Bevölkerung mit Konsumgütern. Daher wurden für diese Genossenschaften umfangreiche Steuervergünstigungen, wie besondere Gewinnermittlungsvorschriften, Befreiungen der Innenumsätze von der Umsatzsteuer, Befreiungen von der Vermögensteuer usw., eingeführt. Auch galten bei der Steuererhebung für Konsumgenossenschaften zahlreiche Sondervorschriften.[128]

Schließlich änderte sich die Besteuerung der Produktionsgenossenschaften des Handwerks nochmals durch das Gesetz über die Besteuerung der Produktionsgenossenschaften des Handwerks und ihrer Mitglieder vom 30. November 1962[129] und die Verordnung über die Besteuerung der Produktionsgenossenschaften des Handwerks vom 15. Dezember 1970[130]. Danach hatten diese, je nachdem, ob neue Industriepreise galten oder nicht, Umsatz- oder Produktionsfondssteuern sowie Gewinnsteuern von bis zu 45 % des Nettogewinns zu entrichten.[131]

Ferner wurde 1972 die Besteuerung der sozialistischen Landwirtschaft weitgehend vereinheitlicht. Landwirtschaftliche Produktionsgenossenschaften hatten danach eine ökonomisch begründete Abgabe zu entrichten, die sich aus einer Abgabe auf das Bruttoeinkommen und einer Abgabe auf die Konsumtion zusammensetzte. Diese Abgaben waren keine Steuern im eigentlichen Sinne mehr.[132]

---

127 Vgl. *Bielig,* Sozialistische Finanzwirtschaft 4/1976, S. 37; *Frenkel*, Steuerverwaltung und Steuerrecht in der SBZ, S. 59 ff.; *Rzesnitzek*, Staatseinnahmen in der DDR, S. 145 ff.

128 Vgl. *Frenkel,* Steuerverwaltung und Steuerrecht in der SBZ, S. 62; *Rzesnitzek*, Staatseinnahmen in der DDR, S. 149 f.

129 GBl. I 1962, S. 119. Zu den einzelnen Regelungen dieses Gesetzes siehe 4. Kapitel C. VII.

130 GBl. II 1970, S. 683.

131 Vgl. *Haase,* Haushaltswesen der DDR, S. 152; *ders.,* Steuern der DDR, S. 27 ff.

132 Vgl. *Haase,* Haushaltswesen der DDR, S. 132 f.; *Töben,* Besteuerung des deutsch-deutschen Wirtschaftsverkehrs, S. 85 f.

III. Zwischenergebnis

Der geschichtliche Überblick über die Entwicklung des Steuersystems in der DDR zeigt, dass die auf dem traditionellen Steuersystem basierenden Steuergesetze nur noch für die wenigen privaten Betriebe und Gewerbetreibenden Bedeutung hatten. Dabei haben die allgemeinen Steuergesetze im Laufe der Zeit zahlreiche Modifikationen erfahren und wurden erst 1970 neu gefasst. Diese Modifikationen, insbesondere im Einkommen- und Körperschaftsteuerrecht, führten schließlich im Laufe der Zeit dazu, dass der private Wirtschaftssektor so starken Steuerbelastungen ausgesetzt war, dass er immer mehr zurück ging. Aufgrund dessen nahm auch die Bedeutung der Steuern der privaten Wirtschaft als Einnahmequelle des Staatshaushalts stetig ab. Immer weniger Staatseinnahmen resultierten aus diesen Steuern. Gleichzeitig trat jedoch deren politisch-ökonomische Funktion in den Vordergrund. Sie wurden dazu genutzt, die Einkommensverhältnisse zu regulieren, die wirtschaftliche Entwicklung zu kontrollieren und zu beeinflussen und den privaten Wirtschaftssektor zu Gunsten des volkseigenen Wirtschaftssektors zurückzudrängen.[133]

B. Der Steuerbegriff

I. Legaldefinition

Die Abgabenordnung der DDR in der Fassung vom 18. September 1970[134] enthielt in § 1 Abs. 1 folgende Legaldefinition: „*Steuern sind einmalige oder laufende Geldleistungen, die nicht eine Gegenleistung für eine besondere Leistung darstellen und von den zuständigen staatlichen Organen allen auferlegt werden, bei denen der Tatbestand zutrifft, an den das Gesetz die Leistungspflicht knüpft. Nicht darunter fallen Zölle, Gebühren und Beiträge.*“ Diese Begriffsbestimmung stimmt fast wörtlich mit der Definition des bundesdeutschen Steuerbegriffs in § 3 Abs. 1 AO überein. Dort heißt es: „*Steuern [sind] Geldleistungen, die nicht eine Gegenleistung für eine besondere Leistung darstellen und von einem öffentlich-rechtlichen Gemeinwesen zur Erzielung von Einnahmen allen auferlegt werden, bei denen der Tatbestand zutrifft, an den das Gesetz die Leistungspflicht knüpft; [...]*“. Ob die Steuerbegriffe in der DDR und in der Bundesrepublik Deutschland auch bei näherer Betrachtung der einzelnen Merkmale weitgehend identisch sind, wird Gegenstand der nachfolgenden Darstellung sein.

Als Erstes wird der Steuerbegriff im bundesdeutschen Recht dadurch charakterisiert, dass es sich bei den Steuern nur um Geldleistungen, also in Geld zu erbringende Leistungen, nicht jedoch um Naturalleistungen, wie z.B. Sach- oder

---

133 Vgl. *Rzesnitzek,* Staatseinnahmen in der DDR, S. 179 ff. Zu dieser Zweckbestimmung der Steuern siehe auch *Frenkel*, Steuerverwaltung und Steuerrecht in der SBZ, S. 45 u. 73.

134 GBl. Sonderdruck Nr. 681.

Dienstleistungen, handeln kann. Dabei ist es unerheblich, ob Leistungen einmalig oder fortlaufend zu erbringen sind.[135] Dieses Charakteristikum des Steuerbegriffs enthielt auch die Legaldefinition der Abgabenordnung der DDR und war unter den Finanzwissenschaftlern unumstritten.[136]

Ferner gehen sowohl der bundesdeutsche Steuerbegriff als auch der Steuerbegriff der DDR vom Fehlen einer Gegenleistung aus. Dadurch ließen sich auch in der DDR die Steuern von den Beiträgen und Gebühren, als Gegenleistungen für die tatsächliche oder mögliche Inanspruchnahme einer Leistung des Staates, abgrenzen.[137]

Des Weiteren wurden die Steuern in der DDR ebenso wie in der Bundesrepublik Deutschland hoheitlich auferlegt. Der Rechtsgrund der Verpflichtung zur Zahlung von Steuern wurde einseitig und ohne den Willen des Steuerzahlers durch staatliche Rechtsnormen bestimmt. Freiwillige oder vertragliche Zahlungen schieden demnach aus.[138]

Nach der Legaldefinition in der Abgabenordnung der DDR wurden Steuern von den zuständigen staatlichen Organen auferlegt. Die Steuerhoheit[139] lag grundsätzlich bei der Volkskammer als oberste Volksvertretung. In der Praxis gab es neben der Volkskammer noch weitere rechtsetzende Organe, wie den Staatsrat und den Ministerrat. Weder die Bezirke und Kreise noch die Gemeinden hatten eigene Steuererhebungsrechte. Sie konnten eigene steuerrechtliche Entscheidungen nur nach Erhalt der Befugnis durch die zentralen Staatsorgane treffen. Die ihnen durch die zentralen Staatsorgane zugewiesenen Steuerquellen (Gemeindesteuern) mussten sie nach den vorgegebenen Steuersätzen und -tarifen vereinnahmen.[140] Abweichend davon werden die Steuern in der Bundesrepublik Deutschland durch öffentlich-rechtliche Gemeinwesen, also juristische Personen des öffentlichen Rechts, auferlegt. Zum öffentlich-rechtlichen Gemeinwesen zählen der Bund, die Länder und die kommunalen Gebietskörperschaften. Daneben können auch Religionsgemeinschaften, soweit sie nach

---

135 Vgl. *Balmes,* in: Kühn/v. Wedelstädt, AO/FGO, § 3 Rn. 7; *Gersch,* in: Klein, AO, § 3 Rn. 4; *Lang,* in: *Tipke/Lang,* Steuerrecht, § 3 Rn. 14; *Wernsmann,* in: Hübschmann/Hepp/Spitaler, AO/FGO, § 3 Rn. 72 f.

136 *Haase,* Hauptsteuern, S. 16 f.

137 Vgl. *Haase,* Hauptsteuern, S. 16; *ders.,* Steuern der DDR, S. 8. Für die Bundesrepublik vgl. *Balmes,* in: Kühn/v. Wedelstädt, AO/FGO, § 3 Rn. 19; *Gersch,* in: Klein, AO, § 3 Rn. 7; *Lang,* in: Tipke/Lang, Steuerrecht, § 3 Rn. 15; *Wernsmann,* in: Hübschmann/Hepp/Spitaler, AO/FGO, § 3 Rn. 150 ff.

138 Vgl. *Gurtz/Kaltofen,* Staatshaushalt der DDR, S. 61; *Haase,* Hauptsteuern, S. 16 f.; *ders.,* Steuern der DDR, S. 8. Für die Bundesrepublik vgl. *Balmes,* in: Kühn/v. Wedelstädt, AO/FGO, § 3 Rn. 8; *Gersch,* in: Klein, AO, § 3 Rn. 5; *Lang,* in: Tipke/Lang, Steuerrecht, § 3 Rn. 17; *Wernsmann,* in: Hübschmann/Hepp/Spitaler, AO/FGO, § 3 Rn. 75 ff.

139 Vgl. hierzu 2. Kapitel G.

140 Vgl. *Buck,* Steuerpolitik, S. 20 f.; *Gurtz/Kaltofen,* Staatshaushalt der DDR, S. 61.

Art. 140 GG i. V. m. Art 137 Abs. 5 WRV als Körperschaften des öffentlichen Rechts gelten, Steuern erheben.[141]

Ein weiteres Merkmal, welches im Vergleich zum bundesdeutschen Steuerbegriff in der Legaldefinition der Abgabenordnung der DDR fehlte, ist das der Einnahmeerzielung. Danach muss die Geldleistung mindestens als Nebenzweck der Erzielung von Einnahmen, mithin der Deckung des Finanzbedarfs, dienen. Durch dieses Merkmal werden die Steuern von den öffentlichen Abgaben abgegrenzt, deren Zweck ausschließlich in der Sanktion von Pflichtverletzungen und Unrechtshandlungen zu sehen ist, wie z.B. Geldstrafen, Geldbußen, Zwangsgelder oder Säumniszuschläge.[142] Zudem müssen die Einnahmen endgültig erzielt werden, so dass rückzahlbare Abgaben keine Steuern sind.[143] Der Passus „*zur Erzielung von Einnahmen*“ wurde bewusst aus der Begriffsbestimmung der Abgabenordnung der DDR herausgenommen.[144] Steuern waren in der DDR „*durch staatliche Rechtsnormen begründete finanzielle Leistungen der Produktionsgenossenschaften des Handwerks, der privaten Handwerks- und Gewerbebetriebe sowie der Bevölkerung zur Finanzierung gesamtgesellschaftlicher Aufgaben*“.[145] Sie galten als „*Instrument des sozialistischen Staates, mit dem ökonomisch differenziert auf die steuerpflichtigen Betriebe und Bürger eingewirkt [wurde], um bestimmte gesellschaftlich notwendige Leistungen und Verhaltensweisen zu stimulieren sowie soziale Wirkungen zu erzielen*“.[146] Steuern waren in der DDR somit ein staatliches Lenkungsmittel und wurden in erster Linie dazu genutzt, den privaten Wirtschaftssektor zu Gunsten des volkseigenen Wirtschaftssektors zurückzudrängen.[147] Das äußerte sich auch darin, dass Steuern als Einnahmequelle des Staatshaushalts nur eine untergeordnete Rolle spielten.[148] Die bundesdeutsche Unterscheidung zwischen Fiskal- und Sozialzwecknormen war dem Steuerrecht der DDR fremd.[149]

In wörtlicher Übereinstimmung wurden Steuern in der DDR wie auch in der Bundesrepublik Deutschland „*allen auferlegt [...], bei denen der Tatbestand zutrifft, an den das Gesetz die Leistungspflicht knüpft*“. Dieses Merkmal zielt im

---

141 Vgl. *Balmes,* in: Kühn/v. Wedelstädt, AO/FGO, § 3 Rn. 8; *Gersch,* in: Klein, AO, § 3 Rn. 5 f.; *Lang,* in: Tipke/Lang, Steuerrecht, § 3 Rn. 17; *Wernsmann,* in: Hübschmann/Hepp/Spitaler, AO/FGO, § 3 Rn. 81 ff.

142 Vgl. *Balmes,* in: Kühn/v. Wedelstädt, AO/FGO, § 3 Rn. 9 ff.; *Gersch,* in: Klein, AO, § 3 Rn. 8 f.; *Lang,* in: Tipke/Lang, Steuerrecht, § 3 Rn. 18; *Wernsmann,* in: Hübschmann/Hepp/Spitaler, AO/FGO, § 3 Rn. 85 ff.

143 BVerfGE 67, 256, 281 ff.

144 *Kruse,* StuW 1985, S. 356, 357 f.

145 *Bielig,* Sozialistische Finanzwirtschaft 4/1976, S. 37.

146 *Gurtz/Kaltofen,* Staatshaushalt der DDR, S. 61.

147 So auch *Spiller,* Internationales Finanz- und Währungsrecht, S. 130.

148 Vgl. *Gurtz/Kaltofen,* Staatshaushalt der DDR, S. 61; *Spiller,* Internationales Finanz- und Währungsrecht, S. 130.

149 *Kruse,* StuW 1985, S. 356, 358 m.w.N.

bundesdeutschen Steuerrecht auf die Tatbestandsmäßigkeit und Gleichmäßigkeit der Besteuerung, zwei wesentliche Grundsätze des Steuerrechts.[150] Trotz der wörtlichen Übereinstimmung dieses Passus‘ in den Abgabenordnungen der Bundesrepublik Deutschland und der DDR sei an dieser Stelle bereits angemerkt, dass diese Grundsätze in der DDR kaum noch Berücksichtigung fanden.[151]

II. Abgaben als Steuern im Sinne des § 1 Abs. 1 AO/DDR?

Bereits das Abgabengesetz vom 9. Februar 1950[152] unterschied bei den Staatseinnahmen zwischen Zöllen, Steuern und sonstigen Abgaben. Zu den sonstigen Abgaben zählten insbesondere die Produktionsfondsabgaben, die produktgebundenen Abgaben und die Nettogewinnabführungen der staatseigenen Betriebe, die im Laufe der Entwicklung zu Lasten der Steuern an Bedeutung gewonnen hatten. Als Geldleistungen, die zwangsweise aufgrund staatlicher Rechtsnormen und ohne Anspruch auf eine spezielle Gegenleistung erhoben wurden, hatten diese Abgaben mit den Steuern im Sinne des § 1 Abs. 1 AO/DDR sowohl die fehlende Gegenleistung als auch den Zwangscharakter gemeinsam. Trotz dieser Gemeinsamkeiten wurde in der DDR zwischen den Begriffen Abgaben und Steuern differenziert, was insbesondere unter den Finanzwissenschaftlern zu Unstimmigkeiten hinsichtlich der Frage führte, welche Einnahmen des Staates unter welchen Begriff zu subsumieren waren.[153]

Einige Finanzwissenschaftler widersprachen dieser begrifflichen Differenzierung mit dem Hinweis darauf, dass die Abgaben der staatseigenen Betriebe[154] alle Merkmale einer Steuer erfüllen würden. So musste die Nettogewinnabführung regelmäßig zwangsweise ohne Anspruch auf eine spezielle oder generelle Gegenleistung von den staatseigenen Betrieben an den Staatshaushalt abgeführt werden. Auch den produktgebundenen Abgaben wurde der Steuercharakter zugesprochen. Diese bei zahlreichen Konsumgüterumsätzen anfallenden Abgaben mussten zwar von den staatseigenen Betrieben zwangsweise an den Staatshaus-

---

150 Vgl. *Balmes,* in: Kühn/v. Wedelstädt, AO/FGO, § 3 Rn. 12 ff.; *Gersch,* in: Klein, AO, § 3 Rn. 11 ff.; *Lang,* in: Tipke/Lang, Steuerrecht, § 3 Rn. 19; *Wernsmann,* in: Hübschmann/Hepp/Spitaler, AO/FG, § 3 Rn. 180 ff. Umfassend zur Gleichmäßigkeit und Tatbestandsmäßigkeit der Besteuerung *Birk,* Steuerrecht, § 2 Rn. 172 ff.; *Lang,* in: Tipke/Lang, Steuerrecht, § 4 Rn. 70 ff.; *Stadie,* Allgemeines Steuerrecht, § 2 Rn. 63 ff.

151 Zu den Grundsätzen der Besteuerung siehe 2. Kapitel D.

152 Gesetz über die Abgaben der Republik und der übrigen Gebietskörperschaften sowie über die Errichtung einer Abgabenverwaltung der Republik v. 9.2.1950, GBl. I 1950, S. 130.

153 Vgl. *Buck,* in: DDR-Handbuch, Bd. II, S. 1311; *Haase,* Hauptsteuern, S. 17; *ders.,* Steuern der DDR, S. 8; *Kitsche,* Steuersystem in der SBZ, S. 26 f.

154 Zu den Abgaben der staatseigenen Betriebe siehe 1. Kapitel A. II. 6. a..

halt abgeführt werden, zu zahlen hatte diese Abgaben aber indirekt die Bevölkerung, die die entsprechenden Konsumgüter kaufte. Der Zwangscharakter und die fehlende Gegenleistung trafen auch auf die Produktionsfondsabgabe zu, deren Entrichtung in keinem Fall einen betrieblichen Anspruch auf staatliche Kapitalzuführungen begründete. Zudem mussten die nichtstaatlichen Betriebe ab 1971 eine der Produktionsfondsabgabe vergleichbare Produktionsfondssteuer zahlen, so dass es als konsequent angesehen wurde, die Produktionsfondsabgabe ebenfalls als Kapitalsteuer zu klassifizieren.[155]

Diese Auffassung ablehnend äußerte Rzesnitzek hierzu: „*Die Beträge, die der sozialistische Staat dem in den staatlichen Betrieben gebildeten Reineinkommen der Gesellschaft entnimmt und als Einnahmen dem Staatshaushalt zuführt, stellen keine Steuern dar; sie sind vielmehr ein Teil seines eigenen Einkommens. Der Begriff der ‚Steuer' setzt einen Wechsel der Verfügungsgewalt über den betreffenden Teil des Nationaleinkommens voraus. Ein solcher Wechsel der Verfügungsgewalt ist bei Zahlungen volkseigener (staatlicher) Betriebe an den Staatshaushalt nicht gegeben. Die Bezeichnung der Abführungen der staatlichen sozialistischen Betriebe an den Staatshaushalt als ‚Steuer' entspricht daher nicht ihrem tatsächlichen ökonomischen Charakter.*“[156] Auch Spiller war der Ansicht, dass der Begriff Abgaben nicht „*unterschiedslos [...] für die mit Eigentumswechsel verbundenen Leistungen der Bürger als auch für die Abführungen der volkseigenen Wirtschaft an den Staatshaushalt [...]*“ verwendet werden dürfe, weil dies zu unzulässigen Gleichsetzungen und zu Fehleinschätzungen in der Rechtsanwendung führe. Die Abgaben der volkseigenen Wirtschaft seien ihrem „*ökonomischen Charakter nach*“ keine Steuern.[157] Bezüglich der terminologischen Abgrenzung zwischen Abgaben und Steuern wurde von der überwiegenden Meinung im DDR-Schrifttum also geltend gemacht, dass der Steuerbegriff einen Wechsel der Verfügungsgewalt bzw. einen Eigentumswechsel voraussetze. Dieser sei bei den Abgaben der volkseigenen Betriebe jedoch nicht gegeben. Sie waren von vornherein eigenes Einkommen des Staates.[158]

Erwähnenswert erscheinen in diesem Zusammenhang auch die Vorschläge einiger ostdeutscher Autoren zu einer definitorischen Vereinheitlichung. So wurde als einheitlicher Begriff „sozialistische Steuern“ mit folgender Begründung vorgeschlagen: „*Die Steuer ist [...] als ökonomische Existenzbedingung des Staates unmittelbar mit dessen Entstehung und Entwicklung verbunden. Sie ist die juristische Form der Mobilisierung der Einnahmen des Staates durch nichtäquivalente Umverteilung von Nationaleinkommen. Der politische Inhalt*

155 Vgl. *Buck,* in: DDR-Handbuch, Bd. II, S. 1311; *Haase,* DDR, in: HdbFW, Bd. IV, S. 563 f.; *ders.,* DDR, Finanz- und Steuersystem, in: HwStR, Bd. I, S. 348; *ders.,* Hauptsteuern, S. 17 ff.; *ders.,* Steuern der DDR, S. 8 ff.

156 *Rzesnitzek,* Staatseinnahmen in der DDR, S. 21.

157 *Spiller,* DFW-Staatshaushalt 1957, S. 737 f.

158 Vgl. hierzu auch *Kruse,* StuW 1985, S. 356, 358.

jeder Steuer wird durch den Klasseninhalt des [...] Staates bestimmt. Auch im Sozialismus sind alle nichtäquivalenten Abführungen (Pflichtabführungen) an den Staat Steuern. Die Steuern sind keine spezifische Kategorie des Sozialismus, aber, durch das Bestehen des Staates objektiv bedingt, auch im Sozialismus noch existent.“[159] Dieser Vorschlag konnte sich jedoch aus politisch-ideologischen Gründen nicht durchsetzen.[160] Auch der Vorschlag, die Gewinnabführungen, Abgaben und Steuern einheitlich unter den Begriff „steuerliche Abgaben“[161] zusammenzufassen, konnte sich nicht durchsetzen.

Ferner wurde 1976 folgende Definition vorgeschlagen: „*Die Steuern der DDR sind durch staatliche Rechtsnormen begründete finanzielle Leistungen der Produktionsgenossenschaften des Handwerks, der privaten Handwerks- und Gewerbebetriebe sowie der Bevölkerung an den sozialistischen Staat zur Finanzierung gesamtgesellschaftlicher Aufgaben. Sie werden als Teile des Nationaleinkommens endgültig, ohne direktes Äquivalent, im Staatshaushalt zentralisiert.*“[162] Diese Definition wurde schließlich von einigen Autoren in der DDR in vergleichbarer Form übernommen.[163]

Im Ergebnis bleibt festzuhalten, dass gewichtige Gründe für die terminologische Abgrenzung zwischen Abgaben und Steuern sprachen. Zwar setzte die Definition des Steuerbegriffs in § 1 Abs. 1 AO/DDR keinen Eigentumswechsel voraus, jedoch spricht einiges dafür, diesen vorauszusetzen. Die staatlichen Betriebe standen im Volkseigentum, was bedeutet, dass die Gewinne und das Kapital eigentumsrechtlich dem Staat zustanden. Sie waren von Anfang an Bestandteil des staatlichen Vermögens, so dass die darauf bezogenen Abgaben der staatseigenen Betriebe lediglich Umschichtungen innerhalb des Staates darstellten. Zudem fanden sich in den allgemeinen Steuergesetzen keine Aussagen zu den Abgaben der volkseigenen Betriebe. Da die Begriffsbestimmung der Steuern in der Abgabenordnung der DDR jedoch nur für diese Gesetze maßgebend war, lässt sich daraus folgern, dass die Abgaben eben nicht unter den traditionellen Steuerbegriff fielen. Aus den genannten Gründen ließen sich die Abgaben der staatseigenen Betriebe aus heutiger Sicht nicht unter den Steuerbegriff in § 1 Abs. 1 AO/DDR subsumieren.

Daher beschränken sich auch die nachfolgenden Ausführungen im Wesentlichen auf die Zahlungen an den Staatshaushalt, die als Steuern im Sinne des § 1 Abs. 1 AO/DDR anzusehen waren.

---

159 *Bielig/Gurtz,* Wirtschaftswissenschaft 1973, S.1634, 1649.

160 Im Einzelnen zu den Gründen *Haase,* Deutschland Archiv 1976, S. 283, 289; *ders.,* Steuern der DDR, S. 10.

161 *Autorenkollektiv,* Nationaleinkommen im Sozialismus, S. 214.

162 *Bielig,* Sozialistische Finanzwirtschaft 4/1976, S. 37.

163 Siehe z.B. die Definition bei *Autorenkollektiv,* Sozialistische Finanzwirtschaft, S. 128; *Gurtz/Kaltofen,* Staatshaushalt der DDR, S. 61.

C. Rechtfertigung der Steuererhebung[164]

Die Frage, ob Steuern überhaupt gerechtfertigt sind, wird in der Bundesrepublik Deutschland als Steuerstaat ohne weiteres bejaht.[165]

In Bezug auf die DDR muss dieser Frage jedoch vor folgendem Hintergrund gesondert nachgegangen werden: Im Laufe der Entwicklung bildete sich zunehmend der volkseigene Wirtschaftssektor in der DDR zu Ungunsten der privaten Wirtschaft heraus, so dass in den 80er Jahren bereits über 90 % des gesamten Produktivvermögens der DDR volkseigen war. Damit wurden die Abgaben der volkseigenen Wirtschaft bewusst zur Haupteinnahmequelle des Staates, während die von der stark zurückgehenden Privatwirtschaft noch zu zahlenden Steuern als Einnahmequelle des Staatshaushalts nur noch eine untergeordnete Rolle spielten.

Unter den sozialistischen Finanzwissenschaftlern bestanden daher Zweifel hinsichtlich der Existenzberechtigung der Steuern überhaupt, und vereinzelt wurde sogar ihre völlige Abschaffung gefordert.[166]

In den unmittelbaren Nachkriegsjahren wurde die Auffassung vertreten, dass es der Steuererhebung bedurfte, um insbesondere Druck auf die Einkommen der kapitalistischen Unternehmer ausüben zu können. Wenn diese zu Gunsten der staatlichen sozialistischen Wirtschaft verdrängt worden seien, würden die Steuern verschwinden. An deren Stelle würden dann die Abgaben der sozialistischen Wirtschaft zur Haupteinnahmequelle des Staatshaushalts.[167]

Dieser Auffassung wurde in den 80er Jahren von den sozialistischen Finanzwissenschaftlern kaum noch gefolgt, was wohl nicht zuletzt daran lag, dass hauptsächlich auf die Lösung von Problemen hinsichtlich der Deckung des Finanzbedarfs des Staates hingearbeitet wurde und einige Finanzwissenschaftler den Abgaben der volkseigenen Wirtschaft steuerähnlichen Charakter zumaßen.[168]

Eine Begründung der Steuererhebung gegenüber dem Einzelnen wurde teilweise darin gesehen, dass dieser den durch Arbeit hervorgebrachten Überschuss in Form von Steuern an den Staat abführte, um diesem zu ermöglichen, mit Hilfe dieses Überschusses auf die Produktivität der Arbeit des Einzelnen positiv einzuwirken. Die so hervorgerufene Produktivitätssteigerung würde dem Einzelnen wiederum mittelbar zugute kommen.[169]

---

164 Vgl. zum Folgenden *Kitsche,* Steuersystem in der SBZ, S. 35 ff.; *Töben,* Besteuerung des deutsch-deutschen Wirtschaftsverkehrs, S. 94 ff.

165 *Lang,* in: Tipke/Lang, Steuerrecht, § 4 Rn. 60. Vgl. hierzu auch die allgemeine Rechtfertigungstheorie bei *Tipke,* StRO, Bd. I, S. 228 ff.

166 *Prang,* Vertragspolitik, S. 208 mit Verweis auf *Bielig/Gurtz,* Wirtschaftswissenschaft 1973, S. 1634, 1649.

167 *Lemmnitz,* DFW 2/1949, S. 56, 58 f.

168 *Töben,* Besteuerung des deutsch-deutschen Wirtschaftsverkehrs, S. 94.

169 *Kitsche,* Steuersystem in der SBZ, S. 35.

Im privaten Wirtschaftsbereich wurde die Besteuerung zum einen mit Blick auf deren Funktion, kapitalistische Wirtschaftsbereiche zu Gunsten des volkseigenen Wirtschaftsbereichs zu verdrängen, begründet. Zum anderen wurde die Steuererhebung damit gerechtfertigt, dass der noch verbleibende private Wirtschaftssektor „*unter sozialistischer Wirtschaftsführung in einer krisenfreien Wirtschaft arbeiten und leben könne und der Absatz seiner Produkte im Rahmen der Planwirtschaft zu festen Preisen gesichert sei*".[170] Dieser Rechtfertigungsansatz verlor mit der Zeit jedoch an Bedeutung, da die private Wirtschaft immer mehr verschwand und nur noch über geringe Einkommen verfügte.[171]

Darüber hinaus wurde die Erhebung von Steuern zunehmend mit deren fiskalischer Funktion, der Deckung des Finanzbedarfs, begründet. Dies zeigte sich insbesondere mit Blick auf die geänderten Besteuerungspraktiken im internationalen Bereich. Es sollte vermieden werden, dass die in der DDR erzielten Einnahmen von Bürgern anderer Staaten oder ausländischen Betrieben als Finanzmittel zur Deckung des Finanzbedarfs in der DDR ausfielen.[172]

Aus heutiger Sicht muss die Rechtfertigung der Steuererhebung in der DDR vorwiegend vor dem Hintergrund wirtschafts- und sozialpolitischer Zielsetzungen gesehen werden. Unter Vernachlässigung der fiskalischen Funktion wurden Steuern in erster Linie erhoben, um eine Ausweitung privater Wirtschaftstätigkeiten zu beschränken und schließlich den privaten Wirtschaftsbereich zu Gunsten des volkseigenen Wirtschaftsbereichs zu verdrängen. Dies äußerte sich insbesondere in den unverhältnismäßig hohen progressiven Steuertarifen, mit deren Hilfe eine Anhäufung von privatem Kapitaleinkommen und Kapitalvermögen verhindert werden sollte. Die Steuererhebung in der DDR rechtfertigte sich demnach insbesondere mit Blick auf die Lenkungs-, Umverteilungs- und Kontrollfunktion[173] der Steuern.

D. Grundsätze der Besteuerung

In der DDR bestand ebenso wie in der Bundesrepublik Deutschland unter den Finanzwissenschaftlern Einigkeit darüber, dass Besteuerungsgrundsätze historisch bedingt und demnach keine allgemeinen Grundsätze sind, die immer Geltung beanspruchen. Die veränderten politischen und wirtschaftlichen Verhältnisse in der DDR hatten zwangsläufig zu einer Veränderung der Besteuerungsgrundsätze geführt. Da mittels gezielter Steuerpolitik insbesondere der private Wirtschaftsbereich verdrängt und die soziale Wirtschaft gefördert werden sollte,

---

170 *Kitsche,* Steuersystem in der SBZ, S. 36 f. m.w.N.

171 *Töben,* Besteuerung des deutsch-deutschen Wirtschaftsverkehrs, S. 95 f. mit Verweis auf *Haase,* Haushaltswesen der DDR, S. 146.

172 *Töben,* Besteuerung des deutsch-deutschen Wirtschaftsverkehrs, S. 96 mit Verweis auf *Spiller,* Staat und Recht 1959, S. 1397, 1403.

173 Zu den Funktionen siehe 2. Kapitel E.

lagen der Besteuerungstechnik in der DDR zwangsläufig andere Prinzipien und Wertungen zugrunde als in der Bundesrepublik Deutschland.[174] Die wesentlichen Unterschiede zu den bundesdeutschen Besteuerungsgrundsätzen werden im Folgenden dargestellt.

In der Bundesrepublik Deutschland ist die Steuergerechtigkeit ein wesentlicher Grundsatz des Steuerrechts. Kriterien der Steuergerechtigkeit sind im Wesentlichen die Gleichmäßigkeit und Gesetzmäßigkeit der Besteuerung. Diese Prinzipien werden ergänzt durch den Grundsatz der sozialen Gerechtigkeit sowie weitere Steuereingriffsschranken.[175] Die Frage der Gerechtigkeit der Besteuerung wurde in der DDR pragmatisch gehandhabt.[176] Steuern wurden dazu eingesetzt, die private Wirtschaft zurückzudrängen, weshalb die Besteuerung vielmehr als eine Frage der Zweckmäßigkeit angesehen wurde.[177] Vor diesem Hintergrund erscheint es fraglich, ob diese Besteuerungsgrundsätze in der DDR im Einzelnen überhaupt noch Beachtung fanden.

I. Gleichmäßigkeit der Besteuerung

Gegenwärtig wird die Steuergerechtigkeit hauptsächlich aus dem allgemeinen Gleichheitssatz (Art. 3 Abs. 1 GG) abgeleitet.[178] Nach Art. 3 Abs. 1 GG sind „*Alle Menschen [...] vor dem Gesetz gleich*". Übertragen auf das Steuerrecht bedeutet dies, dass zum einen der Steuergesetzgeber an den Gleichheitssatz gebunden (Rechtssetzungsgleichheit) und die steuerlichen Lasten gleichmäßig zu verteilen hat. Zum anderen müssen die Steuergesetze durch die Finanzbehörden (§ 85 AO) und die Finanzgerichte gleichmäßig angewendet werden (Rechtsanwendungsgleichheit). Die Steuerpflichtigen sind nicht nur rechtlich, sondern auch tatsächlich gleich zu belasten.[179]

Konkretisiert wird das Gebot der gleichen steuerlichen Lastenverteilung durch das Prinzip der Besteuerung nach der Leistungsfähigkeit. Die Steuerlasten müssen auf die Steuerpflichtigen im Verhältnis ihrer wirtschaftlichen Leistungsfähigkeit verteilt werden. Dabei unterscheidet man zwischen horizontaler und vertikaler Steuergleichheit. Horizontale Steuergleichheit bedeutet, dass Steuerpflichtige mit gleicher Leistungsfähigkeit gleich hoch besteuert werden müssen.

---

174 Vgl. *Kitsche,* Steuersystem in der SBZ, S. 27 f.; *Töben,* Besteuerung des deutsch-deutschen Wirtschaftsverkehrs, S. 96 f. m.w.N.

175 *Lang,* in: Tipke/Lang, Steuerrecht, § 4 Rn. 63 ff.

176 *Ernst,* Besteuerung privater Industriebetriebe, S. 69.

177 Vgl. *Ernst,* Besteuerung privater Industriebetriebe, S. 69; *Frenkel,* Steuerverwaltung und Steuerrecht in der SBZ, S. 40; *Lemmnitz,* DFW 2/1949, S. 56, 59.

178 *Lang,* in: Tipke/Lang, Steuerrecht, § 4 Rn. 70 m.w.N.

179 Vgl. *Birk,* Steuerrecht, § 2 Rn. 187; *Lang,* in: Tipke/Lang, Steuerrecht, § 4 Rn. 70 ff.; *Stadie,* Allgemeines Steuerrecht, § 2 Rn. 85 ff.; *Wernsmann,* in: Hübschmann/Hepp/Spitaler, AO/FGO, § 3 Rn. 201 ff.

Vertikale Steuergleichheit bedeutet, dass Steuerpflichtige mit unterschiedlicher Leistungsfähigkeit unterschiedlich zu besteuern sind.[180]

Auch in den Verfassungen der DDR vom 7. Oktober 1949 und vom 6. April 1968[181] hieß es in Art. 20 Abs. 1: *„Alle Bürger sind vor dem Gesetz gleich*". Dieser Grundsatz kann jedoch bei näherer Betrachtung nicht auf das Steuerrecht der DDR übertragen werden.

Schon die auf dem Gleichheitssatz beruhende Allgemeinheit der Besteuerung, wonach alle Personen besteuert werden müssen[182], kann in Bezug auf die DDR nicht ohne weiteres festgestellt werden. Unter den Finanzwissenschaftlern in der DDR bestand Uneinigkeit darüber, ob dem Allgemeinheitsgrundsatz Genüge getan war. Während einerseits die Auffassung vorherrschte, dass *„alle Klassen, Schichten und sozialen Gruppen [...] über die Besteuerung zur Finanzierung gesamtgesellschaftlicher Aufgaben herangezogen*" würden[183], war man andererseits der Meinung, dass dem Allgemeinheitsgrundsatz in der DDR keine Beachtung zukomme[184]. Der letztgenannten Meinung ist aus heutiger Sicht zuzustimmen. Steuern wurden nur von der nichtstaatlichen Wirtschaft, nicht aber von der volkseigenen Wirtschaft, erhoben. Für diese wurde ein eigenes Abgabensystem eingeführt. Die Abgaben der volkseigenen Wirtschaft waren jedoch gerade keine Steuern im Sinne der Abgabenordnung der DDR.[185] Demzufolge wurden nicht alle Personen der Besteuerung unterworfen.

Auch im Übrigen fand der Grundsatz der Gleichmäßigkeit der Besteuerung in der DDR keine Berücksichtigung, sondern wurde bewusst durch eine sozialökonomisch differenzierte Besteuerung ersetzt, die sich zu Lasten der privaten Wirtschaft auswirkte. In dieser differenzierten Besteuerung fand die in der DDR vorherrschende Vorstellung, dass die gleiche Besteuerung von Einkommen aus eigener Arbeit und Einkommen aus selbständiger Tätigkeit ungerechtfertigt sei, ihren Ausdruck.[186] Je nachdem, welchem Eigentumssektor der steuerpflichtige Betrieb zugeteilt war bzw. welcher Eigentumsform er angehörte, kamen unterschiedliche Steuergesetze und Besteuerungsformen zur Anwendung. So wurden Genossenschaften, Handwerker und Empfänger von Arbeitseinkommen sowie der private Wirtschaftsbereich nach unterschiedlichen Gesichtspunkten be-

---

180 Vgl. *Birk,* Steuerrecht, § 2 Rn. 188 ff.; *Lang,* in: Tipke/Lang, Steuerrecht, § 4 Rn. 81 ff.; *Stadie,* Allgemeines Steuerrecht, § 2 Rn. 87 ff.; *Wernsmann,* in: Hübschmann/Hepp/Spitaler, AO/FGO, § 3 Rn. 205.

181 GBl. I 1968, S. 199.

182 *Hangartner,* Allgemeinheit der Besteuerung, in: FS für Höhn, S. 91 ff.; *Lang,* Tipke/Lang, Steuerrecht, § 4 Rn. 78.

183 *Bielig,* Sozialistische Finanzwirtschaft 5/1979, S. 23, 24.

184 *Kitsche,* Steuersystem in der SBZ, S. 28.

185 Vgl. hierzu 2. Kapitel B. II.

186 Vgl. *Bielig,* Sozialistische Finanzwirtschaft 5/1979, S. 23, 24; *Ernst,* Besteuerung privater Industriebetriebe, S. 69; *Kitsche,* Steuersystem in der SBZ, S. 28; *Hänsel/Pilz,* DFW-Staatshaushalt 1957, S. 377, 379 f.

steuert.[187] Zudem gab es zahlreiche Sonderbestimmungen, Sondergesetze, Sondererlasse und Sonderregelungen, die für einige Steuerpflichtige bzw. Berufsgruppen (Landwirte, Kommissionshändler usw.) steuerlich begünstigende und für Andere (nichtbegünstigte Freiberufler usw.) verschärfende Regelungen vorsahen.[188]

Ebenso wenig erfolgte die Besteuerung in der DDR nach der Leistungsfähigkeit der Steuerpflichtigen. Private Wirtschaftsbetriebe wurden nicht nach ihrem Leistungsvermögen besteuert. Vielmehr orientierte sich deren Besteuerung an dem Ziel, diese Unternehmen zu verdrängen. Gerade die leistungsfähigen, also kapital-, ertrag- und umsatzstarken privaten Unternehmen wurden durch unverhältnismäßig hohe progressive Steuersätze diskriminierend besteuert.[189] Darüber hinaus zeigt sich die Nichtbeachtung des Leistungsfähigkeitsprinzips auch bei Betrachtung der Besteuerung der individuellen Einkommen. Auf Löhne und Gehälter der Arbeiter und Angestellten wurde nur eine niedrige Lohnsteuer erhoben. Die Einkünfte bestimmter freiberuflich tätiger Personen wurden steuerlich begünstigt, da man ihrer Arbeit in Bezug auf die Entwicklung des gesellschaftlichen Lebens nicht unerhebliche Bedeutung zumaß. Die Einkünfte der übrigen freiberuflich Tätigen wurden dagegen mit einer unverhältnismäßig hohen Einkommensteuer belastet. Die Differenzierung der Steuersätze beruhte demnach nicht auf Leistungsfähigkeitsgesichtspunkten, sondern vielmehr auf gesellschaftspolitischen Erwägungen.

Zusammenfassend bleibt festzuhalten, dass die Besteuerung in der DDR weder an dem Grundsatz der Gleichmäßigkeit der Besteuerung, noch an dem Leistungsfähigkeitsgrundsatz ausgerichtet war.

II. Gesetzmäßigkeit der Besteuerung

Im bundesdeutschen Recht ist der Grundsatz der Gesetzmäßigkeit der Besteuerung nicht ausdrücklich im Grundgesetz enthalten, lässt sich jedoch aus diesem ableiten.[190] Danach sind steuerliche Eingriffe nur zulässig, wenn und soweit sie auf einer gesetzlichen Grundlage beruhen. Steuersubjekt, Steuerobjekt, Steuerbemessungsgrundlage und Steuersatz müssen sich aus einem formellen Gesetz ergeben. Auch Steuerbefreiungen, Steuerermäßigungen oder Steuervergünstigungen bedürfen einer gesetzlichen Grundlage. Ergänzende Rechtsverordnungen sind nach Art. 80 Abs. 1 GG nur zulässig, wenn die Ermächtigung des (formellen) Gesetzgebers an den Verordnungsgeber nach Inhalt, Zweck und Aus-

---

187 Vgl. *Buck,* in: DDR-Handbuch, Bd. II, S. 1315; *Kitsche,* Steuersystem in der SBZ, S. 28; *Walther,* DFW 1956, S. 982, 983.

188 Vgl. *Hänsel/Pilz,* DFW-Staatshaushalt 1957, S. 377, 378.

189 So *Ernst,* Besteuerung privater Industriebetriebe, S. 69 f.

190 Vgl. *Birk,* Steuerrecht, § 2 Rn. 172; *Lang,* in: Tipke/Lang, Steuerrecht, § 4 Rn. 152 ff.; *Wernsmann,* in: Hübschmann/Hepp/Spitaler, AO/FGO, § 3 Rn. 186 ff.

maß hinreichend bestimmt ist. Die Richtlinien für die Finanzverwaltung haben keine Rechtsnormqualität, sondern stellen interne Verwaltungsanweisungen dar. Ebenso wenig können Steueransprüche auf Gewohnheitsrecht gestützt werden.[191]

Der Grundsatz der Gesetzmäßigkeit der Besteuerung wird im bundesdeutschen Recht ergänzt durch das Bestimmtheitsgebot. Danach müssen Steuertatbestände nach Inhalt, Gegenstand, Zweck und Ausmaß so bestimmt sein, dass sich die Steuerpflichtigen auf die Belastungen einstellen können. Nach Auffassung des BVerfG ist diesem Grundsatz Genüge getan, wenn der Gesetzgeber die wesentlichen Bestimmungen mit hinreichender Genauigkeit trifft, so dass Zweifelsfragen mit anerkannten Auslegungsmethoden beantwortet werden können.[192]

Obwohl die Verfassungen der DDR ausdrücklich regelten, dass Steuern nur auf der Grundlage von Gesetzen erhoben werden durften[193], erscheint die Beachtung des Grundsatzes der Gesetzmäßigkeit der Besteuerung vor folgendem Hintergrund fraglich: Die Volkskammer, die laut den Verfassungen der DDR *„das einzige verfassungs- und gesetzgebende Organ“* war[194], trat in Bezug auf die steuerrechtliche Gesetzgebung nur selten in Erscheinung. Die gesetzgeberische Tätigkeit auf dem Gebiet der Steuern wurde fast ausnahmslos von der Exekutive übernommen.[195] Zahlreiche Steuern wurden auf der Grundlage von Verordnungen und Anordnungen erhoben. Die steuerrechtlichen Regelungen beruhten in der DDR vereinzelt auf Rechtsverordnungen des Ministerrats, überwiegend auf Anordnungen des Finanzministeriums oder auf anderen Verfügungen wie Runderlassen, Rundverfügungen, Anweisungen usw.[196] Dieses Nebeneinander verschiedenster „normativer“ Verwaltungsakte und die Vereinigung von gesetzgebender und ausführender Gewalt in der Hand der Verwaltung machte es fast unmöglich, zwischen allgemein gültigen Rechtsnormen und internen Verwaltungsanweisungen zu unterscheiden. Vereinzelt wurden sogar die vom Finanz-

191 Vgl. *Lang,* in: Tipke/Lang, Steuerrecht, § 4 Rn. 157 ff.; *Stadie,* Allgemeines Steuerrecht, § 2 Rn. 64 ff.; *Wernsmann,* in: Hübschmann/Hepp/Spitaler, AO/FGO, § 3 Rn. 188 ff.

192 Vgl. *Birk,* Steuerrecht, § 2 Rn. 175 m.w.N.; *Lang,* in: Tipke/Lang, Steuerrecht, § 4 Rn. 167 ff.; *Wernsmann,* in: Hübschmann/Hepp/Spitaler, AO/FGO, § 3 Rn. 192 f. m.w.N.

193 Art. 120 Abs. 1 der Verfassung der DDR v. 7.10.1949; Art. 9 Abs. 4 der Verfassung der DDR v. 6.4.1968; Art. 9 Abs. 4 der Verfassung der DDR v. 7.10.1974, GBl. I 1974, S. 432.

194 Art. 48 Abs. 2 der Verfassung der DDR v. 6.4.1968; Art. 48 Abs. 2 der Verfassung der DDR v. 7.10.1974. Siehe auch Art. 81 der Verfassung der DDR v. 7.10.1949.

195 Vgl. hierzu 2. Kapitel G. I.

196 Vgl. *Eisold,* DStZ 1992, S. 140, 141; *Ernst,* Besteuerung privater Industriebetriebe, S. 74 f.; *Frenkel,* Steuerverwaltung und Steuerrecht in der SBZ, S. 42 f.; *Kitsche,* Steuersystem in der SBZ, S. 29; *Schulz,* DStR 1990, S. 306, 308.

ministerium herausgegebenen Veranlagungsrichtlinien für alle Steuerpflichtigen als rechtsverbindlich erklärt.[197] Damit beruhte die Besteuerung in der DDR fast ausnahmslos auf „normativen" Verwaltungsakten und nicht auf der Grundlage formeller Gesetze, wie es der Grundsatz der Gesetzmäßigkeit der Besteuerung nach bundesdeutscher Auffassung verlangt.

Ferner konnte in der DDR auch nicht von einer hinreichenden Bestimmtheit der Steuertatbestände ausgegangen werden. An dem Wortlaut der Steuergesetze konnten sich die Steuerpflichtigen nur vereinzelt orientieren. Zur Abschätzung der steuerlichen Belastungen mussten regelmäßig unzählige Verwaltungsvorschriften zusätzlich herangezogen werden, die oftmals mangelhaft und schwer verständlich waren oder dem Gesetzeswortlaut sogar widersprachen. Die so hervorgerufene Rechtsunsicherheit wurde noch dadurch verstärkt, dass die Frage der Auslegung veröffentlichter Steuerrechtsnormen zumeist in internen Verwaltungsanweisungen beantwortet wurde, die dem Steuerpflichtigen aber nicht zugänglich waren.[198]

Im Ergebnis wurden demnach in der DDR weder der Grundsatz der Gesetzmäßigkeit der Besteuerung, noch das diesen Grundsatz ergänzende Bestimmtheitsgebot hinreichend beachtet.

III. Grundsatz der sozialen Gerechtigkeit

Ferner muss das bundesdeutsche Steuerrecht eine sozialstaatlich gerechte Besteuerung gewährleisten. Das Sozialstaatsprinzip nach Art. 20 Abs. 1, 28 Abs. 1 S. 1 GG gebietet im Steuerrecht in erster Linie die Steuerfreiheit des Existenzminimums.[199] Darüber hinaus dient es der Rechtfertigung von Steuernormen, die dem sozialen Ausgleich dienen und auf die Belange der wirtschaftlich schwächeren Bevölkerungsschichten Rücksicht nehmen.[200] Gerechtfertigt ist zudem in bestimmten Grenzen die Umverteilung durch die Steuergesetze, z.B. durch progressive Steuersätze bei der Einkommensteuer.[201]

Fraglich ist, ob auch in der DDR eine sozial gerechte Besteuerung erfolgte. Unter den sozialistischen Finanzwissenschaftlern bestand die Auffassung, dass die Ausrichtung der Besteuerung an den Grundsätzen der sozialen Gerechtigkeit in einer sozialistischen Gesellschaftsordnung hinfällig geworden sei, *„da es soziale Ungerechtigkeiten, die durch Steuern ausgeglichen oder gemildert werden*

197 *Ernst,* Besteuerung privater Industriebetriebe, S. 75 m.w.N.; *Frenkel,* Steuerverwaltung und Steuerrecht in der SBZ, S. 43.

198 Vgl. *Ernst,* Besteuerung privater Industriebetriebe, S. 75 f.; *Frenkel,* Steuerverwaltung und Steuerrecht in der SBZ, S. 43 f.

199 Im Einzelnen hierzu *Birk,* Steuerrecht, § 2 Rn. 196 ff.; *Lang,* in: Tipke/Lang, Steuerrecht, § 4 Rn. 184 f.; *Stadie,* Allgemeines Steuerrecht, § 2 Rn. 83.

200 *Birk,* Steuerrecht, § 2 Rn. 204 f.; *Lang,* in: Tipke/Lang, Steuerrecht, § 4 Rn. 185.

201 *Lang,* in: Tipke/Lang, Steuerrecht, § 4 Rn. 186 ff.; *Stadie,* Allgemeines Steuerrecht, § 2 Rn. 84.

müssten, nicht mehr gebe".[202] Eine dauerhafte Umverteilung durch progressive Steuersätze wurde von den sozialistischen Finanzwissenschaftlern ebenfalls abgelehnt. Begründet wurde dies damit, dass es im Sozialismus nur Einkommen und Vermögen gebe, welches durch gesellschaftlich notwendige Arbeit erworben worden sei. Jeder erhalte einen Anteil am Sozialprodukt, der nicht durch eine Progressivbesteuerung geschmälert werden dürfe. Lediglich für die Übergangsphase zum Sozialismus wurde eine solche Umverteilung als gerechtfertigt angesehen.[203] Ferner wurde die Gewährung eines Existenzminimums von den sozialistischen Finanzwissenschaftlern nur für die Übergangsphase zur voll entwickelten sozialistischen Wirtschaft als notwendig erachtet. Wenn dieses Ziel erreicht worden sei, würden jedem Einzelnen durch die planmäßige Einkommensverteilung ausreichende Einkünfte zur Verfügung stehen.[204] Dass diese Vorstellungen auch umgesetzt wurden, verdeutlicht insbesondere Folgendes:

Die progressive Besteuerung war in der DDR nicht Ausfluss einer sozial gerechten Besteuerung, sondern vielmehr Ausdruck des ordnungspolitischen Charakters der Besteuerung. Die Besteuerung diente in erster Linie der Verwirklichung von wirtschafts- und sozialpolitischen Zielsetzungen, mithin der Verhinderung der Anhäufung von Kapitaleinkommen und Kapitalvermögen sowie der Verdrängung der privaten Wirtschaft. Auf diesen Zielsetzungen gründete sich auch die unverhältnismäßig hohe progressive Ausgestaltung der Einkommen- und Körperschaftsteuertarife. Während bei Lohneinkünften die Progression bereits bei einem Steuersatz von 20 % und bei steuerbegünstigten freiberuflichen Einkünften bei einem Steuersatz von 30 % abbrach, lagen der höchste Einkommensteuertarif bei Einkünften aus selbständiger Tätigkeit bei 90 % und der höchste Körperschaftsteuertarif bei 95 %. Die hierdurch erfolgte Umverteilung war nicht sozial gerecht, sondern vielmehr diskriminierend in Bezug auf die private Wirtschaft.

Ähnlich gestaltete sich auch die Erbschaftbesteuerung. Während für Ehegatten und Kinder die Progression bereits bei einem Steuersatz von 50 % abbrach, wurden entfernte Verwandte und Empfänger von Zweckzuwendungen mit einem Steuersatz von bis zu 80 % belastet. Begünstigungen wurden nur gewährt, wenn die Erbschaft geringen Umfangs und für den engeren Familienkreis bestimmt war, nicht jedoch bei entfernteren Verwandten oder großen Erbschaften. Diese Differenzierung erfolgte nicht anhand sozialer Gesichtspunkte, sondern allein mit dem Ziel, die Anhäufung von großem, nicht selbst erwirtschaftetem Privatvermögen zu verhindern.[205]

---

202 *Kaemmel,* DFW 8/9/1948, S. 4 ff.; *Kitsche,* Steuersystem in der SBZ, S. 29; *Lemmnitz,* DFW 12/1948, S. 8 u. 12.

203 *Kitsche,* Steuersystem in der SBZ, S. 30 m.w.N.

204 *Kitsche,* Steuersystem in der SBZ, S. 32 m.w.N.

205 Vgl. zur Erbschaftbesteuerung *Kitsche,* Steuersystem in der SBZ, S. 31 m.w.N.

Bei näherer Betrachtung war auch das Lohnsteuersystem in der DDR nicht an den Grundsätzen der sozialen Gerechtigkeit ausgerichtet. Aufgrund der Proportionalbesteuerung der höheren Einkommen wurden die kleinen und mittleren Einkommen in Relation zu den höheren Einkommen viel stärker mit Lohnsteuer belastet.

Ferner spricht gegen eine sozial gerechte Besteuerung in der DDR die durch die Vermögensteuer vorgenommene Substanzbesteuerung, die im bundesdeutschen Steuerrecht nach Ansicht des BVerfG[206] unzulässig ist.

Im Ergebnis bleibt somit festzuhalten, dass die Besteuerung in der DDR nicht an dem Grundsatz der sozialen Gerechtigkeit ausgerichtet war.

E. Funktionen der Steuern

Steuern können zum einen fiskalische Funktionen erfüllen, indem sie der Erzielung von Staatseinnahmen dienen, um die Bereitstellung öffentlicher Güter oder das Angebot öffentlicher Leistungen zu finanzieren. Zum anderen können den Steuern finanzpolitische Funktionen zukommen, indem sie der Erfüllung von wirtschafts- und sozialpolitischen Zielen dienen.[207] In der DDR kamen den Steuern die nachfolgend dargestellten Funktionen zu.

I. Mittelbeschaffungsfunktion (= fiskalische Funktion)

Steuern dienten auch in der DDR der Erzielung von Staatseinnahmen zur Finanzierung der Ausgaben bzw. der öffentlichen Aufgaben des Staates.[208] Die fiskalische Funktion der Steuern trat jedoch immer mehr in den Hintergrund.[209] Grund war die im Laufe der Entwicklung erfolgte Umstrukturierung des Steuersystems[210] und die zunehmende Verstaatlichung der Wirtschaft. Steuern im Sinne der Abgabenordnung wurden nur noch im privaten Wirtschaftsbereich erhoben, der jedoch insbesondere durch die Steuerpolitik zunehmend zu Gunsten des staatseigenen Wirtschaftssektors verdrängt wurde. 1973 umfassten die Steuereinnahmen nur noch ein Neuntel der öffentlichen Einnahmen.[211] Steuern spielten daher als Einnahmequelle des Staatshaushalts nur noch eine untergeordnete Rolle. In den Vordergrund trat die Verwirklichung wirtschafts- und sozialpolitischer Zielsetzungen durch die Besteuerung.

---

206 BVerfGE 93, 121, 137.

207 *Buck,* in: DDR-Handbuch, Bd. II, S. 1312.

208 Vgl. *Buck,* in: DDR-Handbuch, Bd. II, S. 1312; *ders.,* Steuerpolitik, S. 42; *Kitsche,* Steuersystem in der SBZ, S. 24 (Fn. 49).

209 Vgl. *Ernst,* Besteuerung privater Industriebetriebe, S. 68; *Kitsche,* Steuersystem in der SBZ, S. 24; *Rzesnitzek,* DFW 1953, S. 58, 60.

210 Zur Umstrukturierung des Steuersystems siehe 2. Kapitel A.

211 *Haase,* Haushaltswesen der DDR, S. 143.

II. Allokations- und Lenkungsfunktion

Die Steuerpolitik diente dazu, die Produktionsressourcen so zu lenken, dass sie der gewollten Verwendung zugeführt wurden. Als Beispiel seien hier die Umsatz- und Verbrauchssteuerzuschläge auf bestimmte Verbrauchsgüter genannt. Durch diese sollte die Bevölkerung angehalten werden, weniger Luxusgüter (z.B. Autos, Alkohol), sondern vermehrt andere Verbrauchsgüter (z.B. Bücher) zu kaufen. Die Kaufentscheidung der Bevölkerung wurde somit dahin gelenkt, dass die Allokation der Ressourcen in der Konsumgüterindustrie entsprechend dem Staatswillen erfolgte.[212]

III. Stimulierungsfunktion

Gezielte Steuererleichterungen und Steuervergünstigungen sollten Mehrleistungen der Arbeitnehmer stimulieren und damit den Arbeitseinsatz auf einem bestimmten Leistungsniveau halten. So wurden z.B. die Prämien zum tariflichen Zeitlohn, der durch Stückakkord erzielte Mehrverdienst und die Leistungslöhne der Arbeitnehmer nur mit einem Steuersatz von gleichbleibend 5 % belastet. Durch Senkungen der Endverbraucherpreise und der Umsatzsteueraufschläge auf einzelne Konsumgüter sollte die Nachfrage nach diesen Produkten stimuliert werden. Damit konnten die Hersteller dieser Produkte ihre Kapazitäten besser auslasten und ihre Gewinne erhöhen. Steuern wurden demnach dazu eingesetzt, bestimmte Verhaltensweisen der Bevölkerung hervorzurufen und zu stimulieren.[213]

IV. Stabilisierungspolitische Funktion

Ferner verwirklichten Steuern eine stabilisierungspolitische Funktion. Zur Erhaltung des Geldwertes wurden Steuern dazu genutzt, den Geldüberhang bei privaten Haushalten und Betrieben abzuschöpfen oder illegal finanzierte Handelsgeschäfte zu verhindern. Steuern waren in der DDR ein Mittel zur Kaufkraftregulierung bzw. zur Kaufkraftabschöpfung.[214]

V. Verteilungspolitische Funktion

In der DDR wurden Steuern ferner dazu benutzt, die Gesellschaftsordnung zu stabilisieren. Erreicht werden sollte dies durch Korrekturen der personellen Ein-

---

212 Vgl. *Buck,* in: DDR-Handbuch, Bd. II, S. 1312; *ders.,* Steuerpolitik, S. 42 f; *Haase,* Hauptsteuern, S. 32 ff.; *Rzesnitzek*, DFW 1953, S. 6, 9.

213 Vgl. *Buck,* in: DDR-Handbuch, Bd. II, S. 1312 f.; *ders.,* Steuerpolitik, S. 43.

214 Vgl. *Buck,* in: DDR-Handbuch, Bd. II, S. 1313; *ders.,* Steuerpolitik, S. 41.

kommens- und Vermögensverteilung, insbesondere durch die differenzierte Einkommensbesteuerung.[215]

VI. Kontrollfunktion

Ferner kam den Steuern eine Kontrollfunktion zu. Die als Steuern im Staatshaushalt eingegangenen Geldmittel gaben Auskunft über die planmäßige Vereinnahmung sowie die Entwicklung der Wirtschaft und der Bevölkerungsstruktur.[216] Die Steuererhebung war ein wirksames Mittel, um über bestimmte Verhältnisse oder Änderungen in der ökonomischen und gesellschaftlichen Struktur Aufschluss zu erhalten.[217]

VII. Einschränkung bzw. Beseitigung der Privatwirtschaft

Die Lenkungs-, Verteilungs- und Kontrollfunktion der Steuern kam in Bezug auf die Privatwirtschaft besonders deutlich zum Ausdruck. In diesem Wirtschaftsbereich wurden die Steuern dazu genutzt, die *„kapitalistische Entwicklung zu beschränken“*[218] und den privaten Wirtschaftsbereich zunehmend zu verdrängen[219]. Mit Hilfe der Steuern wurde der Gewinn der privaten Unternehmer abgeschöpft, die Anreicherung von privatem Kapitaleinkommen und Kapitalvermögen verhindert und die Bildung *„kapitalistischer Monopole“* unterdrückt.[220] Mittel dazu waren insbesondere unverhältnismäßig hohe progressive Tarife bei der Einkommen- und Körperschaftsteuer[221], nachteilige Gewinnermittlungsvorschriften für private Wirtschaftsbetriebe sowie die Substanzbesteuerung des Vermögens.[222]

Vereinzelt wurden die Steuern im privaten Wirtschaftsbereich jedoch auch fördernd eingesetzt. Das war dann der Fall, wenn die Privatwirtschaft die Engpässe der volkseigenen Wirtschaft ausgleichen sollte.[223]

---

215 Vgl. *Buck,* in: DDR-Handbuch, Bd. II, S. 1313 f.; *ders.,* Steuerpolitik, S. 41 u. 43; *Haase,* Hauptsteuern, S. 35.

216 Vgl. *Buck,* in: DDR-Handbuch, Bd. II, S. 1314; *Rohde/Fengler,* Staatshaushalt der DDR, S. 71; *Vogel,* DFW 1954, S. 514, 517.

217 *Rzesnitzek,* DFW 1953, S. 58 f.

218 *Spiller,* Staat und Recht 1959, S. 1397, 1400.

219 *Kitsche,* Steuersystem in der SBZ, S. 24; *Lemmnitz,* DFW 2/1949, S. 56, 59; *Vogel,* DFW 1954, S. 514, 517.

220 Vgl. *Ernst,* Besteuerung privater Industriebetriebe, S. 68; *Kitsche,* Steuersystem in der SBZ, S. 24; *Vogel,* DFW 1954, S. 514, 517; *Wagner,* Umgestaltung des privatkapitalistischen Sektors der Industrie, S. 63.

221 Siehe hierzu 4. Kapitel C. X. 10. u. XII. 6.

222 Vgl. *Kitsche,* Steuersystem in der SBZ, S. 25.

223 *Ernst,* Besteuerung privater Industriebetriebe, S. 68.

F. Anknüpfungspunkte der Besteuerung (Steuerquellen)

In der DDR wurden die Steuerquellen nicht danach unterschieden, ob die Anknüpfungspunkte der Besteuerung Bestandsgrößen in Form von Geld- und Sachkapital waren oder ob das Objekt der Besteuerung die Wertschöpfung war. Entscheidend war, welchem Eigentumssektor der Wirtschaft sie zugeteilt wurden bzw. welcher Eigentumsform der jeweilige steuerpflichtige Betrieb angehörte.[224] Die verschiedenen Eigentumsformen waren demnach ausschlaggebend für die Besteuerung in der DDR und sollen daher im Folgenden kurz dargestellt werden.

Die Eigentumsordnung hatte sich nach 1945 auf dem Gebiet der DDR grundlegend geändert.[225] Die Grundlage der Volkswirtschaft in der DDR bildete das sozialistische Eigentum, welches in den Erscheinungsformen des gesamtgesellschaftlichen Volkseigentums, des genossenschaftlichen Eigentums und des Eigentums gesellschaftlicher Organisationen der Bürger vorkam.[226] Das gesamtgesellschaftliche Volkseigentum erfasste die in staatlichen Besitz überführten Betriebe und Unternehmen und alle wichtigen Produktionsmittel.[227] Das genossenschaftliche Eigentum erstreckte sich auf Produktionsmittel und sonstige Gegenstände der Genossenschaften, die als juristische Personen deren Eigentümer waren.[228] Träger des Eigentums gesellschaftlicher Organisationen der Bürger waren die Parteien und Massenorganisationen. Objekte waren insbesondere Verlagsbetriebe sowie soziale und kulturelle Einrichtungen.[229] Daneben existierte als weitere Eigentumsform das persönliche Eigentum, dessen Quelle insbesondere das Arbeitseinkommen, aber auch andere Erwerbsgründe, wie Schenkung, Erbschaft, Auszeichnung, Lotteriegewinn usw. waren. Das persönliche Eigentum erstreckte sich auf Arbeitseinkünfte und Ersparnisse sowie auf das Eigentum, welches den Bürgern zur Befriedigung der materiellen und kulturellen Interessen diente und dessen Gebrauch den Interessen der Gesellschaft entsprach (z.B. Ausstattung der Wohnung und des Haushalts, Gegenstände des persön-

---

224 *Buck,* in: DDR-Handbuch, Bd. II, S. 1315.

225 Vgl. *Haase,* Haushaltswesen der DDR, S. 9 f.; *Westen,* in: DDR-Handbuch, Bd. I, S. 315.

226 Art. 10 Abs. 1 der Verfassung der DDR v. 6.4.1968; Art. 10 Abs. 1 der Verfassung der DDR v. 7.10.1974. Vgl. auch *Haase,* Haushaltswesen der DDR, S. 9; *Westen,* in: DDR-Handbuch, Bd. I, S. 315.

227 *Rytlewski,* in: DDR-Handbuch, Bd. II, S. 1499.

228 Art. 13 der Verfassung der DDR v. 6.4.1968; Art. 13 der Verfassung der DDR v. 7.10.1974. Vgl. auch Stichwort: Genossenschaften, in: DDR-Handbuch, Bd. I, S. 512; *Westen,* in: DDR-Handbuch, Bd. I, S. 315 f.

229 Vgl. *Rytlewski,* in: DDR-Handbuch, Bd. II, S. 1500; *Westen,* in: DDR-Handbuch, Bd. I, S. 316.

lichen Bedarfs, Wohngebäude).[230] Bis zur Verfassungsänderung 1974 existierte als Eigentumsform noch das private Eigentum an Produktionsmitteln.[231] Diese Eigentumsform hatte jedoch nur Übergangscharakter. Durch die zunehmende staatliche Beteiligung an den Privatbetrieben und den Abschluss von Kommissionshandelsverträgen wurde die Überführung in Volkseigentum eingeleitet und schließlich 1972 durch die Umwandlung der halbstaatlichen Betriebe und größerer Privatbetriebe in volkseigene Betriebe fast vollständig beendet.[232] Nach der Verfassungsänderung waren nur noch die auf überwiegend persönlicher Arbeit beruhenden kleinen Handwerks- und Gewerbebetriebe erlaubt, deren Eigentum an Produktionsmitteln als persönliches Eigentum behandelt wurde.[233]

Auch die Besteuerungspolitik wurde danach differenziert, zu welcher Eigentumsform der jeweilige steuerpflichtige Betrieb gehörte, und hatte damit die Umgestaltung der Eigentumsordnung gefördert.[234] Betriebe der Staatswirtschaft und sozialistische Produktionsgenossenschaften wurden im Vergleich zu Privatbetrieben steuerlich begünstigt, um die privaten Betriebe in den Hintergrund zu drängen. Für Betriebe des volkseigenen Sektors, für Produktionsgenossenschaften und für private Betriebe galten unterschiedliche Steuergesetze und Besteuerungsformen. Ähnlich gestaltete sich auch die Besteuerung der individuellen Einkommen. Persönliche Einkommen aus Produktivvermögen und selbständiger Arbeit wurden mit unverhältnismäßig hohen Steuern belastet, während Einkünfte aus nicht-selbständiger Arbeit einer günstigeren Besteuerung unterlagen.[235]

Im Ergebnis bleibt somit festzuhalten, dass sich die Steuern in der DDR nach ihrer sozial-ökonomischen Herkunft unterschieden. Sie ließen sich in folgende Kategorien einteilen:

- Steuern der sozialistischen Produktionsgenossenschaften;
- Steuern der privaten Wirtschaftsbetriebe;
- Steuern der Bevölkerung;
- Sonstige Steuern.[236]

230 Art. 11 der Verfassung der DDR v. 6.4.1968; Art. 11 der Verfassung der DDR v. 7.10.1974. Vgl. auch *Westen,* in: DDR-Handbuch, Bd. I, S. 316.

231 Art. 14 Abs. 1 der Verfassung der DDR v. 6.4.1968.

232 Vgl. *Haase,* Haushaltswesen der DDR, S. 9 f.; *Rytlewski,* in: DDR-Handbuch, Bd. II, S. 1500 f.; *Westen,* in: DDR-Handbuch, Bd. I, S. 316.

233 Art. 14 Abs. 2 der Verfassung der DDR v. 7.10.1974. Vgl. auch *Westen,* in: DDR-Handbuch, Bd. I, S. 316.

234 *Haase,* Haushaltswesen der DDR, S. 10.

235 Vgl. *Buck,* in: DDR-Handbuch, Bd. II, S. 1315.

236 In Anlehnung an die Gliederung bei *Buck,* in: DDR-Handbuch, Bd. II, S. 1315.

G. Die Steuerhoheit

Unter Steuerhoheit ist die Befugnis zu verstehen, Steuern gesetzlich festzusetzen (Gesetzgebungshoheit) und einzutreiben (Ertragshoheit). Daher wird im Folgenden auf die Steuergesetzgebungshoheit und die Steuerertragshoheit in der DDR eingegangen.

I. Steuergesetzgebungshoheit

Wie bereits erwähnt, durften Steuern auch in der DDR nur auf der Grundlage von Gesetzen erhoben werden.[237] Die Volkskammer war in der DDR das einzige verfassungs- und gesetzgebende Organ[238] und demzufolge auch für die Steuergesetzgebung zuständig. Diese umfassende Kompetenzzuweisung an die Volkskammer entsprach jedoch nicht der Gesetzgebungspraxis. Als Gesetzgeber trat die Volkskammer nur selten in Erscheinung, was nicht zuletzt daran lag, dass es neben der Volkskammer noch weitere rechtsetzende Organe gab.[239] Daher wurde die Rechtsetzungskompetenz der Volkskammer auf dem Gebiet des Steuerrechts dahingehend verstanden, dass sie nur für die grundlegende Ausprägung der Steuergesetze mit ihren unterschiedlichen Zielsetzungen zuständig war.[240]

Bis zur Verfassungsänderung 1974 stand auch dem 1960 eingerichteten Staatsrat[241] das Recht zu, Erlasse und Beschlüsse mit Gesetzeskraft zu erlassen.[242] Ab 1971 nahm die politische Bedeutung des Staatsrats jedoch stark ab, und er verlor seine Befugnisse, Erlasse und Beschlüsse hervorzubringen.[243] Gleichzeitig wurde die Rechtsetzungskompetenz des Ministerrats erheblich erweitert. Ihm wurde die Befugnis eingeräumt, im Rahmen der Gesetze und Beschlüsse der Volkskammer Verordnungen zu erlassen und Beschlüsse zu fassen.[244]

Daneben hatten auch das Präsidium des Ministerrats, die Mitglieder des Ministerrats, die Leiter zentraler Organe der staatlichen Verwaltung und in

---

237 Siehe hierzu die Nachweise in Fn. 193.

238 Siehe hierzu die Nachweise in Fn. 194.

239 *Stammen,* Das zentrale Regierungssystem, S. 249 f.

240 *Töben,* Besteuerung des deutsch-deutschen Wirtschaftsverkehrs, S. 102 m.w.N.

241 Zu den zentralen Staatsorganen in der DDR zählten neben der Volkskammer auch deren Organe, mithin der Staatsrat und der Ministerrat. Dem Staatsrat, welchem bei seiner Gründung weitgehende Regierungsfunktionen übertragen wurden, kamen ab 1971 nur noch repräsentative Funktionen eines Staatsoberhauptes zu. Vgl. hierzu *Stammen,* Das zentrale Regierungssystem, S. 252 ff.

242 Art. 71 Abs. 2 der Verfassung der DDR v. 6.4.1968. Vgl. auch *Stammen,* Das zentrale Regierungssystem, S. 252 f.

243 *Stammen,* Das zentrale Regierungssystem, S. 254.

244 Art. 87 Abs. 2 der Verfassung der DDR v. 7.10.1974; § 8 Abs. 2 des Gesetzes über den Ministerrat der DDR v. 16.10.1972, GBl. I 1972, S. 253. Ferner hierzu *Stammen,* Das zentrale Regierungssystem, S. 255 ff.

bestimmten Fällen sogar die örtlichen Volksvertretungen Rechtssetzungskompetenz.[245]

Im Widerspruch zur Verfassungsregelung wurden daher zahlreiche Steuern auf der Grundlage von Verordnungen und Anordnungen erlassen. Auf dem Gebiet der Steuern der privaten Wirtschaft beruhten die steuerrechtlichen Anordnungen teilweise unmittelbar auf den Rechtsverordnungen des Ministerrats und überwiegend auf den Anordnungen des Finanzministeriums.[246] Grund dafür war der Umstand, dass die Finanzminister gleichzeitig Mitglieder des Ministerrats waren und als solche Rechtsvorschriften in Form von Anordnungen, Durchführungsbestimmungen usw. erlassen konnten.[247]

Im Ergebnis bleibt somit festzuhalten, dass nicht nur die Volkskammer als oberstes Staatsorgan, sondern auch der Ministerrat, bis 1971 auch der Staatsrat, und weitere Organe steuerrechtliche Rechtsnormen erlassen konnten.

II. Steuerertragshoheit

Mit der Gründungsverfassung der DDR wurde die Abgabenhoheit auf die Republik übertragen.[248] Seit dem 1. Januar 1950 flossen alle Zölle, Steuern und sonstigen Abgaben nicht mehr den Ländern, sondern als republikeigene Einnahmen dem Staatshaushalt der DDR zu.[249] Steuern in diesem Sinne waren die traditionellen Steuern, zu denen unter anderem die Einkommen-, Körperschaft-, Vermögen-, Umsatz- und die Erbschaftsteuer zählten.[250] Die Länder hatten nur noch die ihnen zugewiesenen Anteile zu verwalten sowie über die Kreise und Gemeinden die Finanzaufsicht zu führen.[251]

Die nicht im Abgabengesetz ausdrücklich genannten Steuern flossen den Gemeinden zu. Hierzu zählten die Grund-, Vergnügung- und Hundesteuer wie

---

245 Art. 89 Abs. 2 der Verfassung der DDR v. 7.10.1974 mit dem Wortlaut: „*Rechtsvorschriften der örtlichen Volksvertretungen und ihrer Organe werden in geeigneter Form veröffentlicht*". Ferner hierzu *Stammen,* Das zentrale Regierungssystem, S. 250.

246 Vgl. *Ernst,* Besteuerung privater Industriebetriebe, S. 74 f.; *Frenkel,* Steuerverwaltung und Steuerrecht in der SBZ, S. 43; *Schulz,* DStR 1990, S. 306, 308.

247 § 10 Abs. 2 i.V.m. § 8 Abs. 3 des Gesetzes über den Ministerrat der DDR v. 16.10.1972; *Töben,* Besteuerung des deutsch-deutschen Wirtschaftsverkehrs, S. 103.

248 Art. 119 Abs. 2 der Verfassung der DDR v. 7.10.1949. Vgl. auch *Frenkel,* Steuerverwaltung und Steuerrecht in der SBZ, S. 11; *Kitsche,* Steuersystem in der SBZ, S. 42; *Rzesnitzek,* Staatseinnahmen in der DDR, S. 104.

249 Vgl. § 1 des Abgabengesetzes v. 9.2.1950. Ferner hierzu *Frenkel,* Steuerverwaltung und Steuerrecht in der SBZ, S. 11; *Kitsche,* Öffentliche Finanzen im Wirtschaftssystem der SBZ, S. 11; *ders.,* Steuersystem in der SBZ, S. 43.

250 § 2 des Abgabengesetzes v. 9.2.1950. Eine Übersicht über die von der Republik übernommenen Steuern findet sich bei *Kitsche,* Steuersystem in der SBZ, S. 43; *Rzesnitzek,* Staatseinnahmen in der DDR, S. 106.

251 *Kitsche,* Öffentliche Finanzen im Wirtschaftssystem der SBZ, S. 11; *ders.,* Steuersystem in der SBZ, S. 43.

zunächst auch die Gewerbesteuer, die ab 1951 jedoch der Republik zufloss. Die Kraftfahrzeugsteuer wurde später ebenfalls den Gemeinden überlassen.[252]

Im Übrigen hatten die Bezirke, Kreise und Gemeinden keine eigene Finanzhoheit. Sie wurden jedoch entsprechend den jährlichen Haushaltsplänen an den Erträgen der Steuern beteiligt. Die Verteilung erfolgte durch die Republik. Grundsätzlich konnten die örtlichen Organe über einen ihnen zugewiesenen Teil einzelner Steuern verfügen, die in ihrem Bereich aufkamen. Waren diese Zuweisungen mit Blick auf den Finanzbedarf der örtlichen Organe zu hoch oder zu niedrig, fand ein Ausgleich zwischen den Haushalten der örtlichen Organe und dem Haushalt der Regierung statt. Dieser Haushaltsausgleich erfolgte entweder durch die Übertragung eigener Einnahmequellen oder in Form von Beteiligungen oder Zuweisungen durch übergeordnete Organe.[253]

H. Die Steuerverwaltung

Im Laufe der Zeit wurde die Steuerverwaltung mehrfach umgestaltet. Dabei wurden nicht nur der Behördenaufbau, sondern auch die Arbeitsmethoden und der Aufgabenbereich der Steuerverwaltungsbehörden immer wieder geändert. Die wichtigsten Veränderungen und Neuerungen werden im Folgenden dargestellt.

I. Aufbau der Steuerverwaltung

In der sowjetischen Besatzungszone Deutschlands konnte die Finanzverwaltung 1945 nicht ohne weiteres wieder ihre Arbeit aufnehmen bzw. weiterführen. Die Behörden der früheren Reichsfinanzverwaltung und damit auch der Reichssteuerverwaltung waren nur noch vereinzelt besetzt, da der größte Teil der Fachkräfte aus dem öffentlichen Dienst ausscheiden musste.[254] Selbst das Reichsfinanzministerium, welches für die Lenkung der Steuererhebung und die Verteilung der Steuereinnahmen zuständig war, hatte seine Tätigkeit eingestellt. Mit der im Juni 1945 erfolgten Übernahme der obersten Regierungsgewalt in Deutschland durch die vier Siegermächte gingen auch die Befugnisse des Reichsfinanzministers auf die Alliierten über.[255]

---

252 Vgl. *Frenkel,* Steuerverwaltung und Steuerrecht in der SBZ, S. 11; *Kitsche,* Steuersystem in der SBZ, S. 43; *Rzesnitzek,* Staatseinnahmen in der DDR, S. 106 f. Zur Gewerbesteuer vgl. auch *Ernst,* Besteuerung privater Industriebetriebe, S. 275.

253 Vgl. *Buck,* Steuerpolitik, S. 20 f.; *Gurtz/Kaltofen,* Staatshaushalt der DDR, S. 34; *Haase,* Haushaltswesen der DDR, S. 43 f.; *Kitsche,* Steuersystem in der SBZ, S. 44; Stichwort: Haushaltsausgleich, in: DDR-Handbuch, Bd. I, S. 596 f.

254 Vgl. *Eisold,* DStZ 1990, S. 367; *Frenkel,* Steuerverwaltung und Steuerrecht in der SBZ, S. 19; *Rzesnitzek,* Staatseinnahmen in der DDR, S. 81.

255 Vgl. *BMF,* 40 Jahre Verantwortung, S. 28; *dass.,* Von der Reichsschatzkammer zum Bundesfinanzministerium, S. 118 f.; *Eisold,* DStZ 1990, S. 367.

Anschließend nahm die von der Sowjetunion in Deutschland eingesetzte Sowjetische Militäradministration ihre Arbeit auf. Diese veranlasste durch Erlass 01 vom 23. Juli 1945 die Wiederaufnahme der Steuerzahlungen, die Feststellung aller Steuerzahler sowie die Errichtung von Finanzabteilungen bei den Provinzialregierungen bzw. Ländern sowie bei den Städten und Kreisen mit besonderen Steuerinspektionen.[256] Diese Gebietskörperschaften wurden alsbald als Verwaltungseinheiten Brandenburg, Mecklenburg, Sachsen, Sachsen-Anhalt und Thüringen neu gegründet. Den leitenden Behörden dieser Gebietskörperschaften wurde die Befugnis erteilt, gesetzeskräftige Anordnungen zu erlassen. Im Oktober 1946 wurden Landtage gewählt, die sich schließlich Verfassungen gaben.[257]

Aufgrund der mangelnden deutschen Zentralgewalt in der sowjetischen Besatzungszone Deutschlands lag nicht nur die Steuerhoheit bei den zuvor genannten Ländern, sondern sie hatten auch die Aufgabe, landeseigene Finanzapparate aufzubauen. Um den Personalmangel in der Finanzverwaltung auszugleichen, gliederten sie die Finanzämter als Steuerämter in die allgemeine Verwaltung der Stadt- und Landkreise ein. Gleichzeitig wurden die Aufgaben der früheren Oberfinanzpräsidenten von den Finanzministerien der fünf Länder übernommen.[258]

Nicht nur in den Ländern wurden Finanzapparate aufgebaut, sondern es wurden auch zentrale deutsche Fachverwaltungen mit Sitz in Berlin, wie z.B. die Deutsche Zentralfinanzverwaltung (DZFV), errichtet, die jedoch zunächst noch unfähig war, die oberste Leitung der Steuerverwaltung zu übernehmen oder die Finanzverwaltungen der Länder zu koordinieren. Erst als die zentrale deutsche Zonengewalt 1948 die Befugnis erhielt, verbindliche Anordnungen und Verordnungen zu erlassen, konnte auch die DZFV in die bei den Ländern liegende Steuerverwaltung leitend und lenkend eingreifen.[259]

Die erhöhten Besatzungskosten und Reparationslasten veranlassten die DZFV schließlich zu einer Umorganisation der Steuerverwaltung. Die Steuerämter wurden 1948 aus den Kreisverwaltungen herausgelöst, verselbständigt und administrativ den Steuerabteilungen in den Finanzministerien der Länder unmittelbar unterstellt. Die operative Leitung der gesamten Steuerverwaltungstätigkeit, mithin die Leitung der Steuerverwaltung der Länder und der Steueräm-

256 Vgl. *Eisold,* DStZ 1990, S. 367; *Kitsche,* Steuersystem in der SBZ, S. 40; *Rzesnitzek,* Staatseinnahmen in der DDR, S. 82.

257 Vgl. *Eisold,* DStZ 1990, S. 367 f.; *Frenkel,* Steuerverwaltung und Steuerrecht in der SBZ, S. 7; *Kitsche,* Öffentliche Finanzen im Wirtschaftssystem der SBZ, S. 9 (Fn. 4).

258 Vgl. *Eisold,* DStZ 1990, S. 367, 368; *Frenkel,* Steuerverwaltung und Steuerrecht in der SBZ, S. 19.

259 Vgl. *Eisold,* DStZ 1990, S. 367, 368; *Frenkel,* Steuerverwaltung und Steuerrecht in der SBZ, S. 19; *Kitsche,* Steuersystem in der SBZ, S. 41; *Rzesnitzek,* Staatseinnahmen in der DDR, S. 89 f.

ter, der Erlass aller Verordnungen und Anordnungen sowie die Aufsicht und Kontrolle über die Durchführung und Handhabung der Steuergesetze ging auf die DZFV über.[260]

Aufgrund der immer noch vorhandenen personellen und sachlichen Mängel konnte sie sich jedoch gegenüber den Finanzverwaltungen der Länder nicht durchsetzen. Auch das am 1. April 1949 errichtete Deutsche Zentralfinanzamt (DZFA), welches die Zuständigkeit für die Steuerangelegenheiten der volkseigenen Wirtschaft erhalten hatte, war seinen Aufgaben nicht gewachsen. Es wurde 1951 wieder aufgelöst.[261]

Nach der Gründung der DDR am 7. Oktober 1949 wurde die Steuerverwaltung wieder völlig umgestaltet. Durch die Verfassung wurde die Abgabenhoheit auf die Republik übertragen. Die Landessteuern wurden mit Wirkung zum 1. Januar 1950 beseitigt.[262]

Daneben sah die Gründungsverfassung der DDR vor, eine republikeigene Abgabenverwaltung zu errichten. Die Steuerverwaltung, die bis dahin noch bei den Ländern lag, sollte auf die Republik übergehen. Das bereits zuvor erwähnte Abgabengesetz vom 9. Februar 1950 leitete schließlich die Umorganisation der Steuerverwaltung ein. Die Finanzverwaltungen der Länder wurden beseitigt und eine neue Abgabenverwaltung errichtet. Neben den Hauptzollämtern und den Zollämtern bildeten die wieder in Finanzämter umbenannten Steuerämter in den einzelnen Stadt- bzw. Landkreisen die unterste Stufe. Darüber standen fünf Landesfinanzdirektionen, die jeweils für das Gebiet eines Landes zuständig waren, und an oberster Stelle die Deutsche Zentralfinanzdirektion (DZFD).[263]

Die Landesfinanzdirektionen waren zuständig für die Kapitalgesellschaften, die Körperschaften des öffentlichen Rechts, die Erwerbs- und Wirtschaftsgenossenschaften sowie für die länderverwalteten Vereinigungen volkseigener Betriebe, die jedoch zum 1. Januar 1951 aufgelöst wurden.[264]

Die DZFD erhielt die Zuständigkeit für die operative Leitung, die Dienstaufsicht über die nachgeordneten Abgabenbehörden und für die Ermittlung, Prüfung, Festsetzung und Erhebung von Steuern und sonstigen Abgaben der zentral verwalteten volkseigenen Betriebe. Sie wurde aber bereits zum 1. Januar 1951

---

260 Vgl. *Eisold,* DStZ 1990, S. 367, 368; *Frenkel,* Steuerverwaltung und Steuerrecht in der SBZ, S. 19 f.; *Kitsche,* Steuersystem in der SBZ, S. 41 u. 50; *Rzesnitzek,* Staatseinnahmen in der DDR, S. 90.

261 Vgl. *Eisold,* DStZ 1990, S. 367, 368; *Frenkel,* Steuerverwaltung und Steuerrecht in der SBZ, S. 20; *Kitsche,* Steuersystem in der SBZ, S. 50.

262 Vgl. hierzu 2. Kapitel G. II.

263 Vgl. *Eisold,* DStZ 1990, S. 367, 368; *Frenkel,* Steuerverwaltung und Steuerrecht in der SBZ, S. 20 f.; *Kitsche,* Öffentliche Finanzen im Wirtschaftssystem der SBZ, S. 11; *ders.,* Steuersystem in der SBZ, S. 50; *Rzesnitzek,* Staatseinnahmen in der DDR, S. 107 f.

264 *Kitsche*, Öffentliche Finanzen im Wirtschaftssystem der SBZ, S. 12 (Fn. 6).

als Abteilung Abgabenverwaltung in das Finanzministerium der DDR eingegliedert.[265]

Das Finanzministerium war als zentrales Leitungsorgan der Abgabenverwaltung für die einheitliche Auslegung und Anwendung aller Steuergesetze zuständig.[266] Es beschränkte seine Tätigkeit zunächst aber grundsätzlich auf Angelegenheiten der Steuergesetzgebung und die Ausübung der obersten Verwaltungsaufsicht.[267]

Durch die im Jahre 1952 erfolgte Verwaltungsreform wurde die nach der Gründung der DDR aufgebaute Abgabenverwaltung fast vollständig beseitigt. Im Zuge dieser Verwaltungsreform wurden zunächst die bis dahin bestehenden fünf Länder aufgelöst und durch insgesamt 14 Bezirke und die selbständige Hauptstadt Berlin, die einem Bezirk gleichgestellt war, ersetzt. Die Bezirke wurden wiederum in Land- und Stadtkreise gegliedert.[268]

Die fünf Landesfinanzdirektionen wurden als Unterabteilungen Abgaben in die Finanzabteilungen der neu errichteten Bezirke und die Finanzämter als Unterabteilungen Abgaben in die Finanzabteilungen der Kreise und kreisfreien Städte eingegliedert. In den Stadtkreisen wurden diese Unterabteilungen 1953 noch weiter auf die neu errichteten Stadtbezirke aufgeteilt. Diese Unterabteilungen Abgaben unterstanden den Räten des Kreises bzw. der Bezirke und gleichzeitig der zentralen fachlichen Leitung durch das Ministerium der Finanzen.[269] Damit gab es in der DDR auf der unteren und mittleren Ebene keine selbständige Fachverwaltung für Steuern mehr. Sie wurde Teil der allgemeinen Verwaltungsorgane der Republik.[270] Im Ergebnis bleibt festzuhalten, dass auf der unteren Ebene der Rat des Kreises, Abteilung Finanzen, Unterabteilung Abgaben, und auf der mittleren Ebene der Rat des Bezirks, Abteilung Finanzen, Unterabteilung Abgaben, für die Steuerverwaltung zuständig waren. An der Spitze der Verwaltung stand das Ministerium der Finanzen.

Zum 1. Januar 1953 wurde auch die Steuerverwaltung in der sowjetischen Besatzungszone von Berlin nach diesem Vorbild gegliedert und unmittelbar der

---

265 Vgl. *Eisold,* DStZ 1990, S. 367, 368; *Frenkel,* Steuerverwaltung und Steuerrecht in der SBZ, S. 21; *Kitsche,* Öffentliche Finanzen im Wirtschaftssystem der SBZ, S. 11 (Fn. 5); *Rzesnitzek,* Staatseinnahmen in der DDR, S. 107.

266 Vgl. *Ernst,* Besteuerung privater Industriebetriebe, S. 78; *Rzesnitzek,* Staatseinnahmen in der DDR, S. 107 f.

267 *Frenkel,* Steuerverwaltung und Steuerrecht in der SBZ, S. 21.

268 Vgl. *Eisold,* DStZ 1990, S. 367, 368; *Rzesnitzek,* Staatseinnahmen in der DDR, S. 132; *Schulz,* DStR 1990, S. 306, 307.

269 Vgl. *Eisold,* DStZ 1990, S. 367, 368 f.; *Frenkel,* Steuerverwaltung und Steuerrecht in der SBZ, S. 21 f.; *Kitsche,* Öffentliche Finanzen im Wirtschaftssystem der SBZ, S. 13 f.; *ders.,* Steuersystem in der SBZ, S. 50 f.; *Rzesnitzek,* Staatseinnahmen in der DDR, S. 132 f.

270 *Frenkel,* Steuerverwaltung und Steuerrecht in der SBZ, S. 21; *Kitsche,* Steuersystem in der SBZ, S. 50; *Töben,* Besteuerung des deutsch-deutschen Wirtschaftsverkehrs, S. 105.

DDR-Regierung unterstellt. Die Finanzämter wurden aufgelöst und durch die Unterabteilung Abgaben in jedem Stadtbezirk ersetzt.[271]

II. Aufgaben der Steuerverwaltung

Auch der Aufgabenbereich der Steuerverwaltung hatte sich im Laufe der Zeit gewandelt.

Unverändert lag die Hauptaufgabe der Steuerverwaltung zunächst noch bei der Verwaltung der Besitz- und Verkehrsteuern, insbesondere der Einkommen-, Körperschaft-, Vermögen- und Umsatzsteuer. Im Übrigen wurde der Arbeitsbereich der Steuerverwaltung seit der Errichtung der DDR teilweise erweitert und teilweise eingeschränkt.[272] Erwähnenswert erscheinen folgende Veränderungen:

Eine Erweiterung des Aufgabenbereiches erfolgte dahingehend, dass die Steuerbehörden, insbesondere die Finanzämter (später Unterabteilungen Abgaben), seit 1950 auch für die Preisüberwachung zuständig waren.[273]

Ferner ging am 1. Januar 1951 die Verwaltung der Verbrauchssteuern und der bei zahlreichen Verbrauchsgütern eingeführten Haushaltsaufschläge von den Zollbehörden auf die Behörden der Steuerverwaltung über.[274]

Gleichzeitig übertrug man den Steuerbehörden, mithin den Finanzämtern (später Unterabteilung Abgaben), die Zuständigkeit für die Feststellung der Sozialversicherungspflicht sowie für die Festsetzung und Einziehung der Pflichtbeiträge.[275]

Eine wesentliche Einschränkung erfuhr der Arbeitsbereich der Steuerverwaltung, als zum 1. Januar 1951 das Kassenwesen umgestellt wurde. Die Haushalts- und Steuerkassen wurden aufgelöst, und die Steuerzahlungen mussten nicht mehr an die Steuerbehörden, sondern an die Zweigstellen der Deutschen Notenbank abgeführt werden. Den Steuerbehörden waren nur noch Abgabenbuchhaltungen überlassen.[276]

---

271 Vgl. *Eisold,* DStZ 1990, S. 367, 369; *Frenkel,* Steuerverwaltung und Steuerrecht in der SBZ, S. 22; *Kitsche*, Öffentliche Finanzen im Wirtschaftssystem der SBZ, S. 14.

272 *Frenkel,* Steuerverwaltung und Steuerrecht in der SBZ, S. 22 f.; *Töben,* Besteuerung des deutsch-deutschen Wirtschaftsverkehrs, S. 106.

273 Vgl. *Eisold,* DStZ 1990, S. 367, 368; *Frenkel,* Steuerverwaltung und Steuerrecht in der SBZ, S. 23 ff.; *Kitsche*, Öffentliche Finanzen im Wirtschaftssystem der SBZ, S. 12 (Fn. 7); *ders.*, Steuersystem in der SBZ, S. 51; *Schulz,* DStR 1990, S. 306, 307.

274 Vgl. *Eisold,* DStZ 1990, S. 367, 368; *Frenkel,* Steuerverwaltung und Steuerrecht in der SBZ, S. 25 f.; *Kitsche*, Öffentliche Finanzen im Wirtschaftssystem der SBZ, S. 12 (Fn. 7); *ders.*, Steuersystem in der SBZ, S. 52.

275 Vgl. *Eisold,* DStZ 1990, S. 367, 368; *Frenkel,* Steuerverwaltung und Steuerrecht in der SBZ, S. 26 f.; *Kitsche*, Steuersystem in der SBZ, S. 52.

276 Vgl. *Eisold,* DStZ 1990, S. 367, 368; *Frenkel,* Steuerverwaltung und Steuerrecht in der SBZ, S. 28 f.

III. Struktur und Arbeitsmethoden der Steuerbehörden

Zu dem laufend geänderten Verwaltungsaufbau und der Wandlung des Aufgabenbereichs der Steuerverwaltung kamen auch immer wieder geänderte Strukturen und Arbeitsmethoden der Steuerbehörden hinzu.

Die sowjetzonalen Steuerbehörden gliederten ihre Arbeit in:

- Besteuerung der volkseigenen Wirtschaft,
- Besteuerung der privaten Wirtschaft und
- Besteuerung des Arbeitseinkommens.[277]

Die Arbeitsweise der Unterabteilungen Abgaben war gekennzeichnet durch den Verzicht auf Steuerveranlagungen vom Schreibtisch aus. 1950 wurden die bis dahin bestehenden Veranlagungsbezirke aufgelöst. Sämtliche Steuerakten wurden in sog. Zentralstellen vereinigt. Ergebnis dieser Maßnahmen war ein unentwirrbares Durcheinander, welches auch das Ministerium der Finanzen nicht auflösen konnte.[278]

Der Schwerpunkt der gesamten Steuerverwaltungstätigkeit lag von diesem Zeitpunkt an auf der Tätigkeit des operativen Außendienstes, d.h. bei der Betriebsprüfung, Fahndung und Vollstreckung.[279]

Ab Mitte 1952 arbeiteten die Angehörigen des operativen Außendienstes mit den Beschäftigten des Innendienstes in sog. Komplex-Brigaden zusammen. Die Angelegenheiten der Steuerpflichtigen wurden nicht mehr in unterschiedlichen Fachabteilungen (Bewertungsstelle, Veranlagungsstelle, Buchhaltung, Vollstreckungsstelle usw.), sondern einheitlich von der Komplex-Brigade bearbeitet. Die Komplex-Brigaden waren Dienststellen mit vielfältigen sachlichen Zuständigkeiten. Von der Einreichung der Steuererklärung bis zu eventuell erforderlichen Strafverfahren wurde alles innerhalb der Komplex-Brigade erledigt. Es gab nur noch eine Akte für den einzelnen Steuerpflichtigen. Für die Besteuerung der volkseigenen Wirtschaft, der privaten Wirtschaft und des Arbeitseinkommens waren jeweils eine oder mehrere Komplex-Brigaden zuständig. Besondere Komplex-Brigaden wurden für den privaten Wirtschaftsektor, insbesondere für die Landwirtschaft, die Industrie, den Handel, das Handwerk und sonstige Steuerpflichtige eingerichtet. Die einzelnen Komplex-Brigaden setzten sich jeweils aus einem Brigadeleiter, zahlreichen Angestellten des operativen Diens-

---

277 Vgl. *Eisold,* DStZ 1990, S. 367, 369; *Frenkel,* Steuerverwaltung und Steuerrecht in der SBZ, S. 29; *Kitsche,* Steuersystem in der SBZ, S. 52.

278 Vgl. *Eisold,* DStZ 1990, S. 367, 369; *Frenkel,* Steuerverwaltung und Steuerrecht in der SBZ, S. 29 f.

279 *Frenkel,* Steuerverwaltung und Steuerrecht in der SBZ, S. 30; *Kitsche,* Steuersystem in der SBZ, S. 53.

tes (Betriebsprüfer, Fahnder, Vollzieher usw.) sowie aus Sachbearbeitern für Buchhaltung, Rechtsmittel, Strafsachen usw. zusammen.[280]

IV. Personalwesen der Steuerverwaltung

Wie bereits zu Beginn dieses Abschnittes erwähnt, war von der früheren Steuerbeamtenschaft fast nichts übrig geblieben. Das Berufsbeamtentum existierte nicht mehr. Im öffentlichen Dienst gab es nur noch kündbare Verwaltungsangestellte. Auch langjährige Verwaltungsangestellte konnten mit einer Frist von 14 Tagen gekündigt werden, was im Laufe der Entwicklung vielfach genutzt wurde.[281] In den Steuerverwaltungen arbeiteten demnach keine Berufsbeamten mehr, sondern Verwaltungsangestellte.

Die Personalpolitik zeichnete sich dadurch aus, dass auf Fachkenntnisse weniger Wert gelegt wurde als auf das gesellschaftliche und politische Bewusstsein. Statt qualifizierter Steuerfachleute arbeiteten in den Behörden überwiegend Industriearbeiter und Angehörige verschiedener gesellschaftlicher Organisationen.[282] Diese Personalpolitik brachte jedoch mehr Probleme mit sich, als sie lösen konnte. Daher war man bemüht, die fachliche Qualifikation der Verwaltungsangestellten durch fachliche Schulungen zu verbessern, welche jedoch nicht zu einer vollständigen Beseitigung der fachlichen Unzulänglichkeiten führten. Neben der fachlichen Schulung mussten die Verwaltungsangestellten politische Schulungen absolvieren. Eine besondere politische Unterweisung erhielten solche Personen, die auf dem Gebiet der Besteuerung engen Kontakt mit den privaten Unternehmern pflegten (insbesondere Betriebsprüfer). Der politischen Beeinflussung entsprechend sollten sie an der Umgestaltung der privaten Betriebe mitwirken.[283]

Typisch für das Personalwesen der Steuerverwaltung waren die Gewährung von Leistungsprämien und die Veranstaltung von Wettbewerben zwischen den Dienststellen. Erwähnenswert erscheint in diesem Zusammenhang das für die Betriebsprüfer eingeführte Prämiensystem für festgesetzte Mehrsteuern. Zur Unterstützung der Betriebsprüfer gab es sog. Arbeiterkontrolleure in den Betrieben, die auch die privaten Lebensgewohnheiten der Unternehmer und die internen

280 Vgl. *Eisold,* DStZ 1990, S. 367, 369; *Frenkel*, Steuerverwaltung und Steuerrecht in der SBZ, S. 30 f.; *Kitsche,* Steuersystem in der SBZ, S. 53; *Rzesnitzek*, Staatseinnahmen in der DDR, S. 133.

281 Vgl. *Eisold,* DStZ 1990, S. 367, 369; *Frenkel*, Steuerverwaltung und Steuerrecht in der SBZ, S. 31 f.

282 Vgl. *Eisold,* DStZ 1990, S. 367, 369; *Ernst,* Besteuerung privater Industriebetriebe, S. 80 f.; *Frenkel*, Steuerverwaltung und Steuerrecht in der SBZ, S. 32.

283 Vgl. *Ernst,* Besteuerung privater Industriebetriebe, S. 80 ff.; *Frenkel*, Steuerverwaltung und Steuerrecht in der SBZ, S. 35 f.

Betriebsvorgänge zu beobachten hatten. Praktisch ging damit der Veranlagungsdienst auf die Betriebsprüfung über.[284]

Im Ergebnis bleibt demnach festzuhalten, dass die Vertreter der Abgabenverwaltung teilweise fachlich nicht ausreichend qualifiziert und ideologisch einseitig ausgerichtet sowie politisch beeinflusst waren und so an der Einschränkung der privaten Wirtschaft mitgewirkt hatten.

V. Schlussbemerkungen

Bemerkenswert ist, dass die Steuerverwaltung trotz dieser Entwicklungen jahrelang funktioniert hatte. Dazu trug in erhöhtem Maße die Entlastung durch die Änderungen in der Eigentumsstruktur bei. Mit dem Übergang zum Volkseigentum trat die Bedeutung der Steuern immer mehr in den Hintergrund. Die volkseigene Wirtschaft hatte keine Steuern, sondern Abgaben zu entrichten, womit die Anzahl der Steuerzahler und damit der zu Veranlagenden immer mehr zurück ging und die Steuerverwaltung entlastet wurde. Hinzu kam die vermehrte Steuererhebung aufgrund von Selbstberechnungserklärungen.[285]

Noch entscheidender für die Steuerverwaltung war die Neufassung zahlreicher Rechtsvorschriften auf dem Gebiet der Steuern im Jahre 1970 und die damit erfolgte neue Definition des Steuerbegriffs in § 1 AO/DDR. Steuern waren nur noch solche Staatsmittel, die dem Staat durch Eigentumswechsel zuflossen. Dies traf auf die Pflichtabführungen der volkseigenen Wirtschaft nicht zu[286], die den größten Teil der Staatseinnahmen ausmachten. Die Steuerverwaltung hatte demnach nur noch einen Bruchteil der Staatseinnahmen festzusetzen.[287]

I. Rechtsschutz in Steuersachen

Vor dem Hintergrund, dass schon in der Gründungsverfassung der DDR eine dem Art. 19 Abs. 4 GG entsprechende allgemeine Rechtsschutzklausel fehlte und der Verwaltungsgerichtsschutz auf die Nachprüfung der Rechtmäßigkeit von Verwaltungsmaßnahmen beschränkt war, soll im Folgenden der Frage nachgegangen werden, wie der staatliche Rechtsschutz in der DDR auf dem Gebiet der Steuern ausgestaltet war.[288]

---

284 Vgl. *Eisold,* DStZ 1990, S. 367, 369; *Frenkel,* Steuerverwaltung und Steuerrecht in der SBZ, S. 34 f.; *Kitsche,* Steuersystem in der SBZ, S. 54. Im Einzelnen zur Betriebsprüfung *Ernst,* Besteuerung privater Industriebetriebe, S. 83 ff.

285 *Eisold,* DStZ 1990, S. 367, 369; *Kitsche,* Steuersystem in der SBZ, S. 52.

286 Vgl. hierzu 2. Kapitel B. II.

287 *Eisold,* DStZ 1990, S. 367, 369.

288 Vgl. zum Folgenden *Dürr,* DStZ 1990, S. 586 ff.; *Ernst,* Besteuerung privater Industriebetriebe, S. 99 ff.; *Kitsche,* Steuersystem in der SBZ, S. 46 ff.; *Töben,* Besteuerung des deutsch-deutschen Wirtschaftsverkehrs, S. 106 ff.

Die Verfassung der DDR vom 7. Oktober 1949 sah in Art. 138 Abs. 1 ausdrücklich vor, dass *„der Bürger gegen rechtswidrige Maßnahmen der Verwaltung"* durch *„die Kontrolle durch die Volksvertretungen und die Verwaltungsgerichtsbarkeit"* geschützt werden sollte. Auch das 1950 in Kraft getretene Abgabengesetz sah die Einrichtung von Landesfinanzgerichten bei den fünf Landesfinanzdirektionen und eines Zentralfinanzgerichts in Ostberlin *„für die Entscheidung über Berufungen und Rechtsbeschwerden im abgabenrechtlichen Rechtsmittelverfahren"* vor. Zu einer dauerhaften Konstituierung dieser Gerichte ist es jedoch nie gekommen.[289]

Am 13. November 1952 wurde die Verordnung über die Rechte der Bürger im Verfahren der Erhebung von Abgaben[290] erlassen, welche eine rein verwaltungsmäßige Kontrolle der Besteuerung (Nachprüfungsverfahren der Abgabenverwaltung), jedoch keine, wie in Art. 138 Abs. 1 der Gründungsverfassung der DDR garantiert, verwaltungsgerichtliche Kontrolle vorsah. Die in drei Ländern tatsächlich in Aktion getretenen Steuergerichte wurden abgeschafft, und die übrigen, im Abgabengesetz vorgesehenen, Steuergerichte wurden erst gar nicht eingerichtet.[291]

Die Abschaffung bzw. Nichteinrichtung der gerichtlichen Kontrolle der Besteuerung wurde in der DDR damit begründet, dass die Rechtsprechung vor 1945 *„einseitig [...] nur zu Gunsten der Monopole und zu Lasten der Bevölkerung geurteilt habe, was sich in der DDR nicht wiederholen könne, da sich ihre gesellschaftliche Struktur grundlegend geändert habe"*.[292] Deshalb wurden auch die Urteile des Reichsfinanzhofes nicht mehr zur Auslegung steuerrechtlicher Normen herangezogen.[293]

---

289 Vgl. *Ernst,* Besteuerung privater Industriebetriebe, S. 99; *Frenkel,* Steuerverwaltung und Steuerrecht in der SBZ, S. 97; *Kitsche,* Steuersystem in der SBZ, S. 47; *Rzesnitzek,* Staatseinnahmen in der DDR, S. 108.

290 GBl. I 1952, S. 1211.

291 Vgl. *Frenkel,* Steuerverwaltung und Steuerrecht in der SBZ, S. 97 f.; *Kitsche,* Steuersystem in der SBZ, S. 47.

292 *Ernst,* Besteuerung privater Industriebetriebe, S. 100 m.w.N.

293 *Ernst,* Besteuerung privater Industriebetriebe, S. 100 m.w.N.; *Töben,* Besteuerung des deutsch-deutschen Wirtschaftsverkehrs, S. 107.

Zudem wurde argumentiert, dass das Prinzip der Gewaltenteilung in der DDR aufgehoben sei und alle Gewalt vom Volke ausgehe.[294] Damit erübrige sich ein besonderer Rechtsschutz auf dem Gebiet der Steuern.[295]

In der DDR fehlte es somit an Gerichten, die mit den in der Bundesrepublik Deutschland bestehenden Finanzgerichten und dem Bundesfinanzhof vergleichbar waren, und damit auch an einem gerichtlichen Rechtsschutz in Steuersachen.

Es bleibt demnach nur die Frage, inwieweit es zumindest einen außergerichtlichen Rechtsschutz in Steuersachen gab.

Die in der Reichsabgabenordnung statuierten Rechtsmittelverfahren wurden in der DDR nicht mehr angewendet. Auch das im Abgabengesetz von 1950 vorgesehene Rechtsmittelverfahren wurde nicht eingerichtet.[296] Stattdessen wurde das in der zuvor bereits genannten Verordnung über die Rechte der Bürger im Verfahren der Erhebung von Abgaben vom 13. November 1952 sowie deren Ersten Durchführungsbestimmung vom 4. Juli 1953[297] vorgesehene Nachprüfungsverfahren der Abgabenverwaltung eingeführt. Dieses Verfahren umfasste einen dreistufigen Rechtsmittelzug gegen alle Verfügungen im Zusammenhang mit der Feststellung und Festsetzung von Steuern durch die unteren Steuerbehörden. Auf der ersten Stufe konnte der Steuerpflichtige beim Rat des Kreises, dessen Unterabteilung Abgaben den Bescheid erlassen hatte, Einspruch einlegen. Auf der zweiten Stufe bestand die Möglichkeit der Beschwerde beim Rat des Bezirkes und auf der dritten Stufe die Möglichkeit der Berufung beim Leiter der Abgabenverwaltung beim Ministerium der Finanzen. Die Frist betrug jeweils einen Monat, in der das Rechtsmittel nicht nur eingelegt, sondern auch begründet werden musste. Zudem durften in der zweiten und dritten Instanz keine der Sache nach anderen Anträge gestellt werden als in der ersten Instanz, so dass keine über den ersten Antrag hinausgehenden Mängel geltend gemacht werden konnten.[298]

Daneben gab es gegen Anordnungen der unteren Abgabenbehörden, die nicht unmittelbar mit der Festsetzung von Steuerschulden zusammenhingen (Steuerstrafsachen, Festsetzung von Verspätungs- und Verzugszuschlägen usw.)

---

294 *Ernst,* Besteuerung privater Industriebetriebe, S. 100 m.w.N.; *Töben,* Besteuerung des deutsch-deutschen Wirtschaftsverkehrs, S. 107. Eine Verwaltungsgerichtsbarkeit würde im Widerspruch zur marxistisch-leninistischen Staatslehre stehen, da mit ihr die einheitliche, vom Volk getragene, unbeschränkte Staatsgewalt durchbrochen würde. Verwaltungsgerichte gab es daher in der DDR ebenso wenig wie Finanz- und Sozialgerichte. Vgl. hierzu Stichwort: Verwaltungsgerichtsbarkeit, in: DDR-Handbuch, Bd. II, S. 1435.

295 *Ernst,* Besteuerung privater Industriebetriebe, S. 100; *Töben,* Besteuerung des deutsch-deutschen Wirtschaftsverkehrs, S. 107.

296 Vgl. *Ernst,* Besteuerung privater Industriebetriebe, S. 101; *Kitsche,* Steuersystem in der SBZ, S. 47; *Rzesnitzek,* Staatseinnahmen in der DDR, S. 108.

297 GBl. I 1953, S. 867.

298 Vgl. *Ernst,* Besteuerung privater Industriebetriebe, S. 100; *Frenkel,* Steuerverwaltung und Steuerrecht in der SBZ, S. 98 f.; *Kitsche,* Steuersystem in der SBZ, S. 48.

ein einstufiges Beschwerdeverfahren in Abgabensachen. Die Beschwerde musste innerhalb von zwei Wochen beim Rat des Bezirkes eingelegt werden, der endgültig zu entscheiden hatte.[299]

Gegen Erlass-, Stundungs- und andere Billigkeitsanträge gab es überhaupt keine förmlichen Rechtsmittel.[300]

Auch die Neufassung der Abgabenordnung der DDR im Jahre 1970 änderte nichts an der Situation, denn sie enthielt keine Regelungen zu Rechtsbehelfen in Steuersachen.[301]

Am 4. Januar 1972 trat schließlich die Verordnung über das Beschwerdeverfahren bei der Erhebung von Steuern und Abgaben[302] in Kraft, die die zuvor genannte Verordnung und die Erste Durchführungsbestimmung außer Kraft setzte. Auch diese Verordnung sah nur eine rein verwaltungsmäßige Prüfung der behördlichen Steuerverwaltungstätigkeit vor. Der Steuerpflichtige konnte nach dieser Verordnung „*gegen die auf der Grundlage von Steuergesetzen und anderen Rechtsvorschriften von den örtlichen Räten im Verfahren der Erhebung von Steuern und Abgaben [...] erlassenen Steuerbescheide und andere Bescheide [...]*" Beschwerde einlegen. Diese musste mündlich oder schriftlich und begründet innerhalb einer Frist von vier Wochen nach Zugang des Bescheides beim Rat des Kreises, der Stadt oder der Gemeinde, die den Bescheid erlassen hatte, eingelegt werden. Wurde die Beschwerde beim Rat des Kreises eingelegt, musste der Leiter der Abteilung Finanzen des Rates des Kreises nach ihrem Eingang innerhalb einer Frist von vier Wochen entscheiden. Wurde der Beschwerde nicht oder nicht in vollem Umfang stattgegeben, musste sie innerhalb dieser Frist dem Rat des Bezirkes, Abteilung Finanzen, zugeleitet werden, dessen Leiter innerhalb weiterer vier Wochen endgültig zu entscheiden hatte. Wurde die Beschwerde beim Rat einer kreisangehörigen Stadt oder einer Gemeinde eingelegt, entschied der Bürgermeister oder das vom Rat der Stadt bzw. der Gemeinde beauftragte Mitglied des Rates innerhalb einer Frist von zwei Wochen nach Eingang der Beschwerde. Wurde der Beschwerde nicht oder nicht in vollem Umfang stattgegeben, musste sie innerhalb dieser Frist dem Rat des Kreises, Abteilung Finanzen, zugeleitet werden. Hier hatte das für Finanzen zuständige Ratsmitglied des Rates des Kreises innerhalb von weiteren vier Wochen über die Beschwerde endgültig zu entscheiden. Eine gerichtliche Kontrolle fand darüber hinaus nicht statt.[303] Damit wurde der Rechtsschutz ab 1972 erheblich verkürzt,

---

299 Vgl. *Ernst,* Besteuerung privater Industriebetriebe, S. 101; *Frenkel*, Steuerverwaltung und Steuerrecht in der SBZ, S. 99; *Kitsche,* Steuersystem in der SBZ, S. 48.

300 Vgl. *Frenkel*, Steuerverwaltung und Steuerrecht in der SBZ, S. 99; *Kitsche,* Steuersystem in der SBZ, S. 48.

301 *Dürr,* DStZ 1990, S. 586.

302 GBl. II 1972, S. 17.

303 Vgl. *Dürr,* DStZ 1990, S. 586; *Schulz,* DStR 1990, S. 306, 308; *Töben,* Besteuerung des deutsch-deutschen Wirtschaftsverkehrs, S. 108 f.

denn im Unterschied zum zuvor gültigen dreistufigen Rechtsmittelverfahren fehlte es an einer Berufungsinstanz.

Unabhängig von diesen Rechtsmittelverfahren konnte der Steuerpflichtige eine Beschwerde in Form einer Eingabe an die Volksvertretungen, ihre Abgeordneten oder andere staatliche Einrichtungen vorbringen.[304]

An der fehlenden gerichtlichen Kontrolle der Entscheidungen der Steuerverwaltung änderten auch das Gesetz über die Zuständigkeit und das Verfahren der Gerichte zur Nachprüfung von Verwaltungsentscheidungen vom 14. Dezember 1988[305] sowie das Gesetz zur Anpassung von Regelungen über Rechtsmittel der Bürger und zur Festlegung der gerichtlichen Zuständigkeit für die Nachprüfung von Verwaltungsentscheidungen vom 14. Dezember 1988[306] nichts. Danach war die gerichtliche Kontrolle von Verwaltungsentscheidungen nur möglich, soweit dies ausdrücklich in den Gesetzen oder anderen Rechtsvorschriften bestimmt war. Mangels einer entsprechenden Verweisung war der Gerichtsschutz gegen Steuerbescheide jedoch nicht eröffnet.[307]

Eine Forderung nach der Gewährung gerichtlichen Rechtsschutzes auch in Abgabenangelegenheiten enthielt erst der Staatsvertrag über die Schaffung einer Währungs-, Wirtschafts- und Sozialunion vom 18. Mai 1990[308]. Art. 6 des Staatsvertrages garantierte in Übereinstimmung mit Art. 19 Abs. 4 GG den umfassenden gerichtlichen Rechtsschutz gegenüber Akten der öffentlichen Gewalt, einschließlich eines effektiven einstweiligen Rechtsschutzes. Soweit in Fällen öffentlich-rechtlicher Streitigkeiten keine besonderen Gerichte bestanden, waren Spezialspruchkörper bei den ordentlichen Gerichten zuständig.[309]

Dieser Forderung kamen schließlich die zum 1. Juli 1990 in Kraft getretene Abgabenordnung der DDR vom 22. Juni 1990[310] und das am selben Tag in Kraft getretene Gesetz über die Zuständigkeit und das Verfahren der Gerichte zur Nachprüfung von Verwaltungsentscheidungen vom 29. Juni 1990[311], welches für Angelegenheiten der Finanzgerichtsbarkeit auf die Abgabenordnung verwies, nach. Sie enthielt Regelungen zum gerichtlichen Rechtsschutz in Steuersachen, die im Wesentlichen mit den Regelungen in der bundesdeutschen Abgabenordnung von 1977 übereinstimmten.[312]

---

304 Art. 103 Abs. 1 der Verfassung der DDR v. 6.4.1968; Art. 103 Abs. 1 der Verfassung der DDR v. 7.10.1974. Vgl. hierzu auch Stichwort: Eingaben, in: DDR-Handbuch, Bd. I, S. 317; *Töben,* Besteuerung des deutsch-deutschen Wirtschaftsverkehrs, S. 110.

305 GBl. I 1988, S. 327, in Kraft getreten am 1.7.1989.

306 GBl. I 1988, S. 329.

307 *Dürr,* DStZ 1990, S. 586.

308 GBl. I 1990, S. 331; BGBl. II 1990, S. 518.

309 *Dürr,* DStZ 1990, S. 586.

310 GBl. Sonderdruck Nr. 1428.

311 GBl. I 1990, S. 595.

312 Vgl. *Dürr,* DStZ 1990, S. 586 f.; *Wachenhausen,* StuW 1990, S. 268, 270.

Die Rechtslage auf dem Gebiet der DDR änderte sich nochmals durch den Einigungsvertrag vom 31. August 1990[313] mit Wirkung ab dem Beitritt am 3. Oktober 1990. Dadurch erlangten die bundesdeutsche Abgabenordnung von 1977 sowie die Finanzgerichtsordnung in der DDR Geltung. Für den gerichtlichen Rechtsschutz in Steuersachen waren bis zur Schaffung selbständiger Finanzgerichte auf dem Gebiet der ehemaligen DDR besondere Senate für Finanzrecht zuständig, die bei den Bezirksgerichten Dresden, Erfurt, Magdeburg, Potsdam und Schwerin eingerichtet wurden.[314]

Bis 1990 gab es somit auf dem Gebiet der ehemaligen DDR keinen gerichtlichen Rechtsschutz, sondern lediglich einen rein verwaltungsmäßigen Rechtsweg in Steuersachen, der ab 1972 erheblich verkürzt war. Die so hervorgerufene Rechtsunsicherheit wurde zusätzlich durch folgende Aspekte verstärkt:

Die Informationsmöglichkeiten zur Rechtslage waren unzureichend. Neben den Steuergesetzen musste der Steuerpflichtige eine Fülle von Verwaltungsvorschriften heranziehen, um die Rechtslage zu erfassen und den Einspruch bzw. die Beschwerde begründen zu können. Erschwert wurde dies noch dadurch, dass die eigentliche Interpretation der veröffentlichten Rechtsnormen durch nicht veröffentlichte interne Verwaltungsanweisungen oder Ministerratsbeschlüsse erfolgte. Hinzu kamen das mangelnde und vielfach politisch ausgerichtete Fachliteraturangebot sowie die fehlende öffentliche Auswertung der Spruchpraxis.[315]

Zudem war eine sachkundige Interessenvertretung auf Seiten der Steuerpflichtigen kaum möglich, da das Betätigungsfeld der freien steuerberatenden Berufe immer mehr eingeengt wurde, private Steuerberater ab 1964 überhaupt nicht mehr zugelassen waren und das Steuerrecht aus der juristischen Ausbildung herausgelöst wurde.[316]

Auf der anderen Seite erfolgte die Beschwerdeprüfung seitens der Steuerverwaltungsbehörden nicht unabhängig und unvoreingenommen. Zum einen waren die einzelnen Instanzen durch Weisungsbefugnisse direkt verbunden und hielten bei schwierigen Besteuerungsfällen bereits vor der Steuerfestsetzung mit der übergeordneten Instanz Rücksprache. Zum anderen war die Beschwerdeprüfung durch die mangelnde fachliche Ausbildung und die politisch-ideologische Ausrichtung[317] der mit der verwaltungsmäßigen Kontrolle befassten Verwaltungsangestellten geprägt. In die Entscheidungsfindung wurde nicht selten die Stellung des Steuerpflichtigen in der Gesellschaftsordnung einbezogen, so dass

313 BGBl. II 1990, S. 889.

314 Vgl. *Dürr,* DStZ 1990, S. 586, 587; *ders.,* DStZ 1991, S. 651.

315 Vgl. *Ernst,* Besteuerung privater Industriebetriebe, S. 72 ff. u. 75 f.; *Schulz,* DStR 1990, S. 306, 308.

316 Vgl. *Kitsche,* Steuersystem in der SBZ, S. 55; *Schulz,* DStR 1990, S. 306, 308; Stichwort: Steuerberater, in: DDR-Handbuch, Bd. II, S. 1310 f.

317 Vgl. hierzu 2. Kapitel H. IV.

insbesondere private Unternehmer keinen ihren Interessen entsprechenden Rechtsschutz erwarten konnten.[318]

Hinzu kam, dass für eine gewissenhafte und sorgfältige Prüfung vielfach auch die erforderlichen Hilfsmittel, wie Gesetzestexte oder sonstige Unterlagen aus den zurückliegenden Berufungsjahren, fehlten.[319]

Zusammenfassend lässt sich feststellen, dass es in der DDR keine unabhängige Rechtsprechung auf dem Gebiet der Steuern gab, der Rechtsschutz suchende Steuerpflichtige einer schwerwiegenden Rechtsunsicherheit ausgesetzt war und nur eine einheitlich politische und daraus abgeleitete rechtliche Behandlung seiner Eingabe erwarten konnte.

---

318 Vgl. *Ernst,* Besteuerung privater Industriebetriebe, S. 101 f.; *Frenkel,* Steuerverwaltung und Steuerrecht in der SBZ, S. 98; *Schulz,* DStR 1990, S. 306, 308.

319 *Frenkel,* Steuerverwaltung und Steuerrecht in der SBZ, S. 98.

Drittes Kapitel: Die Abgabenordnung der DDR und ihr Verhältnis zum Grundgedanken eines rechtsstaatlichen Verwaltungsverfahrens

A. Grundlegendes zur Abgabenordnung der DDR

I. Historische Entwicklung

Die Abgabenordnung der DDR entwickelte sich auf der Basis der Reichsabgabenordnung.

Die Reichsabgabenordnung vom 13. Dezember 1919[320] trat am 23. Dezember 1919 in Kraft.[321] Der Entwurf der Reichsabgabenordnung stammte von Enno Becker[322]. Zu der Zeit der Entstehung der Reichsabgabenordnung gab es weder eine Vorlage noch einen Entwurf für eine solche Abgabenordnung. Es existierten keine steuerrechtlichen Grundsätze, steuerjuristischen Begriffsbildungen oder technischen Terminologien. Anhaltspunkte lieferten zunächst alleine die einzelnen Textausgaben der Steuergesetze. Daher wurden bei der Ausarbeitung der Reichsabgabenordnung ein Großteil der zivilrechtlichen und zivilprozessrechtlichen Vorschriften für das Besteuerungsverfahren umgeprägt, Erkenntnisse der allgemeinen Verwaltungslehre sowie der Rechtsprechung des Reichsgerichts verarbeitet sowie viele Vorschriften für den allgemeinen Teil des sachlichen Steuerrechts und für das verwaltungsrechtliche und strafrechtliche Steuerverfahrensrecht neu entwickelt.[323] Im Ergebnis wurde so auf dem Gebiet des Steuerrechts ein Mantelgesetz geschaffen, welches erstmals rechtseinheitlich die Regeln des allgemeinen materiellen Steuerrechts, des Besteuerungsverfahrens sowie des Steuerstrafrechts zusammenfasste. Damit galt die Reichsabgabenord-

---

320 RGBl. 1919, S. 1993.

321 Im Einzelnen zur Entstehung der RAO *v. Bockelberg,* BB 1976, S. 1185; *Cordes,* Reichsabgabenordnung; *Grund,* DStZ/A 1969, S. 145 f.; *Koch,* DStZ/A 1976, S. 451 ff.; *Tipke,* AöR 94 (1969), S. 224 f.; *ders.,* FR 1969, S. 299 f.; *ders.,* StuW 1990, S. 74 f.

322 Enno Becker war Oberlandesgerichtsrat am Oberlandesgericht Oldenburg, Referent in verschiedenen Ministerien und Justiziar bei der Eisenbahnverwaltung. Im Nebenamt war er richterliches Mitglied des Oldenburgischen Oberverwaltungsgerichts und hatte sich dort als Berichterstatter intensiv mit Fragen des Verwaltungs- und Steuerrechts beschäftigt. Der Grund, warum sich das Verwaltungsgericht zu damaliger Zeit vielfach mit Steuerfällen befassen musste, war der, dass es an einer speziellen Finanzgerichtsbarkeit noch fehlte. Vgl. hierzu *v. Bockelberg,* BB 1976, S. 1185; *Grund,* DStZ/A 1969, S. 145; *Koch,* DStZ/A 1976, S. 451; *Lang,* in: Tipke/Lang, Steuerrecht, § 2 Rn. 11; *Tipke,* AöR 94 (1969), S. 224 f.

323 Vgl. *v. Bockelberg,* BB 1976, S. 1185; *Grund,* DStZ/A 1969, S. 145 f.; *Tipke,* StuW 1990, S. 74; *ders.,* AöR 94 (1969), S. 224, 225.

nung als Fortschritt der Kodifikation, denn bis 1918 gab es auf dem Gebiet des Steuerrechts lediglich eine Vielzahl von Einzelgesetzen, die durch überwiegend voneinander abweichende Bestimmungen über die Steuerschuld, die Steuerhaftung, den Behördenaufbau, das Ermittlungsverfahren sowie die Rechtsmittel gekennzeichnet waren.[324] Trotzdem stellte die Reichsabgabenordnung kein Steuergrundgesetz dar. Die steuerrechtliche Grundordnung ergab sich hauptsächlich aus der Weimarer Reichsverfassung.[325] Die Reichsabgabenordnung war mit zahlreichen Mängeln behaftet und wurde bereits 1931 neu gefasst. Während der insgesamt 57 Jahre, die die Reichsabgabenordnung in Kraft gewesen ist, hatte sie mehr als 60 Änderungen erfahren müssen, die jedoch überwiegend Einzelfragen betrafen. Teilweise wurden einzelne Rechtsgebiete ausgegliedert und in Sondergesetzen und Verordnungen niedergelegt.[326]

Die Reichsabgabenordnung von 1919 in der Fassung vom 22. Mai 1931[327] war nach 1945 zunächst in der sowjetischen Besatzungszone Deutschlands und später auf dem Gebiet der DDR geltendes Recht.[328] Sie wurde jedoch alsbald grundlegend umgestaltet. Einzelne Fragenkomplexe wurden neu geregelt und ausgegliedert. Dies betraf insbesondere die Rechtsmittelvorschriften, die aufgehoben und in einer Verordnung neu geregelt wurden.[329] Zudem entsprach die Reichsabgabenordnung weder dem veränderten Aufbau noch den veränderten Aufgabenbereichen bzw. Arbeitsweisen der Steuerverwaltungsorgane[330], so dass auch diesbezüglich Neuregelungen getroffen wurden. Ebenso hatte man in zahlreichen anderen Fragen von der Reichsabgabenordnung abweichende Regelungen getroffen, die den „*Erfordernissen der sich entwickelnden sozialistischen Gesellschaftsordnung*“ gerecht werden sollten.[331] Damit waren die allgemeinen steuerrechtlichen Regelungen nicht mehr im Wesentlichen in der Abgabenordnung zusammengefasst, sondern auf zahlreiche Rechtsnormen außerhalb der Abgabenordnung verteilt. Die frühere Reichsabgabenordnung galt nur noch in Teilen. Die dadurch hervorgerufene Unübersichtlichkeit und Kompliziertheit des allgemeinen Steuerrechts sollte durch eine Reform beseitigt werden.[332]

---

324 Vgl. *Hensel,* StuW 1924, S. 963, 974; *Koch,* DStZ/A 1976, S. 451, 453; *Tipke,* AöR 94 (1969), S. 224, 225; *ders.,* FR 1969, S. 299.

325 *Tipke,* StuW 1990, S. 74 mit Verweis auf Art. 134 der Weimarer Reichsverfassung v. 11.8.1919, RGBl. 1919, S. 1383.

326 Vgl. *v. Bockelberg,* BB 1976, S. 1185; *Grund,* DStZ/A 1969, S. 145, 146; *Koch,* DStZ/A 1976, S. 451; *Tipke,* FR 1969, S. 299, 301; *v. Wedelstädt,* DB 1995, S. 7.

327 RGBl. I 1931, S. 161.

328 *Frenkel,* JR 1957, S. 47, 51; *Vogel,* DFW 1956, S. 766, 767; *Walther,* DFW 1956, S. 982.

329 Vgl. *Frenkel,* JR 1957, S. 47, 51; *Vogel,* DFW 1956, S. 766, 767.

330 Zu den Änderungen betreffend die Steuerverwaltung siehe 2. Kapitel H.

331 *Vogel,* DFW 1956, S. 766, 767.

332 Vgl. *Ernst,* Besteuerung privater Industriebetriebe, S. 76; *Frenkel,* JR 1957, S. 47, 51; *Vogel,* DFW 1956, S. 766, 767 f.; *Walther,* DFW 1956, S. 982 f.

Eine Neufassung der Abgabenordnung erfolgte jedoch erst im Jahre 1970. Die Abgabenordnung der DDR in der Fassung vom 18. September 1970 galt bis Mitte 1990. Am 1. Juli 1990 trat die neue Abgabenordnung der DDR vom 22. Juni 1990 in Kraft, die im Wesentlichen mit der bundesdeutschen Abgabenordnung von 1977 übereinstimmte.[333]

II. Bedeutung

Die Abgabenordnung der DDR in der Fassung vom 18. September 1970 enthielt grundlegende Bestimmungen zur Besteuerung. Sie fasste zahlreiche verfahrensrechtliche und sonstige allgemeine steuerrechtliche Regelungen, die für eine Vielzahl einzelner Steuergesetze gemeinsam galten, zusammen. Hierdurch waren nicht nur die Einzelsteuergesetze entlastet, sondern es konnten wichtige Gebiete des Steuerrechts weitgehend einheitlich geregelt und behandelt werden. Der Abgabenordnung der DDR kann bei näherer Betrachtung jedoch nicht der Charakter eines Mantelgesetzes, wie es im Zusammenhang mit der bundesdeutschen Abgabenordnung verstanden wird[334], zugesprochen werden. Allgemeines Steuerrecht war teilweise in anderen Gesetzen[335], besonderen Verordnungen[336] und hierzu ergangenen Durchführungsbestimmungen[337] festgelegt.

III. Aufbau und Grundzüge

Der Umstand, dass sich die Abgabenordnung der DDR in der Fassung vom 18. September 1970 auf der Basis der Reichsabgabenordnung von 1919 in der Fassung vom 22. Mai 1931 entwickelte, kommt besonders bei näherer Betrachtung des Aufbaus und der Grundzüge zum Ausdruck.

Beide Abgabenordnungen waren übereinstimmend in „Einleitende Vorschriften" sowie in einen „Ersten Teil" und einen „Zweiten Teil" gegliedert. Auch die Untergliederungen sowie die Bezeichnungen der einzelnen Abschnitte dieser Teile waren identisch. Nicht in die Abgabenordnung der DDR übernom-

---

333 *Dürr,* DStZ 1990, S. 586 f.

334 Zur Bedeutung der bundesdeutschen Abgabenordnung siehe *Helmschrott/Schaeberle/Scheel,* Abgabenordnung, S. 1 f.; *Lammerding,* AO/FGO, S. 21; *Lang,* in: Tipke/Lang, Steuerrecht, § 2 Rn. 10 ff.

335 So wurde z.B. das Steuerstrafrecht ins Strafgesetzbuch der DDR ausgelagert.

336 Z.B.: Verordnung über die Berechnung von Steuern und Beiträgen zur Sozialversicherung sowie über die Entrichtung von Abschlagszahlungen (Selbstberechnungsverordnung) v. 19.1.1961, GBl. II 1961, S. 35; Verordnung über die Erhebung von Zuschlägen und Stundungszinsen für Steuern, Verbrauchsabgaben, Beiträge zur Sozialversicherung und andere Abführungen (Zuschlagsverordnung) v. 19.1.1961, GBl. II 1961, S. 39.

337 Z.B.: Erste Durchführungsbestimmung zur Zuschlagsverordnung v. 27.1.1961, GBl. II 1961, S. 40; Dritte Durchführungsbestimmung zur Selbstberechnungsverordnung v. 15.12.1972, GBl. II 1972, S. 857.

men wurde jedoch der ursprünglich in der Reichsabgabenordnung enthaltene „Dritte Teil“, der Vorschriften über das Steuerstrafrecht und Strafverfahren enthielt. Das Steuerstrafrecht befand sich teilweise im Strafgesetzbuch der DDR[338].

Von den 489 Paragraphen, die die Reichsabgabenordnung umfasste, wurde nur etwa die Hälfte in die Abgabenordnung der DDR übernommen. Die nicht übernommenen Paragraphen wurden trotzdem aufgeführt und mit den Zusätzen „gegenstandslos“, „gestrichen“ oder „aufgehoben“ versehen. Von einer neuen Paragraphierung wurde abgesehen. Die übrigen Vorschriften entsprachen weitgehend denen der Reichsabgabenordnung, wobei vereinzelt inhaltliche und sprachliche Änderungen vorgenommen wurden. Daneben wurden einige neue Paragraphen hinzugefügt.

Der Aufbau und die Grundzüge der Abgabenordnung der DDR werden im Folgenden dargestellt.

1. Einleitende Vorschriften

Im ersten Abschnitt der einleitenden Vorschriften befanden sich Regelungen über steuerliche Grundbegriffe, wie Steuern (§ 1 Abs. 1 AO/DDR), Gesetz und Steuergesetze im Sinne der Abgabenordnung (§ 2 AO/DDR).

Es folgte im zweiten Abschnitt die Bestimmung des Anwendungsbereiches der Abgabenordnung der DDR (§ 3 AO/DDR). Die §§ 4 bis 8, die in der Reichsabgabenordnung Vorschriften über die Anwendbarkeit auf Realsteuern, bestimmte Verkehrsteuern und andere Steuern der Länder, Gemeinden und Religionsgesellschaften enthielten, waren in der Abgabenordnung der DDR gegenstandslos. Neu eingefügt wurde die Regelung, dass Rechtsvorschriften, aus denen sich ein weitreichendes Anwendungsgebiet der Abgabenordnung ergab, unberührt blieben (§ 8a AO/DDR).

Der dritte Abschnitt enthielt lediglich eine neu eingefügte Vorschrift zur Befreiung bestimmter Personen, Personenvereinigungen, Körperschaften und Vermögensmassen von der Einkommen- und Vermögensteuer nach bestimmten steuerrechtlichen Grundsätzen (§ 11a AO/DDR). Die §§ 9 bis 11, die in der Reichsabgabenordnung Regelungen zu steuerrechtlichen Grundsätzen, mithin zur Auslegung von Steuergesetzen, zur Umgehung der Steuerpflicht durch den Missbrauch zivilrechtlicher Formen und Gestaltungsmöglichkeiten sowie zu behördlichen Ermessensentscheidungen enthielten, waren in der Abgabenordnung der DDR gestrichen worden.

Der vierte Abschnitt befasste sich mit den Befugnissen des Ministers der Finanzen, zur Durchführung der Steuergesetze Durchführungsbestimmungen und Anordnungen zu erlassen (§ 12 AO/DDR) oder abweichend von den steuer-

338 Siehe z.B. § 176 des Strafgesetzbuches der DDR v. 12.1.1968 i.d.F. v. 19.12.1974, GBl. I 1975, S. 14.

lichen Rechtsvorschriften bestimmte Maßnahmen anzuordnen (§§ 13 bis 15 AO/DDR).

2. Erster Teil – Allgemeine Vorschriften

Der erste Abschnitt regelte das Steuergeheimnis (§ 22 AO/DDR). Die §§ 17 bis 21 AO/DDR waren gegenstandslos. Sie enthielten in der Reichsabgabenordnung Vorschriften zu den Behörden.

Auch die im zweiten bis vierten Abschnitt der Reichsabgabenordnung enthaltenen Vorschriften zu den Finanzämtern, den Landesfinanzämtern und zum Reichsfinanzhof wurden nicht in die Abgabenordnung der DDR übernommen; die §§ 24 bis 66 AO/DDR waren gegenstandslos.

Der fünfte Abschnitt umfasste Vorschriften über die Ausschließung und Ablehnung von Mitarbeitern staatlicher Organe in Steuersachen (§§ 67 und 68 AO/DDR). Nicht in die Abgabenordnung der DDR übernommen wurde die Vorschrift zur Befangenheit von Amtsträgern (§ 69 RAO) und die Ablehnung eines Auskunftsgesuchs von Aufsichtsratsmitgliedern zur Wahrung von Geschäfts- oder Betriebsgeheimnissen (§ 70 RAO).

3. Zweiter Teil – Besteuerung

Der zweite Teil enthielt im ersten Abschnitt allgemeine Vorschriften. Hierzu zählten zunächst die Verfahrensvorschriften über die örtliche Zuständigkeit (§§ 71 bis 79 AO/DDR). Es folgten Vorschriften zur Berechnung von Fristen (§ 82 AO/DDR) sowie deren Verlängerung (§ 83 AO/DDR), zum Fristbeginn und zur Dauer bei Rückkehr des Steuerpflichtigen in die DDR (§ 84 AO/DDR) sowie zur Nachsicht wegen Versäumung einer Ausschlussfrist, mithin einer Rechtsmittelfrist (§ 87 AO/DDR). Ferner wurde im Einzelnen geregelt, wie Bescheide im Besteuerungsverfahren zuzustellen waren (§§ 88 bis 90 AO/DDR). Im Folgenden enthielt die Abgabenordnung Vorschriften zu den Steuerverwaltungsakten, die als Verfügungen bezeichnet wurden. Geregelt wurden die Bekanntgabe (§ 91 AO/DDR) sowie die gesetzlichen Voraussetzungen für Änderungen von Verfügungen (§§ 92 bis 96 AO/DDR). Zu den allgemeinen Vorschriften im ersten Abschnitt zählten ferner sachliche Vorschriften. Neben der Entstehung und Fälligkeit des Steueranspruchs (§§ 97 bis 100 AO/DDR) wurden die Geschäftsfähigkeit in Steuersachen, die Vertretung und Bevollmächtigung sowie die Haftung für Steuerschulden geregelt (§§ 102 bis 121 AO/DDR). Ferner umfassten diese sachlichen Vorschriften Regelungen zu Zahlungen von Steuern oder sonstigen Geldleistungen (§§ 122 bis 125 AO/DDR), deren Stundung, Erlass sowie zu entsprechenden Sicherheitsleistungen durch den Steuerpflichtigen (§§ 127 bis 142 AO/DDR). Anschließend wurde die Verjährung des Steueranspruchs geregelt (§§ 143 bis 149 AO/DDR). Abschließend enthielt der erste Abschnitt des zweiten Teils Vorschriften über Erstattungs- und Vergütungsansprüche (§§ 150 bis 159 AO/DDR).

Der zweite Abschnitt des zweiten Teils befasste sich mit der Ermittlung und Festsetzung der Steuer. Dazu wurden im ersten Unterabschnitt zunächst die zur Ermittlung und Festsetzung der Steuer erforderlichen Pflichten der Steuerpflichtigen und anderer Personen aufgeführt. Hierzu zählten im Allgemeinen die Pflichten zur Führung von Büchern und Aufzeichnungen sowie die Pflichten zur Anzeige oder Meldung bestimmter Ereignisse, die zu Änderungen hinsichtlich der Steuerpflicht führen konnten (§§ 160 bis 165e AO/DDR). Darüber hinaus waren dem Steuerpflichtigen zahlreiche Pflichten im Zusammenhang mit der Abgabe von Steuererklärungen auferlegt (§§ 166 bis 174 AO/DDR). Daneben war geregelt, in welchen Fällen bzw. in welchem Umfang andere, nicht als Steuerpflichtige beteiligte Personen die Pflicht hatten, Auskünfte zu erteilen, Einsicht zu gewähren oder Gutachten vorzulegen (§§ 175 bis 186 AO/DDR). Zudem enthielt die Abgabenordnung der DDR Vorschriften über Anzeigepflichten bestimmter Personen, wie Treuhänder, Vertreter, Pfandgläubiger, Vermögensverwalter usw. (§§ 187 und 187a AO/DDR) sowie über Beistandspflichten von staatlichen Notaren, Einzelnotaren, Verbänden und Vertretungen von Berufsgruppen, staatlichen Organen und ihren Mitgliedern (§§ 188 bis 189d AO/DDR). Auch hinsichtlich der Steuerkontrolle waren dem Steuerpflichtigen und anderen Personen bestimmte Pflichten auferlegt (§§ 190 bis 201 AO/DDR). Die Vornahme bestimmter Handlungen durch den Steuerpflichtigen konnte unter bestimmten Voraussetzungen durch die Auferlegung von Zwangsgeldern unmittelbar erzwungen werden (§ 202 AO/DDR). Im Anschluss daran enthielt die Abgabenordnung der DDR zahlreiche Vorschriften zum Ermittlungs- und Festsetzungsverfahren (§§ 204 bis 227 AO/DDR). Die ursprünglich im zweiten Abschnitt der Reichsabgabenordnung enthaltenen Rechtsmittelvorschriften wurden nicht in die Abgabenordnung der DDR übernommen.

IV. Anwendungsbereich

Der Anwendungsbereich der Abgabenordnung der DDR erstreckte sich auf alle Steuern und auf die Verbrauchsabgaben (§ 3 AO/DDR). Darüber hinaus waren die Vorschriften der Abgabenordnung der DDR auch auf die ökonomische Abgabe der landwirtschaftlichen Produktionsgenossenschaften anwendbar. Vom Anwendungsbereich ausgenommen waren dagegen die Abgaben der volkseigenen Wirtschaft.

B. Das Verhältnis der Abgabenordnung der DDR zum Grundgedanken eines rechtsstaatlichen Verwaltungsverfahrens

Nachdem die Grundlagen der Abgabenordnung der DDR dargestellt wurden, soll im Folgenden deren Verhältnis zum Grundgedanken eines rechtsstaatlichen Verwaltungsverfahrens untersucht werden.

I. Grundzüge eines rechtsstaatlichen Verwaltungsverfahrens

1. Allgemeines zum Rechtsstaatsprinzip

Das Rechtsstaatsprinzip ist ein wesentliches Strukturprinzip im Grundgesetz. Es wird zwar nicht in Art. 20 Abs. 1 GG, jedoch in Art. 23 Abs. 1 GG und in Art. 28 Abs. 1 GG (als Strukturprinzip für die Verfassungsordnung der Länder) explizit erwähnt. Darüber hinaus werden Teilelemente des Rechtsstaatsprinzips an anderer Stelle im Grundgesetz näher konkretisiert. Daraus wird im Allgemeinen abgeleitet, dass das Rechtsstaatsprinzip zu den von Art. 20 Abs. 1 GG gewährleisteten Verfassungsprinzipien gehört und damit auch im Wege der Verfassungsänderung nicht beseitigt werden kann (Art. 79 Abs. 3 GG). Das BVerfG[339] zählt das Rechtsstaatsprinzip zu den elementaren Prinzipien des Grundgesetzes.[340]

Der Begriff der Rechtsstaatlichkeit lässt sich nicht ohne weiteres konkret definieren. Rechtsstaat bedeutet zunächst einmal, dass die Ausübung der staatlichen Macht nur auf der Grundlage der Verfassung und im Rahmen der Gesetze zulässig ist. Das Rechtsstaatsprinzip erschöpft sich jedoch nicht in der Rechtsförmlichkeit der staatlichen Machtausübung, sondern umfasst auch materielle Werte, wie zum Beispiel die Gerechtigkeit.[341]

Die einzelnen Elemente des Rechtsstaatsprinzips werden in der Literatur sehr uneinheitlich aufgeführt. Im Kern handelt sich jedoch um folgende:

- Grundsatz der Gewaltenteilung (Art. 20 Abs. 2 S. 2 und Abs. 3 GG);
- Verfassungsbindung aller staatlichen Gewalt (Art. 20 Abs. 3 GG, Art. 1 Abs. 3 GG – im Hinblick auf die Grundrechte; Art. 97 Abs. 1 GG – für die Rechtsprechung);

---

339 So z.B. BVerfGE 1, 14, 18; BVerfGE 2, 380, 403; BVerfGE 7, 89, 92 f.; BVerfGE 20, 323, 331.

340 Vgl. *Jarass,* in: Jarass/Pieroth, GG, Art. 20 Rn. 28 ff.; *Maurer,* Staatsrecht I, § 8 Rn. 1 f.; *Schulze-Fielitz,* in: Dreier, GG, Art. 20 Rn. 40.

341 Im Einzelnen hierzu *Ipsen,* Staatsrecht I, § 13 Rn. 750 f.; *Jarass* in: Jarass/Pieroth, GG, Art. 20 Rn. 30; *Schulze-Fielitz,* in: Dreier, GG, Art. 20 Rn. 46 ff.

- Gesetzmäßigkeit der Verwaltung (Gesetzesvorrang, Gesetzesvorbehalt, Bestimmtheit von Ermächtigungen);
- Grundsatz der Gewährleistung effektiven Rechtsschutzes (Art 19 Abs. 4 GG);
- Gebot der Verhältnismäßigkeit staatlichen Handelns;
- Gewährleistung des Vertrauensschutzes;
- Grundsatz der Gerechtigkeit (Art. 20 Abs. 3 GG);
- Grundsatz der Verantwortlichkeit des Staates und sonstiger Verwaltungsträger für dem Einzelnen durch die Ausübung hoheitlicher Befugnisse widerrechtlich zugefügte Schäden (Art. 34 GG und § 839 BGB).[342]

2. Der Grundsatz der Rechtsstaatlichkeit im Verwaltungsverfahren

Das Rechtsstaatsprinzip gilt als grundlegendes Prinzip für die Verwaltung und das Verwaltungsrecht.[343] Die Einwirkungen des Rechtsstaatsprinzips auf das Verwaltungsrecht sind vielfältig und zahlreich. Da das Verhältnis der Abgabenordnung der DDR zum Grundgedanken eines rechtsstaatlichen Verwaltungsverfahrens untersucht werden soll, ist im Folgenden jedoch nur auf die grundlegendsten rechtsstaatlichen Anforderungen an die Organisation und das Verfahren der öffentlichen Verwaltung einzugehen.

In organisatorischer Hinsicht verlangt das Rechtsstaatsprinzip insbesondere klare, für den Bürger verständliche Zuständigkeiten und Verantwortlichkeiten. In verfahrensrechtlicher Hinsicht muss demjenigen, der vom Verfahrensergebnis unmittelbar in seinen Rechten beeinträchtigt werden kann, die Möglichkeit gegeben werden, Einfluss auf das Verfahren oder dessen Ergebnis nehmen zu können[344]. Erforderlich ist demnach grundsätzlich eine Anhörung oder Beiladung des möglicherweise Betroffenen. Der Verfahrensbeteiligte hat zudem das Recht, sich prinzipiell eines Bevollmächtigten oder eines Beistands bedienen zu dürfen. Ein rechtsstaatlich faires Verwaltungsverfahren gebietet ferner die Verpflichtung zur umfassenden Aufklärung der Sach- und Rechtslage, den Ausschluss von befangenen Amtswaltern sowie die Begründung und Bekanntmachung von Verwaltungsakten. Darüber hinaus lassen sich zwischen dem Rechtsstaatsprinzip und den Verfahrensregeln weitere sachliche Verbindungen feststellen, wie der Grundsatz der Rechtssicherheit, der Bestimmtheit und der Klarheit. Ferner lassen sich aus dem Rechtsstaatsprinzip in Verbindung mit anderen verfassungs-

---

342 Im Einzelnen zu den Kernelementen des Rechtsstaatsprinzips *Hofmann,* in: Schmidt-Bleibtreu/Hofmann/Hopfauf, GG, Art. 20 Rn. 59 ff.; *Jarass,* in: Jarass/Pieroth, GG, Art. 20 Rn. 31 ff.; *Maurer,* Staatsrecht I, § 8 Rn. 11 ff.; *Schulze-Fielitz,* in: Dreier, GG, Art. 20 Rn. 39 u. 66 ff.; *Sommermann,* in: v. Mangoldt/Klein/Starck, GG, Art. 20 Rn. 248 ff.

343 *Ehlers,* in: Erichsen/Ehlers, § 6 Rn. 17.

344 Siehe hierzu auch BVerfGE 101, 397, 405.

rechtlichen Prinzipien die Grundsätze der Öffentlichkeit und der Transparenz des Verwaltungsverfahrens ableiten.[345]

Der rechtsstaatliche Grundsatz der Gewährung effektiven Rechtsschutzes (Art. 19 Abs. 4 GG) hat gleichfalls Auswirkungen auf das vorausgehende Verwaltungsverfahren. Dieses darf nicht so geführt werden, dass die Erlangung individuellen Rechtsschutzes unmöglich oder wesentlich erschwert wird. Demzufolge müssen rechtsbeeinträchtigende Verwaltungsentscheidungen bekannt gegeben und begründet werden. Den Behörden ist zudem eine Aktenführungspflicht auferlegt, die in besonderen Fällen zu einer genauen Dokumentationspflicht ausgeweitet werden kann.[346]

II. Untersuchung der Abgabenordnung der DDR im Hinblick auf rechtsstaatliche Verfahrensanforderungen

1. Organisatorische Anforderungen

Im Hinblick auf die organisatorischen Anforderungen stellt sich zunächst die Frage nach der hinreichend bestimmten und für den Bürger verständlichen Regelung der Zuständigkeiten.

Die Abgabenordnung der DDR enthielt in den §§ 71 bis 79 Vorschriften zur örtlichen Zuständigkeit im Besteuerungsverfahren. § 71 AO/DDR verwies zunächst auf die §§ 72 bis 75 AO/DDR, nach denen sich die örtliche Zuständigkeit für die Besteuerung nach dem Einkommen, dem Ertrag, dem Vermögen und dem Umsatz richtete, sofern nichts anderes bestimmt war. § 72 AO/DDR enthielt Bestimmungen zur örtlichen Zuständigkeit für die gesonderten Feststellungen sowie für Maßnahmen der Steuerkontrolle. § 74 AO/DDR regelte die örtliche Zuständigkeit für die Besteuerung nach dem Erbschaftsteuergesetz. Soweit nicht die Vorschriften der §§ 72 und 74 AO/DDR zur Anwendung kamen, richtete sich die örtliche Zuständigkeit nach den §§ 73 und 73a AO/DDR. Für die Besteuerung nach dem Einkommen, dem Ertrag, dem Vermögen und dem Umsatz bestimmte § 75 AO/DDR noch den Zeitpunkt des Beginns und des Endens der örtlichen Zuständigkeit des Rates des Kreises, Abteilung Finanzen. Anschließend regelte § 76 AO/DDR die örtliche Zuständigkeit für die nicht in § 71

---

345 Vgl. zum Vorstehenden *Ehlers,* in: Erichsen/Ehlers, § 6 Rn. 23; *Jarass,* in: Jarass/Pieroth, GG, Art. 20 Rn. 31a f.; *Kopp,* Verfassungsrecht und Verwaltungsverfahrensrecht, S. 54 ff; *Kunig,* Rechtsstaatsprinzip, S. 36 ff.; *Schmidt-Aßmann,* in: Isensee/Kirchhof, HStR, Bd. I, § 24 Rn. 75 ff.; *Wolff,* Allgemeines Verwaltungsrecht, S. 121 Rn. 13.

346 Vgl. hierzu *Huber,* in: v. Mangoldt/Klein/Starck, GG, Art. 19 Rn. 483 ff.; *Kopp,* Verfassungsrecht und Verwaltungsverfahrensrecht, S. 148 ff.; *Schmidt-Aßmann,* in: Hoffmann-Riem/Schmidt-Aßmann/Voßkuhle, § 5 Rn. 74.; *ders.,* in: Maunz/Dürig, GG, Art. 19 Rn. 248 ff.

AO/DDR bezeichneten Fälle. Hierzu zählten die Besteuerung nach dem Grunderwerbsteuergesetz, nach dem Rennwett- und Lotteriegesetz, nach dem Beförderungsteuergesetz und die Erhebung der Verbrauchsabgaben. Für die Fälle, dass sich die Zuständigkeit eines bestimmten Rates des Kreises, Abteilung Finanzen, für einen einzelnen Fall oder für gewisse Arten von Fällen aus den Steuergesetzen nicht herleiten ließ, hatte gemäß § 77 AO/DDR der Minister der Finanzen den zuständigen Rat des Kreises, Abteilung Finanzen, zu bestimmen. Weiterhin regelte § 78 AO/DDR, dass ein anderer Rat des Kreises, Abteilung Finanzen, aus Zweckmäßigkeitsgründen die Besteuerung von dem nach den Vorschriften der Steuergesetze örtlich zuständigen Rat des Kreises, Abteilung Finanzen, übernehmen konnte. Abschließend bestimmte § 79 AO/DDR, dass die fehlende örtliche Zuständigkeit kein Unwirksamkeitsgrund für Handlungen eines Rates des Kreises, Abteilung Finanzen, war.

Die zuvor dargestellten Vorschriften über die örtliche Zuständigkeit waren hinreichend bestimmt und verständlich, so dass der Steuerpflichtige grundsätzlich erkennen konnte, welcher Rat des Kreises, Abteilung Finanzen, für den jeweiligen Besteuerungstatbestand örtlich zuständig war.

Bedenklich ist, dass in der Abgabenordnung der DDR gesonderte Angaben zu sachlichen Zuständigkeiten der Finanzbehörden fehlten. Die Vorschriften über die örtliche Zuständigkeit lassen jedoch darauf schließen, dass in jedem Fall der örtlich zuständige Rat des Kreises, Abteilung Finanzen, auch sachlich zuständig war.

Ebenfalls nicht in der Abgabenordnung der DDR geregelt waren die Zuständigkeiten im Beschwerdeverfahren bei der Erhebung von Steuern und Abgaben. Diese waren außerhalb der Abgabenordnung in der bereits erwähnten Verordnung über das Beschwerdeverfahren bei der Erhebung von Steuern und Abgaben vom 4. Januar 1972 festgelegt.[347] Hierzu gab es jedoch keinen Hinweis in der Abgabenordnung der DDR, so dass für den Bürger nicht ohne weiteres ersichtlich war, an wen die Beschwerde gerichtet werden musste oder wie das Beschwerdeverfahren ablief. Er musste sich erst mit den entsprechenden Vorschriften der Verordnung auseinandersetzen.

Gleiches galt für die Vollstreckung wegen Geldforderungen der Staatsorgane und staatlichen Einrichtungen gegenüber Bürgern, Betrieben der privaten Wirtschaft und juristischen Personen außerhalb des Bereiches der sozialistischen Wirtschaft. Diesbezüglich waren die Verantwortlichkeiten in der Verordnung über die Vollstreckung wegen Geldforderungen der Staatsorgane und staatlichen Einrichtungen vom 6. Dezember 1968[348] festgelegt.

Im Ergebnis bleibt festzuhalten, dass die Abgabenordnung der DDR nur die örtliche Zuständigkeit im Besteuerungsverfahren hinreichend bestimmt und für

347 Siehe 2. Kapitel I.

348 GBl. II 1969, S. 61.

den Bürger verständlich regelte. Demzufolge erfüllte die Abgabenordnung der DDR die rechtsstaatlichen Anforderungen an die Organisation nur lückenhaft.

2. Verfahrensrechtliche Anforderungen

Bleibt im Folgenden zu untersuchen, inwieweit die Abgabenordnung der DDR die rechtsstaatlichen Anforderungen an das Verfahren erfüllte.

a. Beteiligung des möglicherweise Betroffenen

Im Hinblick auf das rechtsstaatliche Erfordernis einer Beteiligung, insbesondere Anhörung oder Beiladung, der vom Verfahrensergebnis möglicherweise Betroffenen ist Folgendes festzustellen:

Die Abgabenordnung der DDR enthielt mehrere Vorschriften zur Beteiligung des Steuerpflichtigen im Rahmen des Ermittlungs- und Festsetzungsverfahrens. Der Rat des Kreises, Abteilung Finanzen, hatte zur Erforschung der steuerpflichtigen Fälle die Angaben des Steuerpflichtigen zu prüfen (§ 204 Abs. 1 AO/DDR), was darauf schließen lässt, dass der Steuerpflichtige die Gelegenheit hatte, sich zu bestimmten Tatsachen zu äußern. Zur Erörterung der Steuerpflicht von Personen, die in der DDR einen Wohnsitz hatten oder sich in der DDR dauernd oder vorübergehend aufhielten, konnte der Rat des Kreises, Abteilung Finanzen, Auskünfte, Unterlagen oder sonstige Nachweise von diesen Personen sowie deren persönliches Erscheinen verlangen (§ 204 Abs. 2 AO/DDR). Im Rahmen der Prüfung der Steuererklärungen hatte der Steuerpflichtige bei Bedenken gegen die Richtigkeit auf Verlangen des Rates des Kreises, Abteilung Finanzen, mündliche Auskünfte zu erteilen (§ 205 Abs. 2 AO/DDR). Ferner musste eine vorherige Äußerung des Steuerpflichtigen dann erfolgen, wenn von der Steuererklärung zu seinen Ungunsten wesentlich abgewichen werden sollte (§ 205 Abs. 3 AO/DDR). Darüber hinaus hatte der Steuerpflichtige im Ermittlungsverfahren bei Bedarf weitere Auskünfte zu erteilen, bevor der Steuerbescheid erging (§§ 205a bis 209 AO/DDR).

Wenn auch die Abgabenordnung der DDR keine dem § 91 der bundesdeutschen Abgabenordnung entsprechende Vorschrift zur Anhörung Beteiligter enthielt, so war dem Steuerpflichtigen in der DDR trotzdem vielfach die Möglichkeit gegeben, sich zu den für die Entscheidung erheblichen Tatsachen zu äußern.

b. Recht der Einschaltung eines Bevollmächtigten oder Beistands

Zu dem Recht des Verfahrensbeteiligten, sich eines Bevollmächtigten oder Beistands bedienen zu dürfen, enthielt die Abgabenordnung der DDR folgende Regelungen: Wer zur Erfüllung seiner Pflichten oder zur Wahrnehmung seiner Rechte nicht in der Lage war, hatte die Möglichkeit, sich durch einen Bevollmächtigten vertreten zu lassen (§ 107 Abs. 1 AO/DDR). Ferner konnte sich der Steuerpflichtige in jeder Lage des Verfahrens eines Beistands bedienen (§ 107

Abs. 5 S. 1 AO/DDR). Bevollmächtigte und Beistände, die aus der Erteilung von Rat und Hilfe in Steuersachen ein Geschäft machten oder denen es an der Fähigkeit zum geeigneten schriftlichen oder mündlichen Vortrag mangelte, konnten zurückgewiesen werden (§ 107 Abs. 2 und Abs. 5 S. 2 AO/DDR). Hiervon ausgenommen waren Rechtsanwälte und Notare (§ 107 Abs. 3 und Abs. 5 S. 2 AO/DDR), nicht jedoch Steuerberater. Im Übrigen lag die Zulassung von Bevollmächtigten in der Kompetenz des Rates des Kreises, Abteilung Finanzen, dem es auch unbenommen blieb, sich neben dem Bevollmächtigten an den Steuerpflichtigen selbst zu wenden (§ 107 Abs. 4 AO/DDR). Verfahrenshandlungen oder Vorträge des zurückgewiesenen Bevollmächtigten oder Beistands blieben ohne Wirkung (§ 107 Abs. 6 AO/DDR). Dies entspricht im Grunde der derzeit geltenden Regelung in § 80 der bundesdeutschen Abgabenordnung.

c. *Umfassende Sach- und Rechtsaufklärung*

Des Weiteren muss der Frage nachgegangen werden, inwieweit dem Erfordernis einer umfassenden Sach- und Rechtsaufklärung im Besteuerungsverfahren der DDR nachzukommen war.

Das Steuerrecht der DDR postulierte einen Untersuchungsgrundsatz (§ 204 Abs. 1 AO/DDR). Danach hatte der Rat des Kreises, Abteilung Finanzen, im Ermittlungs- und Festsetzungsverfahren die steuerpflichtigen Fälle zu erforschen und die tatsächlichen und rechtlichen Verhältnisse zu ermitteln, die für die Steuerpflicht und die Bemessung der Steuer wesentlich waren. Grundsätzlich mussten Angaben der Steuerpflichtigen auch zu ihren Gunsten geprüft werden. Zur Feststellung, ob Personen, die in der DDR einen Wohnsitz hatten oder sich in der DDR dauernd oder vorübergehend aufhielten, der Steuer unterlagen, konnte der Rat des Kreises, Abteilung Finanzen, von den entsprechenden Personen Auskünfte, das Vorlegen von Unterlagen oder sonstige Nachweise verlangen und notfalls das persönliche Erscheinen dieser Personen anordnen (§ 204 Abs. 2 AO/DDR). Ferner hatte der Rat des Kreises, Abteilung Finanzen, die Steuererklärungen zu prüfen. In diesem Zusammenhang konnte er durch schriftliche Aufforderung verlangen, dass fehlende Angaben ergänzt und Zweifel an unrichtigen Angaben beseitigt wurden (§ 205 Abs. 1 AO/DDR). Bei Bedenken gegen die Richtigkeit der Steuererklärung hatten die Mitarbeiter des Rates des Kreises, Abteilung Finanzen, die Möglichkeit, weitere Ermittlungen anzustellen und Auskünfte einzuholen (§ 205 Abs. 2 AO/DDR). Der umfassenden Sach- und Rechtsaufklärung diente auch das Recht des Rates des Kreises, Abteilung Finanzen, das Vorlegen von Büchern und Geschäftspapieren zu verlangen (§ 207 AO/DDR). Der Besteuerung waren Bücher und Aufzeichnungen zugrundezulegen, die nach den Steuergesetzen oder anderen Gesetzen[349] zu führen und für die Besteuerung von Bedeutung waren (§§ 160 Abs. 1 und 208 AO/DDR). Steuerpflichtige, die Handelsbücher im Sinne des Handelsgesetzbuches zu führen hatten, mussten auf Verlangen eine Abschrift der Bilanzen oder der Gewinn- und Verlustrechnung vorlegen (§ 172 AO/DDR). Zur Aufklärung der Sachlage konnten die Mitarbeiter des Rates des Kreises, Abteilung Finanzen, und ihre Beauftragten auch Grundstücke oder Räume der Steuerpflichtigen betreten, um im Steuerinteresse notwendige Abschätzungen vorzunehmen (§ 173 Abs. 1 AO/DDR). Darüber hinaus normierte die Abgabenordnung der DDR zahlreiche Pflichten anderer Personen zur Auskunft, zur Einsichtsgewährung und zur Gutachtenerstellung (§§ 175 ff. AO/DDR). Es bestanden umfassende Anzeigepflichten (§§ 187 ff. AO/DDR) und Beistandspflichten (§§ 188 ff. AO/DDR).

Im Ergebnis bleibt festzuhalten, dass der Rat des Kreises, Abteilung Finanzen, die Sach- und Rechtslage umfassend zu ermitteln hatte und hierzu zahlreiche Möglichkeiten in Anspruch nehmen konnte. Für den Fall, dass die Besteuerungsgrundlagen nicht ermittelt oder berechnet werden konnten, hatte der Rat des Kreises, Abteilung Finanzen, diese zu schätzen (§ 217 Abs. 1 AO/DDR). Demnach wurde dem Erfordernis einer umfassenden Sach- und Rechtsaufklärung in der Abgabenordnung der DDR hinreichend Rechnung getragen.

d. Ausschluss von befangenen Amtswaltern

Zum Ausschluss von befangenen Amtswaltern im Besteuerungsverfahren traf die Abgabenordnung der DDR keine Aussagen. Die ursprünglich in § 69 der Reichsabgabenordnung enthaltene Regelung zur Befangenheit von Amtsträgern wurde nicht übernommen. Die Abgabenordnung der DDR enthielt lediglich eine dem § 82 der bundesdeutschen Abgabenordnung vergleichbare Regelung zur Ausschließung und Ablehnung von Mitarbeitern staatlicher Organe (§ 67 AO/DDR). Danach sollte in Steuersachen nicht mitwirken:

- wer selbst beteiligt war;
- wessen Angehöriger beteiligt war;
- wer für einen Beteiligten als gesetzlicher Vertreter oder als Bevollmächtigter aufzutreten berechtigt war;
- wer Mitarbeiter eines Beteiligten oder Mitglied des Aufsichtsrates einer beteiligten Gesellschaft war;

---

349 Andere Gesetze waren insbesondere die Rechtsvorschriften, die auf der Grundlage der Verordnung über das einheitliche System von Rechnungsführung und Statistik vom 12.5.1966, GBl. II 1966, S. 445, erlassen worden sind. Die genannte Verordnung wurde durch die Verordnung über Rechnungslegung und Statistik vom 20.6.1975, GBl. I 1975, S. 585, außer Kraft gesetzt. Später galt dann die Verordnung über Rechnungslegung und Statistik vom 11.7.1985, GBl. I 1985, S. 261.

- wer bei einer angefochtenen Entscheidung mitgewirkt hatte, mit Ausnahme der Entscheidung über einen Einspruch (§ 67 Abs. 1 AO/DDR).

Die Mitwirkung solcher Mitarbeiter bei Handlungen der für die Besteuerung zuständigen Organe war für sich allein jedoch kein Unwirksamkeitsgrund (§ 68 AO/DDR). In Bezug auf den Ausschluss von befangenen Amtswaltern erfüllte die Abgabenordnung der DDR die rechtsstaatlichen Anforderungen demnach nicht in vollem Umfang.

e. Bekanntmachung und Begründung von Steuerverwaltungsakten

Des Weiteren verlangt ein rechtsstaatliches Verfahren, insbesondere im Hinblick auf den Grundsatz der Gewährleistung effektiven Rechtsschutzes, die Bekanntmachung und Begründung von Verwaltungsakten. Es stellt sich somit die Frage, inwieweit diesen Anforderungen in der Abgabenordnung der DDR entsprochen wurde.

In der Abgabenordnung der DDR wurden die Steuerverwaltungsakte begrifflich als Verfügungen bezeichnet (§ 91 Abs. 1 AO/DDR). Die Wirksamkeit solcher Verfügungen erforderte deren Bekanntgabe. Sie mussten demjenigen zugehen, für den sie ihrem Inhalt nach bestimmt waren (§ 91 Abs. 1 S. 1 AO/DDR). Eine öffentliche Bekanntmachung oder Auslegung von Listen genügte, soweit diese nach den Steuergesetzen zugelassen war (§ 91 Abs. 1 S. 2 AO/DDR). Die Zustellung von Verfügungen war nur erforderlich, wenn dies ausdrücklich geregelt war (§ 91 Abs. 1 S. 3 AO/DDR). Anwesenden konnte eine Verfügung auch mündlich bekannt gegeben werden, wobei ihnen auf Verlangen eine Abschrift der Verfügung zu erteilen war (§ 91 Abs. 2 AO/DDR). Zur Bekanntgabe von Bescheiden im Besteuerungsverfahren regelte die Abgabenordnung der DDR, dass diese durch einfachen, verschlossenen Brief zugesandt (§ 88 Abs. 1 AO/DDR), übergeben (§ 88 Abs. 2 AO/DDR) oder durch eingeschriebenen Brief zugestellt (§ 88 Abs. 3 AO/DDR) werden konnten. Die Zusendung oder Zustellung galt mit dem dritten Tag nach der Aufgabe zur Post als erfolgt, es sei denn, dass der Empfänger nachweisen konnte, dass ihm das zuzustellende Schriftstück nicht innerhalb dieser Zeit zugegangen war (§ 88 Abs. 5 AO/DDR). In bestimmten Fällen mussten Steuerpflichtige einen Vertreter in der DDR bestellen, der zum Empfang von Schriftstücken ermächtigt war (§ 89 S. 1 AO/DDR). Wurde dies unterlassen, galt das Schriftstück mit der Aufgabe zur Post als zugesandt (§ 89 S. 2 AO/DDR). War der Aufenthaltsort desjenigen, an den das Schriftstück zugesandt werden sollte, nicht zu ermitteln, konnte die Zusendung an ihn dadurch bewirkt werden, dass das Schriftstück an einem Aushang des staatlichen Organs angeheftet wurde (§ 90 S. 1 AO/DDR). In diesen Fällen galt die Bekanntgabe als bewirkt, wenn seit der Anheftung zwei Wochen verstrichen waren (§ 90 S. 2 AO/DDR). Zur Bekanntgabe von Steuerbescheiden als wichtigste Gruppe der Steuerverwaltungsakte war zusätzlich bestimmt, dass diese verschlossen zuzusenden waren (§ 211 Abs. 3 S. 1 AO/DDR). Der Minister der Finanzen konnte darüber hinaus andere Formen der Bekanntgabe zulassen (§ 211 Abs. 3 S. 2 AO/DDR). Vergleicht man diese Vorschriften mit den Regelungen zur Bekanntgabe von Verwaltungsakten in den §§ 122 ff. der bundesdeutschen Abgabenordnung, so können größtenteils Übereinstimmungen festgestellt werden.

Zur Frage der Begründung von Verwaltungsakten enthielt die Abgabenordnung der DDR keine dem § 121 der bundesdeutschen Abgabenordnung entsprechende Regelung. Sie regelte lediglich, welchen Inhalt ein schriftlich zu erteilender Steuerbescheid haben musste. Neben der Höhe der Steuer (§ 211 Abs. 1 AO/DDR) sollte der Steuerbescheid eine Belehrung über mögliche Rechtsmittel und hierfür vorgesehene Fristen (§ 211 Abs. 2 Nr. 1 AO/DDR), die Besteuerungsgrundlagen (§ 211 Abs. 2 Nr. 2 AO/DDR), den Zeitpunkt, den Ort sowie die Art der Entrichtung der Steuer (§ 211 Abs. 2 Nr. 3 AO/DDR) und die Punkte, in denen von der Steuererklärung abgewichen wurde (§ 211 Abs. 2 Nr. 4 AO/DDR), enthalten. Eine darüber hinaus gehende Begründungspflicht normierte die Abgabenordnung der DDR jedoch nicht.

f. Schriftlichkeit von Steuerverwaltungsakten

Ein weiterer, aus dem Rechtsstaatsprinzip abgeleiteter Grundsatz ist die Rechtssicherheit. Diese erfordert zunächst die Schriftlichkeit des Verwaltungsaktes. In den in der Abgabenordnung der DDR zu den Steuerverwaltungsakten („Verfügungen") enthaltenen Vorschriften wird nicht ausdrücklich eine Schriftlichkeit verlangt. Die zuvor dargestellten Regelungen zur Bekanntgabe von Steuerverwaltungsakten setzten jedoch grundsätzlich deren schriftliche Erteilung voraus. Auch in dem Fall der mündlichen Bekanntgabe gegenüber einem Anwesenden war diesem auf Verlangen eine Abschrift der Verfügung zu erteilen (§ 91 Abs. 2 AO/DDR). Für Steuerbescheide war die schriftliche Erteilung ausdrücklich vorgeschrieben (§ 211 Abs. 1 AO/DDR). Diesbezüglich erfüllte die Abgabenordnung der DDR demnach die rechtsstaatlichen Anforderungen.

g. Korrektur von Steuerverwaltungsakten[350]

Weiterhin verlangt der aus dem Grundsatz der Rechtsstaatlichkeit abzuleitende Gedanke der Rechtssicherheit den Schutz des Vertrauens des Bürgers auf den Bestand behördlicher Entscheidungen (Vertrauens- und Bestandsschutz). Dieser wird im Besteuerungsverfahren dadurch gewährt, dass Korrekturen von Steuerverwaltungsakten und Steuerbescheiden nur unter bestimmten, gesetzlich festgelegten Bedingungen erfolgen können. Diese Voraussetzungen waren in der Abgabenordnung der DDR in den §§ 92 bis 94 und 222 bis 226 festgelegt und werden im Folgenden überblicksweise dargestellt.

---

350 Vgl. zum Folgenden auch *Spiller,* DFW-Staatshaushalt 1958, S. 108 ff.

Steuerverwaltungsakte („Verfügungen") konnten bis zu ihrer Bekanntgabe zurückgenommen, geändert oder ersetzt werden (§ 92 Abs. 1 AO/DDR). Steuerverwaltungsakte, die aufgrund einer mündlichen Verhandlung bekannt gegeben wurden, waren nach ihrer Bekanntgabe nicht mehr abänderbar (§ 92 Abs. 2 AO/DDR). Im Umkehrschluss folgte daraus, dass die nicht in einer mündlichen Verhandlung bekannt gegebenen Steuerverwaltungsakte nach ihrer Bekanntgabe nicht ohne weiteres, aber bei Vorliegen bestimmter Voraussetzungen zurückgenommen oder geändert werden konnten. So bestand in erster Linie bei offenbaren Unrichtigkeiten, wie Schreibfehlern, Rechenfehlern usw., die Möglichkeit, Steuerverwaltungsakte auch nach der Bekanntgabe noch zu berichtigen (§ 92 Abs. 3 AO/DDR).

Über die Korrektur von offenbaren Unrichtigkeiten hinaus gab es weitere nachträgliche Änderungsmöglichkeiten. Ein Steuerverwaltungsakt konnte vom staatlichen Organ nachträglich, also nach Bekanntgabe, geändert oder zurückgenommen werden, wenn er sich als ungerechtfertigt, d.h. unzulässig oder unzweckmäßig, herausstellte (§ 93 AO/DDR). Diese nachträgliche generelle Korrekturmöglichkeit für Steuerverwaltungsakte erfuhr jedoch weitgehende Einschränkungen, die die praktisch wichtigsten Steuerverwaltungsakte betrafen. Steuerbescheide, Feststellungsbescheide und andere Bescheide, wie z.B. Berichtigungs-, Haftungs-, Abrechnungs- oder Erstattungsbescheide, konnten nur zurückgenommen oder geändert werden, wenn der Steuerpflichtige zustimmte oder seinem Antrag entsprochen wurde (§ 94 Abs. 1 S. 1 AO/DDR). Das Zustimmungserfordernis schloss jedoch nicht aus, dass eine Berichtigung nach den §§ 222 ff. AO/DDR auch ohne Zustimmung des Steuerpflichtigen stattfinden konnte, wenn die dort genannten Voraussetzungen erfüllt waren (§ 94 Abs. 3 AO/DDR). Unanfechtbar gewordene Bescheide konnten nur auf der Grundlage der Rechtsvorschriften zurückgenommen oder geändert werden (§ 94 Abs. 1 S. 2 AO/DDR). Als weitere Einschränkung der generellen Korrekturmöglichkeit von Steuerverwaltungsakten im Falle der Unzulässigkeit oder Unzweckmäßigkeit (§ 93 AO/DDR) bestimmte die Abgabenordnung der DDR, dass Festsetzungen von Zwangsmitteln, Sicherungsgeldern oder Steuerzuschlägen nur zu Gunsten der Betroffenen zurückgenommen oder geändert werden konnten (§ 95 AO/DDR). Des Weiteren durften begünstigende Steuerverwaltungsakte, wie z.B. Anerkennungen, Genehmigungen, Bewilligungen oder Erlaubnisse, soweit nicht Widerruf oder weitere Bedingungen vorbehalten waren, nur zurückgenommen oder eingeschränkt werden:

- bei Erlass durch ein sachlich unzuständiges Organ;
- bei Änderung der tatsächlichen Verhältnisse;
- bei Erlass aufgrund objektiv unrichtiger oder irreführender Angaben der Beteiligten;
- bei Nichterfüllung von Bedingungen oder Verpflichtungen, die dem Beteiligten bei Gewährung der Vergünstigung auferlegt worden waren;

- bei Nichtleistung einer nachträglich geforderten Sicherheit (§ 96 Abs. 1 AO/DDR).

Eine Rücknahme mit rückwirkender Kraft war nur möglich, wenn der begünstigende Steuerverwaltungsakt durch unlautere Mittel, wie Täuschung, Zwang, Bestechung usw., veranlasst wurde (§ 96 Abs. 2 AO/DDR).

Die bisher dargestellten Vorschriften umfassten noch nicht die Voraussetzungen für die Änderung der Bescheide für Steuern, wenn der Steuerpflichtige nicht zustimmte. Diese Regelung befand sich in der Abgabenordnung der DDR im Abschnitt über das Ermittlungs- und Festsetzungsverfahren (§§ 222 ff. AO/DDR). Danach war bei Steuern mit einer mehr als einjährigen Verjährungsfrist die Änderung eines schriftlich erteilten Bescheides (Steuerbescheid, Steuermessbescheid, Freistellungsbescheid oder Feststellungsbescheid) nur möglich:

- bei Bekanntwerden neuer Tatsachen oder Beweismittel, die eine höhere Veranlagung rechtfertigten;
- bei Bekanntwerden neuer Tatsachen oder Beweismittel durch eine Betriebsprüfung, die eine niedrigere Veranlagung rechtfertigten;
- bei Aufdeckung von Fehlern in der Tatsachenerfassung oder rechtlichen Beurteilung bei einer Nachprüfung durch das übergeordnete zuständige staatliche Organ, deren Berichtigung eine höhere Veranlagung rechtfertigte (dies galt nicht für die Steuern vom Einkommen, vom Ertrag, vom Umsatz und vom Vermögen, ausschließlich der Erbschaftsteuer);
- bei Aufdeckung von Fehlern bei einer Nachprüfung durch das übergeordnete zuständige staatliche Organ, deren Berichtigung eine niedrigere Veranlagung rechtfertigte (§ 222 Abs. 1 AO/DDR).

Für alle vorgenannten Änderungen war Voraussetzung, dass sie innerhalb der Verjährungsfrist erfolgten. Eine Berichtigung durfte jedoch nicht auf eine nach Entstehung des Steueranspruchs erlassene Entscheidung des Ministers der Finanzen gegründet werden, in der eine Rechtsfrage im Gegensatz zu einer früheren, einen gleichen Sachverhalt betreffenden Entscheidung entschieden wurde (§ 222 Abs. 2 AO/DDR). Ferner bestimmte die Abgabenordnung der DDR, dass Nachforderungen von Steuern, soweit keine Korrektur nach § 222 AO/DDR möglich war, bis zum Ablauf der Verjährungsfrist zulässig waren (§ 223 AO/DDR). Bei ausgesetzter oder vorläufiger Steuerfestsetzung aufgrund bedingter, befristeter oder sonst ungewisser Verhältnisse war die Steuerfestsetzung nachzuholen oder zu berichtigen, sobald die Ungewissheit beseitigt war (§ 225 S. 1 AO/DDR). Nach Ablauf des Jahres, das auf die Beseitigung der Ungewissheit folgte, konnte der Steuerpflichtige die Berichtigung nicht mehr beantragen (§ 225 S. 2 AO/DDR). Eine Berichtigung zum Nachteil des Steuerpflichtigen war unzulässig, wenn der Anspruch auf Nachzahlung verjährt war (§ 225 S. 3 AO/DDR). Die Ersetzung von Feststellungsbescheiden über Einheitswerte war ebenfalls an bestimmte Voraussetzungen geknüpft (§ 225a AO/DDR). Abschließend war die Berichtigung von Vermögensteuerbescheiden, Steuermessbescheiden und Grundsteuermessbescheiden geregelt (§ 226 AO/DDR).

Anhand der zuvor dargestellten Korrekturmöglichkeiten von Verfügungen (= Steuerverwaltungsakte) ist erkennbar, dass im Besteuerungsverfahren ein gewisser rechtsstaatlich gebotener Vertrauens- und Bestandsschutz gewährleistet war.

h. Bestimmtheit von Steuerverwaltungsakten

Zudem ergibt sich aus dem Rechtsstaatsprinzip der Grundsatz der Bestimmtheit. Steuerverwaltungsakte müssen hinreichend bestimmt sein. Es muss erkennbar sein, gegen wen er Rechtswirkungen entfalten soll, wem gegenüber was festgestellt wurde, von wem was verlangt oder wem was gewährt oder abgelehnt wird. Eine dem § 119 der bundesdeutschen Abgabenordnung entsprechende Vorschrift zur Bestimmtheit eines Verwaltungsakts enthielt die Abgabenordnung der DDR nicht. Sie bestimmte lediglich, welchen Inhalt ein Steuerbescheid haben musste (§ 211 AO/DDR, s.o.).

i. Rechtsbehelfe und Rechtsmittel gegen Entscheidungen der Steuerverwaltung

Ein weitaus wichtigerer rechtsstaatlicher Grundsatz ist die Gewährleistung effektiven Rechtsschutzes (Art. 19 Abs. 4 GG), der in Verbindung mit dem Grundsatz der Rechtssicherheit die Zulässigkeit von Rechtsbehelfen und Rechtsmitteln gegen Entscheidungen der Verwaltung verlangt. Die Abgabenordnung der DDR enthielt keine Regelungen zu Rechtsbehelfen in Steuersachen. Die in den §§ 228 ff. der Reichsabgabenordnung enthaltenen Rechtsmittelvorschriften wurden nicht übernommen. Einen gerichtlichen Rechtsschutz gab es in der DDR nicht. Es bestand lediglich die Möglichkeit eines außergerichtlichen Rechtsbehelfsverfahrens, welches außerhalb der Abgabenordnung in einer entsprechenden Verordnung festgelegt war.[351] Demzufolge erfüllte die Abgabenordnung der DDR nicht das rechtsstaatliche Gebot umfassenden Rechtsschutzes.

3. Ergebnis

Die vorhergehende Untersuchung der Regelungen der Abgabenordnung der DDR im Hinblick auf den Grundgedanken eines rechtsstaatlichen Verwaltungsverfahrens hat Folgendes ergeben: Das in der Abgabenordnung der DDR abgebildete Besteuerungsverfahren entsprach größtenteils den Grundzügen eines rechtsstaatlichen Verwaltungsverfahrens. Wenn auch nicht in allen Einzelheiten, so waren doch zahlreiche Regelungen mit denen der bundesdeutschen Abgabenordnung vergleichbar. Es konnten vereinzelte Abweichungen zu dem Grundgedanken eines rechtsstaatlichen Verwaltungsverfahrens bzw. zur bundesdeut-

---

351 Zum Rechtsschutz in Steuersachen siehe 2. Kapitel I.

schen Abgabenordnung herausgearbeitet werden, wovon die fehlende Regelung zum Rechtsschutz in Steuersachen in der Abgabenordnung der DDR bzw. der generell fehlende gerichtliche Rechtsschutz die Bedeutsamste ist.

Erwähnenswert erscheint an dieser Stelle noch Folgendes: Nach dem Wirksamwerden des Einigungsvertrages bzw. des Beitritts der DDR waren die Finanzbehörden und Gerichte in den neuen Bundesländern in beträchtlichem Umfang mit der Bearbeitung von Anträgen und Eingaben befasst, mit denen Einwendungen gegen Steuerbescheide und sonstige Steuerverwaltungsakte der früheren DDR-Steuerbehörden geltend gemacht wurden. Entsprechende Anträge wurden in der Regel auf Art. 19 des Einigungsvertrages vom 31. August 1990 gestützt, nach dem die vor dem Wirksamwerden des Beitritts ergangenen Verwaltungsakte der DDR zwar grundsätzlich wirksam blieben, jedoch bei Verstößen gegen rechtsstaatliche Grundsätze aufgehoben werden konnten. Bei vielen Steuerverwaltungsakten erübrigte sich jedoch die Überprüfung der Einhaltung rechtsstaatlicher Grundsätze, da sich herausstellte, dass bereits beim Erlass der Bescheide die Bekanntgabevorschriften (§§ 88 ff. AO/DDR) nicht beachtet wurden und diese demnach unwirksam waren.[352] Zweifelhaft erscheint demnach, dass die am Grundgedanken eines rechtsstaatlichen Verwaltungsverfahrens ausgerichteten Vorschriften der Abgabenordnung der DDR auch tatsächlich Beachtung fanden.

352 Vgl. *Dürr,* DStZ 1991, S. 651 ff. Allgemein zur Überprüfung von Steuerverwaltungsakten der früheren DDR-Steuerbehörden *Vordermaier,* DStZ 1991, S. 239 ff.

Viertes Kapitel: Analyse des für die Besteuerung in der DDR maßgebenden Steuerrechts

A. Vorbemerkungen

In den unmittelbaren Nachkriegsjahren galten in allen Besatzungszonen die früheren Reichssteuergesetze unter Beachtung der Kontrollratsgesetzgebung. Erst im Jahre 1970 wurden auf dem Gebiet der DDR die Steuergesetze neugefasst. Durch einen Beschluss der Volkskammer vom 16. September 1970[353] wurde der Ministerrat beauftragt, „*vor dem 8. Mai 1945 ergangene Rechtsvorschriften auf dem Gebiet der Steuern und Abgaben entsprechend den Grundsätzen der Verfassung der DDR unter Berücksichtigung der bisherigen Sonderregelungen neu zu fassen und bekannt zu machen*". Neben den Steuergesetzen sollten auch die aus der Vorkriegszeit stammenden Verordnungen auf dem Gebiet der Steuern und Abgaben entsprechend angepasst werden. In Umsetzung des oben genannten Beschlusses wurden am 18. September 1970 neben der Abgabenordnung folgende Gesetze neu bekannt gegeben:

- Einkommensteuergesetz;
- Körperschaftsteuergesetz;
- Gewerbesteuergesetz;
- Umsatzsteuergesetz;
- Bewertungsgesetz;
- Vermögensteuergesetz;
- Grundsteuergesetz;
- Grunderwerbsteuergesetz;
- Erbschaftsteuergesetz;
- Beförderungsteuergesetz;
- Rennwett- und Lotteriegesetz.[354]

Durch die Neufassung dieser Steuergesetze sollten im Wesentlichen die überholten Vorschriften beseitigt, erneuerte Bezeichnungen durch die Veränderung der Staatsorgane und Verwaltungsstrukturen eingeführt und Vereinfachungen erreicht werden.[355]

Die 1970 neugefassten Steuergesetze galten bis 1990. Auch im Jahre 1990 richtete sich die Besteuerung in der DDR noch nach dem Steuerrecht der DDR,

---

353 GBl. I 1970, S. 361.

354 Ziff. I des Beschlusses über die Bekanntmachung der Neufassung von Rechtsvorschriften auf dem Gebiete der Steuern und Abgaben vom 18.9.1970.

355 Vgl. zum Vorstehenden *Töben,* Besteuerung des deutsch-deutschen Wirtschaftsverkehrs, S. 128 ff.

wobei als wichtigste Rechtsgrundlagen das Einkommensteuergesetz, das Körperschaftsteuergesetz, das Vermögensteuergesetz, das Bewertungsgesetz und das Gewerbesteuergesetz, jeweils in der Fassung vom 18. September 1970, zur Anwendung kamen. Die politische Wende und die damit verbundene grundsätzliche ökonomische Umorientierung blieben jedoch nicht ohne Auswirkungen auf das Steuerrecht der DDR, so dass bereits 1990 erste Änderungen in Kraft traten. Zunächst wurden durch das Steueränderungsgesetz vom 6. März 1990[356] sowie das Steueranpassungsgesetz vom 22. Juni 1990[357] weiterhin geltende Steuerrechtsvorschriften der DDR wesentlich verändert. Das Steueränderungsgesetz zielte auf den Abbau extremer Restriktionen und Steuerbelastungen. Neben der Senkung der Tarife der Einkommen-, Körperschaft- und Vermögensteuer und der Einführung bestimmter Steuervergünstigungen (Sonderabschreibungen usw.) wurden besonders restriktive Gewinnermittlungsvorschriften aufgehoben (z.B. die Nichtabsetzbarkeit von Effektivlöhnen, Spenden und Repräsentationsaufwendungen). Mit dem Steueranpassungsgesetz wurden im Wesentlichen die Gewinnermittlungsvorschriften aus dem Einkommensteuerrecht der Bundesrepublik Deutschland übernommen. Geändert wurde auch die Besteuerung der Einkünfte aus nichtselbständiger Arbeit.[358]

Des Weiteren sah der Staatsvertrag zwischen der Bundesrepublik Deutschland und der DDR vom 18. Mai 1990 weitere Veränderungen des Steuerrechts vor. So traten am 1. Juli 1990 in der DDR verschiedene Steuergesetze in Kraft, die weitgehend von der Bundesrepublik Deutschland übernommen wurden. Dazu zählten in erster Linie das Umsatzsteuergesetz, die Gesetze über die Verbrauchssteuern sowie einige Verkehrsteuergesetze, wie das Versicherung-, Feuerschutz- und Wechselsteuergesetz. Außerdem wurde das steuerliche Verfahrensrecht der Bundesrepublik Deutschland übernommen und damit die 1970 neugefasste Abgabenordnung der DDR abgelöst. Daneben galten auch im zweiten Halbjahr 1990 einige Regelungen des bisherigen DDR-Steuerrechts unverändert weiter. Hierzu zählten das Bewertungsgesetz und die Gesetze über die Gewerbe-, Erbschaft-, Schenkung- und Grundsteuer.[359]

Mit dem Einigungsvertrag vom 31. August 1990 änderte sich die Rechtslage erneut. Dieser sah vor, dass das gesamte bundesdeutsche Steuerrecht mit gewissen, auf die besonderen Verhältnisse der DDR zurückzuführenden Modifikationen zum 1. Januar 1991 im Gebiet der DDR in Kraft treten sollte.

Bis einschließlich 1990 galt auf dem Gebiet der DDR demnach das Steuerrecht der DDR unter Berücksichtigung der zuvor dargestellten Änderungen.

---

356 GBl. I 1990, S. 136.

357 GBl. Sonderdruck Nr. 1427.

358 Vgl. *Broudré/Gliesche,* Besteuerung in den neuen Bundesländern, S. 16; *Fuest/Kroker,* StuW 1990, S. 274 ff.; *Krause/Schulz,* DStR 1990, S. 155 ff.

359 Vgl. *Broudré/Gliesche,* Besteuerung in den neuen Bundesländern, S. 16 ff.; *Wachenhausen,* StuW 1990, S. 268 ff.

Nach einem Überblick über die Gliederung der Steuern in der DDR werden die wesentlichen Rechtsvorschriften der Steuergesetze und Verordnungen der DDR, mit Ausnahme der 1990 eingetretenen Änderungen, dargestellt.

B. Gliederung der Steuern in der DDR

Aufgrund der sozialökonomisch differenzierten Besteuerung gab es viele Möglichkeiten, die Steuern in der DDR zu gliedern. Die Vorschläge reichten von der Gliederung nach dem Ertragsberechtigten, über eine Unterteilung in „*systemtypische Pflichtzahlungen*" der volkseigenen Betrieben und „*nicht-systemtypische Pflichtzahlungen*" der privaten und genossenschaftlichen Wirtschaft, eine Klassifizierung nach der sozialökonomischen Herkunft bis hin zur Einteilung der Steuern in „*allgemeine*" und „*spezielle*" Steuern. Überwiegend wurde von den Finanzwissenschaftlern jedoch eine Gliederung der Steuern nach dem Steuerobjekt vorgenommen.[360] Da eine solche Einteilung einen informativen Überblick über die in der DDR erhobenen Steuern gewährt, soll sie nachfolgend näher dargestellt werden.[361]

A. Steuern vom Vermögen

1. Erbschaft- und Schenkungsteuer
2. Grunderwerbsteuer
3. Vermögensteuer

B. Einnahmesteuern

a) Ertragsteuern

4. Gewerbesteuer
5. Gewinnsteuer
6. Grundsteuer (= Gemeindesteuer)
7. Handwerksteuer
8. Kapitalertragsteuer
9. Lohnsummensteuer
10. Produktionsfondssteuer

---

360 Zu den Gliederungsvorschlägen im Einzelnen *Haase,* Steuern der DDR, S. 12 ff.; *Töben,* Besteuerung des deutsch-deutschen Wirtschaftsverkehrs, S. 86 ff.

361 Quelle: *Haase,* Steuern der DDR, S. 13.

b) Steuern vom Einkommen

11. Steuer vom Arbeitseinkommen (Lohnsteuer)
12. Einkommensteuer
13. Kommissionshandelsteuer
14. Körperschaftsteuer
15. Steuer der PGH-Mitglieder

C. Ausgabensteuern

16. Beförderungsteuer
17. Hundesteuer (= Gemeindesteuer)
18. Kraftfahrzeugsteuer
19. Rennwett- und Lotteriesteuer
20. Umsatzsteuer
21. Vergnügungsteuer (= Gemeindesteuer)

C. Die einzelnen Steuern in der DDR

Zu der nachfolgenden Darstellung der wichtigsten Regelungen zu den einzelnen Steuern in der DDR sei an dieser Stelle angemerkt, dass die Reihenfolge mit einigen Ausnahmen an die zuvor dargestellte Gliederung der Steuern angelehnt ist.

I. Erbschaft- und Schenkungsteuer

1. Steuerpflichtige Vorgänge

Der Erbschaft- bzw. Schenkungsteuer unterlagen folgende steuerpflichtige Vorgänge (§ 1 ErbStG/DDR[362]):

- Erwerbe von Todes wegen (§ 2 ErbStG/DDR);
- Schenkungen unter Lebenden (§ 3 ErbStG/DDR);
- Zweckzuwendungen (§ 4 ErbStG/DDR).

Erfasst waren auch Vor- und Nacherbschaften (§ 7 ErbStG/DDR).

362 Erbschaftsteuergesetz i.d.F. v. 18.9.1970, GBl. Sonderdruck Nr. 678.

2. Persönliche Steuerpflicht

Steuerpflichtig waren Bürger der DDR, es sei denn, dass sie sich seit länger als zwei Jahren dauernd in anderen Staaten aufgehalten hatten, ohne einen Wohnsitz in der DDR gehabt zu haben. Bürger anderer Staaten und Staatenlose waren steuerpflichtig, wenn sie in der DDR einen Wohnsitz oder dauernden Aufenthalt hatten. Ferner waren juristische Personen, nichtrechtsfähige Personenvereinigungen, Anstalten, Stiftungen und andere Zweckvermögen, die ihren Sitz oder den Ort der Leitung in der DDR hatten, steuerpflichtig (§ 8 ErbStG/DDR).

3. Steuerklassen/Steuersätze

Die Erbschaftsteuersätze waren in zweifacher Hinsicht progressiv. Die Belastung wuchs zum einen durch die Festlegung von zwei Steuerklassen in Abhängigkeit vom Verwandtschaftsgrad (§ 9 ErbStG/DDR). In die Steuerklasse I fielen der Ehegatte und die Kinder und in die Steuerklasse II alle übrigen Erwerber und die Zweckzuwendungen. Die beiden Steuerklassen unterschieden sich durch unterschiedlich hohe Steuersätze und durch die Gewährung unterschiedlicher Steuerfreibeträge (§ 17b ErbStG/DDR). Zum anderen waren die Steuersätze auch innerhalb dieser Steuerklassen progressiv, und zwar in Abhängigkeit zur Höhe des steuerpflichtigen Erwerbs (§ 10 ErbStG/DDR):

Tabelle 1.1: Erbschaftsteuersätze

bis einschließlich (Mark)	Steuerklasse I (%)	Steuerklasse II (%)
10.000	4	11
20.000	5	14
30.000	7	17
40.000	9	21
50.000	13	28
100.000	17	36
150.000	23	44
200.000	26	52
300.000	30	63
400.000	32	70
500.000	34	74
600.000	36	77

700.000	38	79
800.000	40	80
900.000	42	80
1.000.000	45	80
über 1.000.000	50	80

4. Entstehung der Steuerschuld

Die Steuerschuld entstand bei Erwerben von Todes wegen grundsätzlich mit dem Tod des Erblassers (§ 14 Abs. 1 Nr. 1 ErbStG/DDR). Abweichend hiervon bestimmte das Gesetz noch weitere Entstehungszeitpunkte (§ 14 Abs. 1 Nr. 1 a) bis h) ErbStG/DDR).

Bei Schenkungen unter Lebenden entstand die Steuer mit dem Zeitpunkt der Ausführung der Zuwendung (§ 14 Abs. 1 Nr. 2 ErbStG/DDR) und bei Zweckzuwendungen mit dem Zeitpunkt des Eintritts der Verpflichtung des Beschwerten (§ 14 Abs. 1 Nr. 3 ErbStG/DDR).

5. Steuerschuldner/Haftung

Steuerschuldner war der Erwerber, bei einer Schenkung auch der Schenker und bei einer Zweckzuwendung der mit der Ausführung der Zuwendung Beschwerte (§ 15 Abs. 1 ErbStG/DDR). Daneben hafteten der Nachlass sowie bei mehreren Erben jeder Erbe in Höhe des aus der Erbschaft Empfangenen für die Steuer der am Erbfall Beteiligten als Gesamtschuldner (§ 15 Abs. 2 ErbStG/DDR). Darüber hinaus gab es weitere Haftungsvorschriften, die jedoch hier nicht näher dargestellt werden sollen (§ 15 Abs. 3 bis 6 ErbStG/DDR).

6. Steuerbefreiungen

Die Steuerfreibeträge betrugen für Personen der Steuerklasse I entweder 20.000 Mark für den überlebenden Ehegatten oder 10.000 Mark für die Kinder sowie für Personen der Steuerklasse II 1.000 Mark (§ 17b ErbStG/DDR).

Neben diesen Steuerfreibeträgen sah das Erbschaftsteuergesetz eine Reihe sachlicher Steuerbefreiungen vor, wie z.B. für Hausrat, Kunstgegenstände und Sammlungen, Ruhegeld oder ähnliche Zuwendungen, Gelegenheitsgeschenke (§ 18 ErbStG/DDR).

Neben den im Gesetz genannten Steuerbefreiungen waren weitere in gesonderten Rechtsvorschriften vorgesehen. Dies betraf Sparguthaben bei einer Sparkasse oder einer Bank in der DDR, Hypothekenpfandbriefe der Deutschen Investitionsbank, Obligationen für den volkseigenen Wohnungsbau und Neubau von staatlichen Einrichtungen sowie Leistungen der staatlichen Versicherung der DDR aus Lebens- und Rentenversicherungen.[363]

Ferner gab es eine bedingte Steuerbefreiung für Mitglieder der landwirtschaftlichen Produktionsgenossenschaften sowie des Kommissionshandels, die nur bei Eintritt in das bestehende Rechtsverhältnis gewährt wurde.[364]

Nicht nur die erwähnte bedingte Steuerbefreiung, sondern auch nichtvorhandene Befreiungstatbestände in Bezug auf privatwirtschaftliches Vermögen machen deutlich, dass auch die Erbschaftsteuer eine „*Klassensteuer*"[365] war.

II. Grunderwerbsteuer

1. Steuergegenstand

Der Grunderwerbsteuer unterlagen Rechtsvorgänge, die Veränderungen der Eigentumsverhältnisse an Grundstücken in der DDR hervorriefen (§§ 1 und 2 GrEStG/DDR[366]).

2. Steuerbefreiungen

Das Grunderwerbsteuergesetz der DDR sah sowohl allgemeine (§ 3 GrEStG/DDR) als auch besondere (§ 4 GrEStG/DDR) Steuerbefreiungen vor. Von den allgemeinen Steuerbefreiungen seien hier der Erwerb eines Grundstücks niedrigen Wertes, der Grundstückserwerb von Todes wegen, die Grundstücksschenkungen im Sinne des Erbschaftsteuergesetzes und der Erwerb von Grundstücken durch mit dem Veräußerer in gerader Linie verwandte Personen hervorgehoben. Zu den besonderen Steuerbefreiungen zählten unter anderem bestimmte Erwerbe von Grundstücken im Rahmen des Kleinwohnungsbaus im Sinne der Vorschriften über die Gemeinnützigkeit im Wohnungswesen, bestimmte Erwerbe im Rahmen des Arbeiterwohnstättenbaus und bestimmte Grundstückserwerbe für diplomatische Zwecke.

Erwähnenswert erscheint in diesem Zusammenhang auch, dass das Grunderwerbsteuergesetz der DDR auf Grundstückserwerbe staatlicher Organe und Einrichtungen, volkseigener Betriebe sowie sozialistischer Genossenschaften der Landwirtschaft keine Anwendung fand.

---

363 Vgl. hierzu die Verordnung über finanzrechtliche Bestimmungen v. 21.9.1971, GBl. II 1971, S. 605.

364 Vgl. hierzu die Verordnung über Erbschaftsteuer-Vergünstigungen v. 14.4.1960, GBl. I 1960, S. 248.

365 So *Haase,* Steuern der DDR, S. 21.

366 Grunderwerbsteuergesetz i.d.F. v. 18.9.1970, GBl. Sonderdruck, Nr. 677.

3. Besteuerungsgrundlage

Besteuerungsgrundlage war grundsätzlich der Wert der Gegenleistung (§§ 10 Abs. 1 und 11 GrEStG/DDR). Bei nicht vorhandener oder nicht zu ermittelnder Gegenleistung, bei der Vereinigung aller Anteile oder beim Übergang aller Anteile einer Gesellschaft und bei entsprechenden schuldrechtlichen Geschäften wurde der Wert des Grundstücks (grundsätzlich Einheitswert – § 12 GrEStG/DDR) zur Berechnung der Steuer herangezogen (§10 Abs. 2 GrEStG/DDR).

4. Steuersatz

Die Steuer betrug 7 % der Besteuerungsgrundlage (§ 13 GrEStG/DDR).

5. Pauschalbesteuerung

Der Rat des Kreises, Abteilung Finanzen, war ermächtigt, im Einvernehmen mit dem Steuerpflichtigen von einer genauen Ermittlung des Steuerbetrages abzusehen und die Steuer pauschal festzusetzen (§ 14 GrEStG/DDR).

6. Steuerschuldner

Steuerschuldner waren:

- regelmäßig: die an dem Erwerbsvorgang als Vertragspartner beteiligten Personen;
- beim Erwerb kraft Gesetzes der bisherige Eigentümer und der Erwerber;
- im Zwangsversteigerungsverfahren der Meistbietende;
- bei der Vereinigung aller Anteile einer Gesellschaft derjenige, in dessen Hand die Anteile vereinigt wurden (§ 15 GrEStG/DDR).

III. Vermögensteuer[367]

1. Persönliche Steuerpflicht

Der unbeschränkten Vermögensteuerpflicht unterlagen:

- natürliche Personen mit Wohnsitz oder gewöhnlichem Aufenthalt in der DDR mit Ausnahme der Mitglieder sozialistischer Genossenschaften der Landwirtschaft;
- Körperschaften, Personenvereinigungen und Vermögensmassen (Kapitalgesellschaften usw.) mit Sitz oder Geschäftsleitung in der DDR (§ 1 Abs. 1 VStG/DDR[368]).

---

367 Vgl. zum Folgenden auch *Ernst,* Besteuerung privater Industriebetriebe, S. 308 ff.; *Töben,* Besteuerung des deutsch-deutschen Wirtschaftsverkehrs, S. 153 ff.

368 Vermögensteuergesetz i.d.F. v. 18.9.1970, GBl. Sonderdruck Nr. 675; Berichtigung, GBl. II 1971, S. 407.

Die unbeschränkte Vermögensteuerpflicht erstreckte sich auf das Gesamtvermögen (§ 1 Abs. 2 VStG/DDR).

Der beschränkten Vermögensteuerpflicht unterlagen:

- Personen, die in der DDR weder einen Wohnsitz noch ihren gewöhnlichen Aufenthalt hatten;
- Körperschaften, Personenvereinigungen und Vermögensmassen, die weder ihre Geschäftsleitung noch ihren Sitz in der DDR hatten (§ 2 Abs. 1 VStG/DDR).

Die beschränkte Vermögensteuerpflicht erstreckte sich nur auf das Vermögen in der DDR (§ 2 Abs. 2 VStG/DDR).

Auf volkseigene Betriebe und sozialistische Genossenschaften fand das Vermögensteuergesetz keine Anwendung.

2. Steuerbefreiungen

Von der Vermögensteuer befreit waren:

- Unternehmen in der Form von Körperschaften, Personenvereinigungen und Vermögensmassen, wenn deren Anteile ausschließlich einem Staatsorgan oder einer staatlichen Einrichtung gehörten und die Erträge ausschließlich diesen Organen oder Einrichtungen zuflossen;
- politische Parteien, gesellschaftliche Organisationen sowie die für ihre Vermögensverwaltung gebildeten juristischen Personen;
- Berufsverbände usw. (§ 3 VStG/DDR).

Erwähnenswert erscheint in diesem Zusammenhang auch die Ermächtigung zu Gunsten des Ministers der Finanzen, bestimmte Gruppen von Erwerbs- und Wirtschaftsgenossenschaften von der Steuer zu befreien oder ihre Besteuerung besonders zu regeln (§ 22 VStG/DDR). Umgekehrt konnte der Minister der Finanzen Personenvereinigungen für unbeschränkt steuerpflichtig erklären und deren Besteuerung regeln (§ 21 VStG/DDR).

3. Bemessungsgrundlage

Bei der Veranlagung zur Vermögensteuer war das Gesamtvermögen der unbeschränkt Steuerpflichtigen mit dem Wert anzusetzen, der nach den §§ 73 bis 75 und 77 BewG/DDR[369] zu ermitteln war (§ 4 Abs. 1 S. 1 VStG/DDR). Bei der Bewertung des Gesamtvermögens waren die Wirtschaftsgüter, für die ein Einheitswert festgestellt werden konnte, mit diesem anzusetzen (§ 73 Abs. 3 BewG/DDR). Zur Ermittlung des Wertes des Gesamtvermögens waren vom Rohvermögen bestimmte Schulden und Lasten abzuziehen (§ 74 BewG/DDR). Bei der

---

369 Bewertungsgesetz i.d.F. v. 18.9.1970, GBl. Sonderdruck Nr. 674. Im Einzelnen zur Bewertung *Ernst,* Besteuerung privater Industriebetriebe, S. 287 ff.

Zusammenveranlagung von Ehegatten (§ 11 Abs. 1 VStG/DDR) wurde deren Vermögen für die Ermittlung des Gesamtvermögens zusammengerechnet (§ 75 Abs. 1 BewG/DDR). Gleiches galt bei der Zusammenveranlagung von Eltern und Kindern unter 18 Jahren (§ 11 Abs. 2 VStG/DDR und § 75 Abs. 2 BewG/DDR).

Bei unbeschränkt Steuerpflichtigen war Bemessungsgrundlage der Wert des in der DDR befindlichen Vermögens (§ 4 Abs. 1 S. 1 VStG/DDR). Dieser war nach den für die Ermittlung des Gesamtvermögens maßgebenden Grundsätzen zu ermitteln, jedoch mit der Einschränkung, dass Schulden und Lasten nur insoweit abgezogen werden konnten, wie sie in wirtschaftlichem Zusammenhang mit dem in der DDR befindlichen Vermögen standen (§ 77 Abs. 3 BewG/DDR). Was zum Inlandsvermögen eines beschränkt Steuerpflichtigen gehörte, war gesondert festgelegt (§ 77 Abs. 2 BewG/DDR).

Bei bestimmten unbeschränkt steuerpflichtigen Kapitalgesellschaften war bei der Veranlagung zur Vermögensteuer das Gesamtvermögen, mindestens jedoch ein gesetzlich festgelegter Vermögensbetrag anzusetzen (§ 4 Abs. 1 S. 2 VStG/DDR). Dieser betrug bei Aktiengesellschaften und Kommanditgesellschaften auf Aktien 50.000 Mark und bei Gesellschaften mit beschränkter Haftung 20.000 Mark (Mindestbesteuerung – § 6 Abs. 1 VStG/DDR). Bei den übrigen unbeschränkt steuerpflichtigen Körperschaften, Personenvereinigungen und Vermögensmassen wurde die Vermögensteuer nur erhoben, wenn das Gesamtvermögen 10.000 Mark überstieg (Besteuerungsgrenze – § 6 Abs. 2 VStG/DDR). Bei beschränkt Steuerpflichtigen fehlte dagegen eine Besteuerungsgrenze.

4. Freigrenzen

Bemerkenswert ist, dass das Vermögensteuerrecht der DDR keine persönlichen Freibeträge kannte, obwohl die Vermögensteuer eine personenbezogene Steuer war. Sie wurde jedoch nicht erhoben, wenn das steuerpflichtige Gesamtvermögen bei unbeschränkt Steuerpflichtigen eine bestimmte Freigrenze nicht überstieg. Diese betrug für den Steuerpflichtigen selbst 10.000 Mark. Sie erhöhte sich bei der Zusammenveranlagung der Ehegatten oder der Eltern und Kinder (§ 11 VStG/DDR) für den Ehegatten und für jedes Kind, sofern dieses an dem maßgebenden Stichtag das 18. Lebensjahr nicht vollendet hatte, um je 5.000 Mark (ab 1988 um je 10.000 Mark[370]). Überstieg das steuerliche Gesamtvermögen die Freigrenze, so war das volle Gesamtvermögen bei der Veranlagung zur Vermögensteuer anzusetzen (§ 5 Abs. 1 VStG/DDR). In diesem Zusammenhang waren jedoch gewisse Erleichterungen vorgesehen (§ 5 Abs. 2 VStG/DDR).

---

370 § 2 der Anordnung zur Vermögen- und Erbschaftsteuer v. 2.12.1987, GBl. I 1987, S. 282.

5. Steuersätze

Die Vermögensteuersätze waren in der DDR progressiv gestaffelt (§ 8 VStG/DDR). Für unbeschränkt und beschränkt steuerpflichtige Körperschaften, Personenvereinigungen und Vermögensmassen betrug der Steuersatz:

- 2 %, wenn das steuerpflichtige Vermögen 500.000 Mark nicht überstieg;
- 2,5 %, wenn das steuerpflichtige Vermögen 500.000 Mark überstieg.

Für natürliche Personen betrug der Steuersatz:

- 0,5 %, wenn das steuerpflichtige Vermögen nicht der Land- und Forstwirtschaft gewidmet war und 25.000 Mark nicht überstieg;
- 1 %, wenn das steuerpflichtige Vermögen der Land- und Forstwirtschaft gewidmet war und 25.000 Mark nicht überstieg;
- 1,5 %, wenn das steuerpflichtige Vermögen zwar 25.000 Mark, aber nicht 500.000 Mark überstieg;
- 2,5 %, wenn das steuerpflichtige Vermögen 500.000 Mark überstieg.

6. Pauschalbesteuerung

Hervorzuheben ist, dass das Vermögensteuerrecht der DDR die Möglichkeit einer Pauschalbesteuerung vorsah. Der Rat des Kreises, Abteilung Finanzen, konnte die Steuer in einem Pauschbetrag festsetzen oder auch ganz oder zum Teil erlassen, wenn bestimmte Gründe dies rechtfertigten (§§ 9 und 10 VStG/DDR).

IV. Gewerbesteuer[371]

1. Vorbemerkungen

Hervorzuheben ist, dass die Gewerbesteuer in der DDR im Vergleich zur Bundesrepublik Deutschland keine Kommunalsteuer, sondern eine Republiksteuer war. Dementsprechend waren die Vorschriften zu den Steuerberechtigten und hebeberechtigten Gemeinden (§§ 1 und 4 GewStG/DDR[372]) in der DDR gegenstandslos.

Hervorzuheben ist an dieser Stelle auch, dass das Gewerbesteuergesetz der DDR auf staatliche Einrichtungen, volkseigene Betriebe und Kombinate, sozialistische Genossenschaften und private Handwerker nicht anzuwenden war. Gleiches galt für Betriebe mit staatlicher Beteiligung sowie private Industrie-, Bau-, Verkehrs- und Handelsbetriebe, soweit in den Preisen für ihre Erzeugnisse

---

371 Vgl. zum Folgenden auch *Ernst*, Besteuerung privater Industriebetriebe, S. 275 ff. u. 315 ff.; *Töben*, Besteuerung des deutsch-deutschen Wirtschaftsverkehrs, S. 149 ff.

372 Gewerbesteuergesetz i.d.F. v. 18.9.1970, GBl. Sonderdruck Nr. 672.

und Leistungen Gewerbesteuer nicht kalkuliert war bzw. bei Handelsbetrieben in den vereinnahmten Handelsspannen Gewerbesteuer nicht berücksichtigt war.

2. Steuergegenstand

Der Gewerbesteuer unterlag jeder Gewerbebetrieb (gewerbliches Unternehmen im Sinne des Einkommensteuergesetzes), soweit er in der DDR betrieben wurde, d.h. dort seine Betriebstätte unterhalten hatte (§ 2 Abs. 1 GewStG/DDR).

Als Gewerbebetrieb galt stets und in vollem Umfang die Tätigkeit:

- der offenen Handelsgesellschaften, Kommanditgesellschaften und anderer Gesellschaften, bei denen die Gesellschafter als Unternehmer (Mitunternehmer) des Gewerbebetriebs anzusehen waren;
- der Kapitalgesellschaften, der Erwerbs- und Wirtschaftsgenossenschaften und der Versicherungsvereine auf Gegenseitigkeit (§ 2 Abs. 2 GewStG/DDR).

Soweit sonstige juristische Personen des Zivilrechts und nichtrechtsfähige Vereine einen wirtschaftlichen Geschäftsbetrieb (ausgenommen Land- und Forstwirtschaft) unterhielten, galt auch diese Tätigkeit als Gewerbebetrieb (§ 2 Abs. 3 GewStG/DDR).

3. Steuerbefreiungen

Das Gewerbesteuergesetz der DDR sah einige Steuerbefreiungen vor, wie z.B. für bestimmte Genossenschaften oder für gemeinnützigen, karitativen oder kirchlichen Zwecken dienende Unternehmen (§ 3 GewStG/DDR). Darüber hinaus war außerhalb des Gesetzes festgelegt, dass private Apotheken[373], private Einzelhändler, Gastwirte sowie private Betriebe des Produktionsmittelhandels mit Einzelhandelsfunktion für die Bevölkerung (private Kohlehändler, Altstoffhändler usw.)[374] von der Gewerbesteuer befreit waren.

4. Steuerschuldner

Steuerschuldner war der Unternehmer, für dessen Rechnung das Gewerbe betrieben wurde. Wurde das Gewerbe für Rechnung mehrerer Personen (Personengesellschaft) betrieben, so waren diese Gesamtschuldner (§ 5 GewStG/DDR). In der Bundesrepublik Deutschland ist im Gegensatz dazu die Personengesellschaft selbst Steuerschuldner (§ 5 Abs. 1 GewStG/Bundesrepublik).

---

373 § 1 der Anordnung über die Gewerbesteuerbefreiung bei privaten Apotheken v. 15.12.1959, GBl. I 1959, S. 926.

374 § 2 der Verordnung zur Ergänzung von Rechtsvorschriften über die Besteuerung privater Handwerker und Gewerbetreibender v. 5.4.1976, GBl. I 1976, S. 193.

5. Bemessungsgrundlage/Besteuerungsgrundlage

Die Bemessungsgrundlage der Gewerbesteuer war auch in der DDR der einheitliche Gewerbesteuermessbetrag (§ 14 GewStG/DDR). Dieser ergab sich auf der Basis der Besteuerungsgrundlagen. Besteuerungsgrundlagen waren der Gewerbeertrag und das Gewerbekapital (§ 6 GewStG/DDR).

6. Gewerbeertrag

Die Gewerbeertragsteuer knüpfte auch in der DDR an den Gewinn aus dem Gewerbebetrieb an, der nach den Vorschriften des Einkommensteuergesetzes oder Körperschaftsteuergesetzes zu ermitteln war (§ 7 GewStG/DDR), modifiziert durch Hinzurechnungen (§ 8 GewStG/DDR) und Kürzungen (§ 9 GewStG/DDR).

7. Gewerbekapital

Als Gewerbekapital galt der Einheitswert des gewerblichen Betriebes im Sinne des Bewertungsgesetzes (§ 12 Abs. 1 GewStG/DDR), ebenfalls unter Berücksichtigung bestimmter Hinzurechnungen und Kürzungen (§ 12 Abs. 2 und 3 GewStG/DDR).

8. Steuermesszahlen/Steuermessbeträge

Bei der Berechnung der Gewerbesteuer nach dem Gewerbeertrag und dem Gewerbekapital war jeweils von einem Steuermessbetrag auszugehen. Die Steuermessbeträge ergaben sich durch Anwendung festgelegter Steuermesszahlen auf den Gewerbeertrag oder das Gewerbekapital (§§ 11 und 13 GewStG/DDR).

Die Steuermesszahlen für den Gewerbeertrag waren im Unterschied zur Bundesrepublik Deutschland bei natürlichen Personen, Personengesellschaften und Mitunternehmerschaften gestaffelt. Sie betrugen 0 %, 1 %, 2 %, 3 % und 4 % für die ersten und die jeweils weiteren 1.200 Mark des Gewerbeertrages. Für alle weiteren Beträge, also den 6.000 Mark übersteigenden Gewerbeertrag, und für alle anderen Unternehmen lag die Steuermesszahl einheitlich bei 5 % (§ 11 GewStG/DDR).

Die Steuermesszahl für das Gewerbekapital betrug stets 2 vom Tausend. Ausnahmsweise wurde der Steuermessbetrag nicht festgesetzt, wenn das Gewerbekapital eines Gewerbebetriebs weniger als 3.000 Mark betrug (§ 13 GewStG/DDR).

Durch die Zusammenrechnung der so ermittelten Steuermessbeträge ergab sich der einheitliche Gewerbesteuermessbetrag (§ 14 GewStG/DDR).

9. Hebesatz

Auf der Grundlage des einheitlichen Steuermessbetrages wurde schließlich die Steuer nach einem Hebesatz von 400 %[375] festgesetzt und erhoben (§ 16 GewStG/DDR).

10. Vereinfachte Berechnung bei Kleingewerbetreibenden

Kleingewerbetreibende, die grundsätzlich mindestens 70 % ihrer Leistungen für die Bevölkerung und für gesellschaftliche Einrichtungen in den Wohngebieten ausführten, konnten auf Antrag die Gewerbesteuer in einem pauschalen Betrag entrichten.[376]

V. Grundsteuer

1. Vorbemerkungen

Die Grundsteuer war neben der Hundesteuer und der Vergnügungsteuer eine Gemeindesteuer. Obwohl alle drei Steuerarten als Gemeindesteuern bezeichnet wurden, konnte man bei näherer Betrachtung nur die Vergnügungsteuer als Gemeindesteuer im eigentlichen Sinne ansehen. Denn nur bei dieser Steuerart konnten die Gemeinden durch die Gestaltung der Steuertarife und durch die Häufigkeit der Veranstaltungen umfassenden Einfluss auf die Ergiebigkeit der Einnahmequelle ausüben und darüber hinaus über diese Einnahmen ausnahmslos verfügen.[377]

2. Steuerberechtigte

Steuerberechtigt waren die Gemeinden, die die Steuer von dem in ihrem Gebiet gelegenen Grundbesitz erheben konnten (§ 1 GrStG/DDR[378]). Zum Grundbesitz zählten das land- und forstwirtschaftliche Vermögen, das Grundvermögen und das Betriebsvermögen, soweit es in Betriebsgrundstücken bestand (§ 2 GrStG/DDR).

---

375 Die Höhe des Hebesatzes für die Gewerbesteuer nach Ertrag und Kapital wurde 1951 einheitlich auf 400 % festgesetzt. Siehe § 1 Abs. 1 der Verordnung für die Hebesätze der Gewerbesteuer 1951 v. 27.8.1951, GBl. I 1951, S. 808.

376 § 3 der Verordnung zur Ergänzung von Rechtsvorschriften über die Besteuerung privater Handwerker und Gewerbetreibender v. 5.4.1976.

377 *Haase,* Steuern der DDR, S. 19 f.

378 Grundsteuergesetz i.d.F. v. 18.9.1970, GBl. Sonderdruck Nr. 676; Berichtigung, GBl. II 1971, S. 407.

3. Steuergegenstand

Steuergegenstände waren, soweit sie sich auf das Gebiet der DDR erstreckten, land- und forstwirtschaftliche Betriebe und Grundstücke (§ 3 GrStG/DDR).

4. Steuerbefreiungen und -vergünstigungen

Das Grundsteuergesetz der DDR sah generelle Steuerbefreiungen für sozialistische Genossenschaften der Landwirtschaft, Grundbesitz staatlicher Einrichtungen und volkseigene Wohngrundstücke vor. Von der Steuerbefreiung ausgenommen war der Grundbesitz der Molkereigenossenschaften und Bäuerlichen Handelsgenossenschaften. Ferner wurden Steuerbefreiungen gewährt, wenn der Steuergegenstand für bestimmte Zwecke genutzt wurde (§§ 4 bis 6 GrStG/DDR).

Steuerlich begünstigt war die Schaffung und Erhaltung von privatem Wohnraum sowie der Eigenheimbau.[379]

Steuerermäßigungen erhielten ferner die Mitglieder der Produktionsgenossenschaften.[380]

5. Steuerschuldner/Haftung

Steuerschuldner war je nach Sachlage entweder der Eigentümer oder der Berechtigte (§ 7 Abs. 1 GrStG/DDR). Mehrere Eigentümer oder Berechtigte schuldeten die Grundsteuer als Gesamtschuldner (§ 7 Abs. 2 GrStG/DDR).

Die persönliche Haftung traf neben dem Steuerschuldner als Gesamtschuldner den Nutznießer und den Nießbraucher sowie in bestimmten Fällen den Eigentümer der Betriebsmittel oder Gebäude eines land- und forstwirtschaftlichen Betriebes (§ 8 GrStG/DDR).

Als dingliche Haftung ruhte die Grundsteuer auf dem Steuergegenstand als öffentliche Last (§ 9 GrStG/DDR).

---

379 Vgl. Erste Verordnung über die Finanzierung von Baumaßnahmen zur Schaffung und Erhaltung von privatem Wohnraum v. 28.4.1960, GBl. I 1960, S. 351; Erste Durchführungsbestimmung zur vorgenannten Verordnung v. 19.10.1960, GBl. II 1960, S. 415; Durchführungsbestimmung zur Verordnung über den Neubau, die Modernisierung und Instandsetzung von Eigenheimen v. 18.8.1987, GBl. I 1987, S. 215; Dritte Verordnung zur Änderung und Ergänzung von Vorschriften über die Erhebung der Grundsteuer v. 5.6.1968, GBl. II 1968, S. 340; Verordnung über die Finanzierung des Baues von Eigenheimen der Bürger v. 15.12.1970, GBl. II 1970, S. 722.

380 Vgl. Anordnung Nr. 16 zur Aufhebung finanzrechtlicher Bestimmungen v. 12.5.1971, GBl. II 1971, S. 406; Anordnung über die Verlängerung der steuerlichen Vergünstigungen der LPG und ihrer Mitglieder v. 29.1.1959, GBl. I 1959, S. 112.

6. Steuermessbetrag/Steuermesszahl

Maßgebender Wert für die Besteuerung war der nach den Vorschriften des Bewertungsgesetzes für den Steuergegenstand festzustellende Einheitswert (§ 10 GrStG/DDR).

Ausgangsgröße bei der Berechnung der Grundsteuer war der Steuermessbetrag, der durch Anwendung eines Tausendsatzes (Steuermesszahl) auf den Einheitswert zu ermitteln war (§ 11 GrStG/DDR). Die allgemeine Steuermesszahl betrug 10 % (§ 12 Abs. 1 GrStG/DDR). Davon abweichend gab es je nach Alter des Gebäudes bzw. Vermögensart und Wert des Grundbesitzes auch niedrigere Steuermesszahlen, die der Minister der Finanzen festlegen konnte (§ 12 Abs. 2 GrStG/DDR).

7. Hebesatz

Die Grundsteuer wurde für das gesamte Kalenderjahr festgesetzt. Der Gemeinde oblag die Berechnung des Jahresbetrages der Steuer, indem sie auf den Steuermessbetrag den einheitlich für die gesamte DDR vom Minister der Finanzen festgelegten Steuerhebesatz anzuwenden hatte (§ 21 GrStG/DDR). Dieser betrug für land- und forstwirtschaftliches Vermögen 200 % (Grundsteuer A) und für sonstiges Grundvermögen 300 % (Grundsteuer B).

VI. Handwerksteuer[381]

1. Steuerpflicht

Private Handwerker hatten von ihren Erträgen aus handwerklicher Tätigkeit eine Handwerksteuer zu entrichten (§ 1 Abs. 1 HdwStG/DDR[382]). Als Handwerker galt, wer in der Handwerksrolle eingetragen war (§ 1 Abs. 2 HdwStG/DDR). Die Steuerpflicht begann mit der Wirksamkeit der Eintragung und endete mit der Wirksamkeit der Löschung in der Handwerksrolle (§ 2 HdwStG/DDR) oder mit dem Eintritt des Handwerkers in eine Produktionsgenossenschaft des Handwerks[383].

2. Zusammensetzung der Handwerksteuer

Die Handwerksteuer setzte sich zusammen aus der Gewinnsteuer, der Umsatzsteuer und der Lohnsummensteuer. Eine Vermögensteuer wurde auf das handwerkliche Betriebsvermögen nicht erhoben (§ 3 Abs. 1 HdwStG/DDR).

---

381 Vgl. zum Folgenden auch *Pilz/Schulz,* Besteuerung privater Handwerker.

382 Gesetz über die Besteuerung der Handwerker v. 16.3.1966, GBl. I 1966, S. 71.

383 § 1 der Ersten Durchführungsbestimmung zum Gesetz über die Besteuerung der Handwerker v. 17.3.1966, GBl. II 1966, S. 183.

Sofern die Handwerker industriell produzierten bzw. Leistungen für Betriebe und Einrichtungen ausführten und dafür Preise der Industriepreisreform bzw. Preise aus planmäßigen Industriepreisänderungen berechneten, hatten sie für diese Einnahmen anstelle der Umsatzsteuer eine Produktionsfondssteuer zu entrichten.[384]

3. Gewinnsteuer des privaten Handwerks[385]

a. Besteuerungsgrundlage

Besteuerungsgrundlage für die Gewinnsteuer war der Gewinn (§ 3 Abs. 2 a) HdwStG/DDR). Als Gewinn galt der innerhalb eines Kalenderjahres erzielte Überschuss der Betriebseinnahmen über die Betriebsausgaben unter Berücksichtigung der Änderungen im Bestand an Material, Halbfertig- und Fertigerzeugnissen, Forderungen und Verbindlichkeiten (§ 4 Abs. 1 HdwStG/DDR). Zu den Betriebseinnahmen zählten alle Einnahmen für die Lieferungen und Leistungen aus handwerklicher Tätigkeit sowie Entnahmen von Waren für private Zwecke (§ 4 Abs. 2 HdwStG/DDR). Betriebsausgaben waren Ausgaben, die im Handwerksbetrieb anfielen und steuerlich abzugsfähig waren (§ 4 Abs. 3 HdwStG/DDR). Die bei der Gewinnermittlung zu berücksichtigenden Bestandsveränderungen ergaben sich aus dem Vergleich der Bestände am Ende des Jahres mit den Beständen am Ende des Vorjahres. Dabei waren Material mit den Anschaffungskosten, Halbfertigerzeugnisse mit den Anschaffungskosten des enthaltenen Materials, Fertigerzeugnisse mit den Herstellungskosten und Forderungen und Verbindlichkeiten mit dem Nennwert zu bewerten (§ 4 Abs. 4 HdwStG/DDR). Zum Gewinn aus dem Handwerksbetrieb zählte auch der Veräußerungsgewinn beim Verkauf des Betriebes (§ 4 Abs. 5 HdwStG/DDR).

Neben dieser einfacher gestalteten Gewinnermittlung bestand die Möglichkeit, den Gewinn auf der Grundlage ordnungsgemäßer Buchführung durch Erstellen einer Bilanz zu ermitteln (§ 4 Abs. 6 HdwStG/DDR), was jedoch aufgrund der Kompliziertheit nur in Ausnahmefällen praktiziert wurde.

Erzielten beide Ehegatten Erträge aus handwerklicher Tätigkeit, so waren die Besteuerungsgrundlagen zusammenzurechnen und danach die Steuern zu bemessen (§ 9 Abs. 1 HdwStG/DDR).

b. Gewinnsteuertarif

Die Gewinnsteuer war nach einem Grundtarif (Anlage A zum HdwStG/DDR) zu bemessen (§ 5 HdwStG/DDR). Der Gewinnsteuertarif war progressiv ausgestaltet. Bis zu einem Jahresgewinn von 11.000 Mark entsprach der Gewinnsteuertarif dem Lohnsteuertarif. Bei höherem Jahreseinkommen kam ein dem Einkom-

---

384 § 1 Abs. 1 der Verordnung über die Besteuerung der Handwerker v. 15.12.1970, GBl. II 1970, S. 676.

385 Im Einzelnen hierzu *Pilz/Schulz,* Besteuerung privater Handwerker, S. 21 ff.

mensteuertarif vergleichbarer Gewinnsteuertarif zur Anwendung. Nach dem Grundtarif lag die Gewinnsteuer

- bei einem Gewinn von 20.000 Mark bei 28 %,
- bei einem Gewinn von 30.000 Mark bei 35 %,
- bei einem Gewinn von 40.000 Mark bei 41 %,
- bei einem Gewinn von 60.000 Mark bei 50,5 % und
- bei einem Gewinn von 100.000 Mark bei 60,3 %.

c. *Steuerermäßigungen und Freibeträge*

Das Handwerksteuergesetz sah bei Vorliegen bestimmter Voraussetzungen Steuerermäßigungen für den Ehegatten und für die Kinder vor (§ 6 Abs. 1 und 2 HdwStG/DDR). Diese wurden gewährt, indem von der Gewinnsteuer für jede Ermäßigung je 120 Mark abgesetzt wurden (§ 6 Abs. 3 HdwStG/DDR).

Ferner konnten Handwerker die Hälfte ihrer Beiträge zur Sozialversicherung bei der Deutschen Versicherungs-Anstalt als Freibetrag bei der Ermittlung des steuerpflichtigen Gewinns absetzen (§ 6 Abs. 4 HdwStG/DDR).

Blinden oder sonstigen körperbehinderten Handwerkern, die nicht mehr als eine fremde Arbeitskraft beschäftigten, wurde ebenfalls ein Freibetrag gewährt (§ 6 Abs. 5 HdwStG/DDR).

d. *Gewinnsteuerzuschlag*

Handwerksbetriebe, die nicht ausschließlich Reparatur-, Dienst- und Versorgungsleistungen für die Bevölkerung ausführten und deren steuerpflichtiger Gewinn 20.000 Mark jährlich überstieg, mussten ab 1971 einen Zuschlag zur Gewinnsteuer leisten. Dies betraf insbesondere Handwerksbetriebe, die Kooperationsleistungen oder Reparaturen für Industriebetriebe bzw. Neubauleistungen ausführten oder serienmäßig Fertigerzeugnisse für Groß- und Einzelhandelsbetriebe herstellten. Bemessungsgrundlage war der steuerpflichtige Gewinn aus dem Handwerksbetrieb, wie er der Bemessung der Gewinnsteuer nach dem Grundtarif zugrundezulegen war. Der Zuschlag betrug 10 % des 20.000 Mark übersteigenden Jahresgewinnes bis zu einem Jahresgewinn von 100.000 Mark und 5 % des 100.000 Mark übersteigenden Jahresgewinnes. Einige Berufsgruppen, wie z.B. Bäcker, Schneider, Schornsteinfeger, waren grundsätzlich von diesem Zuschlag befreit.[386]

386 § 2 der Verordnung über die Besteuerung der Handwerker v. 15.12.1970; §§ 10 u. 11 der Anordnung über Finanzmaßnahmen zur besseren Nutzung der in den privaten Handwerksbetrieben vorhandenen Leistungs- und Effektivitätsreserven v. 15.12.1970, GBl. II 1970, S. 677.

4. Umsatzsteuer des privaten Handwerks[387]

Für die Erhebung der Umsatzsteuer des privaten Handwerks kamen das Umsatzsteuergesetz und die dazu ergangenen Bestimmungen zur Anwendung (§ 7 HdwStG/DDR).[388]

a. Besteuerungsgrundlage

Besteuerungsgrundlage für die Umsatzsteuer waren die Einnahmen der gegen Entgelt vom Handwerksbetrieb durchgeführten Lieferungen und Leistungen, sofern die Umsatzsteuer Bestandteil des Preises war, und der Eigenverbrauch an Erzeugnissen, die der Handwerker für private Zwecke entnahm (§ 3 Abs. 2 b) HdwStG/DDR).

b. Bemessungsgrundlage

Im privaten Handwerk wurde der Umsatz grundsätzlich nach vereinnahmten Entgelten für eine Lieferung oder sonstige Leistung bemessen. Eine Besteuerung nach vereinbarten Entgelten war nur zulässig, wenn der Rat des Kreises, Abteilung Finanzen, einem entsprechenden Antrag zustimmte.

c. Steuersätze

Der allgemeine Steuersatz betrug 3 % des Entgeltes. Für das Bäcker- und Fleischerhandwerk gab es günstigere Steuersätze in Höhe von 1,5 % (Bäckerhandwerk) bzw. 1,35 % (Fleischerhandwerk).[389]

d. Steuerbefreiungen

Die in § 4 UStG/DDR geregelten Steuerbefreiungen hatten für Handwerker keine wesentliche Bedeutung. Für bestimmte Berufsgruppen waren Umsatzsteuerbefreiungen in speziellen Anordnungen und Anweisungen festgelegt.

Darüber hinaus mussten Handwerker keine Umsatzsteuer entrichten, wenn in Preisanordnungen, preisrechtlichen Vorschriften, Preisgenehmigungen oder in anderen gesetzlichen Bestimmungen festgelegt war, dass die Umsatzsteuer kein Kalkulationselement war und demnach nicht erhoben wurde.[390]

---

387 Im Einzelnen hierzu *Pilz/Schulz,* Besteuerung privater Handwerker, S. 135 ff.

388 Zu den Regelungen des Umsatzsteuergesetzes siehe 4. Kapitel C. XVIII.

389 § 18 Abs. 1 der Ersten Durchführungsbestimmung zum Gesetz über die Besteuerung der Handwerker v. 17.3.1966.

390 § 19 der Ersten Durchführungsbestimmung zum Gesetz über die Besteuerung der Handwerker v. 17.3.1966.

5. Produktionsfondssteuer des privaten Handwerks[391]

Handwerker, die industriell produzierten bzw. Leistungen für Betriebe und Einrichtungen erbrachten und dafür Preise der Industriepreisreform bzw. Preise aus planmäßigen Industriepreisänderungen berechneten, und Bauhandwerker hatten als Bestandteil der Handwerksteuer eine Produktionsfondssteuer zu entrichten.[392] Es war möglich, dass in einem Handwerksbetrieb sowohl Umsatzsteuer als auch Produktionsfondssteuer erhoben wurde, jedoch schlossen sie sich für die einzelne Lieferung oder Leistung aus.

a. Besteuerungsgrundlage

Besteuerungsgrundlage für die Produktionsfondssteuer waren die Einnahmen aus Leistungen, die zu Preisen der Industriepreisreform bzw. zu Preisen aus planmäßigen Industriepreisänderungen abzurechnen waren.

b. Steuersatz

Aus Vereinfachungsgründen betrug die Produktionsfondssteuer einheitlich 3 % des Umsatzes aus den entsprechenden Leistungen. Zu beachten war die Ermächtigung des Ministers der Finanzen, für bestimmte Gruppen von Handwerkern bzw. für bestimmte Leistungsarten einen anderen Steuersatz festzulegen.

c. Steuerbefreiungen

Die Produktionsfondssteuer war nicht abzuführen, wenn der Gewinn der Handwerker den Betrag von 12.000 Mark jährlich nicht überstieg. Darüber hinaus waren diejenigen Handwerker befreit, die ihre Handwerksteuer pauschal entrichteten.[393]

6. Lohnsummensteuer des privaten Handwerks[394]

a. Besteuerungsgrundlage

Besteuerungsgrundlage für die Lohnsummensteuer war die Lohnsumme, die an Beschäftigte im Handwerksbetrieb gezahlt wurde (§ 3 Abs. 2 c) HdwStG/DDR).

Erzielten beide Ehegatten Erträge aus handwerklicher Tätigkeit, so waren die Besteuerungsgrundlagen zusammenzurechnen und danach die Steuern zu bemessen (§ 9 Abs. 1 HdwStG/DDR).

---

391 Im Einzelnen hierzu *Pilz/Schulz,* Besteuerung privater Handwerker, S. 143 ff.

392 § 1 der Verordnung über die Besteuerung der Handwerker v. 15.12.1970.

393 § 3 der Anordnung über Finanzmaßnahmen zur besseren Nutzung der in den privaten Handwerksbetrieben vorhandenen Leistungs- und Effektivitätsreserven v. 15.12.1970.

394 Im Einzelnen hierzu *Pilz/Schulz,* Besteuerung privater Handwerker, S. 149 ff.

b. *Steuersätze*

Die Lohnsummensteuer war nach einem Grundtarif (Anlage B zum HdwStG/DDR) zu bemessen (§ 8 Abs. 1 HdwStG/DDR). Sie wurde erst erhoben, wenn die Lohnsumme 12.000 Mark jährlich überstieg (§ 8 Abs. 2 HdwStG/DDR). Der Steuersatz betrug

- bei einer Jahreslohnsumme von 12.000 Mark 6 %,
- bei einer Lohnsumme von 20.000 Mark 10 % und
- stieg bei einer Lohnsumme von 50.000 Mark jährlich auf bis zu 15 % (= Höchstsatz).

7. Steuervergünstigungen bei der Handwerksteuer

Abgesehen von den bereits genannten Steuerbefreiungen und -ermäßigungen waren die Räte der Kreise berechtigt, weitere steuerliche Vergünstigungen zu gewähren. Sie konnten:

- zur Förderung von volkswirtschaftlich wichtigen Handwerksleistungen die Handwerksteuer (insbesondere die Umsatzsteuer und Lohnsummensteuer) herabsetzen;
- für Dorfhandwerker bestimmter Berufe ohne Beschäftigte sowie für im Rentenalter stehende Handwerker ohne Beschäftigte die Handwerksteuer pauschal festsetzen;
- für Handwerker ohne Beschäftigte die Inanspruchnahme von Pauschalsätzen für die Betriebsausgaben genehmigen (§ 10 HdwStG/DDR).

8. Besteuerung anderer Einkünfte und anderen Vermögens[395]

Andere Einkünfte, die Handwerker neben den Erträgen aus der handwerklichen Tätigkeit und neben einem Arbeitseinkommen erzielten, wurden nach den einkommensteuerrechtlichen Vorschriften[396] besteuert (§ 14 Abs. 1 HdwStG/DDR). Die Gewinne aus der Handelstätigkeit galten als andere Einkünfte, wenn der Handelsumsatz 50 % des Umsatzes aus handwerklicher Tätigkeit, mindestens jedoch 24.000 Mark jährlich, überstieg (§ 14 Abs. 2 HdwStG/DDR). Zu den anderen Einkünften gehörten auch die Einkünfte der mit dem Handwerker nach den Bestimmungen des Einkommensteuergesetzes zusammen zu veranlagenden Ehegatten und Kindern (§ 14 Abs. 3 HdwStG/DDR). Andere Einkünfte unter 1.200 Mark jährlich waren zusammen mit dem Gewinn aus dem Handwerksbetrieb mit der Gewinnsteuer des Handwerks zu besteuern (§ 14 Abs. 4 HdwStG/DDR).

---

395 Im Einzelnen hierzu *Pilz/Schulz,* Besteuerung privater Handwerker, S. 206 ff.

396 Zur Einkommensteuer siehe 4. Kapitel C. X.

Das Vermögen der Handwerker mit Ausnahme des handwerklichen Betriebsvermögens wurde nach den für die Vermögensteuer geltenden Bestimmungen[397] besteuert. Handwerklich genutzte Grundstücke zählten nicht zum handwerklichen Vermögen (§ 15 Abs. 1 HdwStG/DDR).

VII. Steuern der Produktionsgenossenschaften des Handwerks[398]

1. Steuerpflicht

Die Produktionsgenossenschaften des Handwerks hatten eine Umsatzsteuer, eine Gewinnsteuer (§ 1 PGHSt/DDR[399]) und ab 1. Januar 1971 eine Produktionsfondssteuer[400] zu entrichten.

2. Steuerbefreiungen

Produktionsgenossenschaften des Handwerks waren in den ersten zwei Jahren ihres Bestehens von der Umsatzsteuer und der Gewinnsteuer befreit, wenn sie die Steuerbeträge in der gesetzlich bestimmten Höhe zusätzlich dem Akkumulationsfonds[401] zuführten (§ 2 Abs. 1 PGHStG/DDR). Ferner waren sie von der Umsatzsteuer und der Gewinnsteuer befreit, wenn 75 % der Mitglieder Blinde waren (§ 2 Abs. 2 PGHStG/DDR). Diese Steuerbefreiungen galten gleichermaßen für die später eingeführte Produktionsfondssteuer.[402]

3. Umsatzsteuer

Der Umsatzsteuer unterlagen die Erlöse aus Leistungen, aus dem Absatz von Erzeugnissen, aus dem Absatz der Handelsware sowie aus dem Absatz von Abfällen und Schrott (§ 3 Abs. 1 PGHStG/DDR).

---

397 Zur Vermögensteuer siehe 4. Kapitel C. III.

398 Einen Überblick über die Besteuerung der Produktionsgenossenschaften des Handwerks geben *Buck,* in: DDR-Handbuch, Bd. II, S. 1326 ff. u. *Haase,* Steuern der DDR, S. 27 ff.

399 Gesetz über die Besteuerung der Produktionsgenossenschaften des Handwerks und ihrer Mitglieder (PGH-Steuergesetz) v. 30.11.1962, GBl. I 1962, S. 119.

400 Ziff. 2 des Beschlusses über Maßnahmen zur besseren Nutzung der in Betrieben mit staatlicher Beteiligung, Produktionsgenossenschaften des Handwerks sowie privaten Industrie-, Bau-, Handwerks-, Verkehrs- und Handelsbetrieben vorhandenen Leistungs- und Effektivitätsreserven v. 15.12.1970, GBl. II 1970, S. 667.

401 Im Akkumulationsfonds wurde Kapital für verschiedene Investitionszwecke angesammelt. Vgl. hierzu Stichwort: Akkumulation, in: DDR-Handbuch, Bd. I, S. 37.

402 § 1 der Verordnung über die Besteuerung der Produktionsgenossenschaften des Handwerks v. 15.12.1970, GBl. II 1970, S. 683.

Die Umsatzsteuer betrug grundsätzlich 3 % des Umsatzes aus Lieferungen und Leistungen (§ 3 Abs. 2 PGHStG/DDR). Bei Erlösen aus dem Absatz von Brot und Backwaren sowie Fischwaren kam ein niedrigerer Steuersatz in Höhe von 1,5 % zur Anwendung. Beim Verkauf von Fleischwaren betrug die Umsatzsteuer 1,35 % der entsprechenden Erlöse.[403]

Von der Umsatzsteuer befreit waren Erlöse aus dem Absatz von Heil- und Hilfsmitteln an die Sozialversicherung sowie an die örtlichen Räte, Abteilung Gesundheits- und Sozialwesen, sowie Erlöse, für die durch besondere Bestimmungen Umsatzsteuerbefreiungen ausgesprochen wurden.[404]

4. Produktionsfondssteuer

Die Produktionsfondssteuer wurde zum 1. Januar 1971 eingeführt und musste anstelle der Umsatzsteuer entrichtet werden, wenn die Produktionsgenossenschaften des Handwerks für ihre hergestellten Erzeugnisse und Leistungen Preise der Industriepreisreform bzw. Preise aus planmäßigen Industriepreisänderungen auswiesen.[405]

Bemessungsgrundlage der Produktionsfondssteuer war der Bruttowert der Anlagegüter und Umlaufmittel, die während des Wirtschaftsjahres eingesetzt wurden.[406]

Ihr proportionaler Steuersatz lag in der Regel bei 6 % der betrieblichen Fonds. Für bestimmte Produktionsgenossenschaften, wie z.B. für diejenigen des Kraftfahrzeughandwerks, galten niedrigere Steuersätze. Ab 1972 betrug der Mindeststeuersatz 1 %.

Die Produktionsfondssteuer war kein Bestandteil der Produktionskosten und konnte daher bei der Preiskalkulation nicht dem Abnehmer in Rechnung gestellt werden. Sie musste vielmehr von den Produktionsgenossenschaften des Handwerks aus dem Bruttogewinn beglichen werden.

5. Gewinnsteuer

Besteuerungsgegenstand der Gewinnsteuer war der Gewinn. Dieser war das nach den Grundsätzen des Rechnungswesens der Produktionsgenossenschaften des Handwerks auszuweisende Betriebsergebnis (§ 4 Abs. 1 PGHStG/DDR).

---

403 § 3 der Ersten Durchführungsbestimmung zum PGH-Steuergesetz v. 4.12.1962, GBl. II 1962, S. 777.

404 § 4 der Ersten Durchführungsbestimmung zum PGH-Steuergesetz v. 4.12.1962.

405 § 1 der Verordnung über die Besteuerung der Produktionsgenossenschaften des Handwerks v. 15.12.1970.

406 Vgl. die Anordnung Nr. Pr. 54 über die Kalkulation und die Ordnung der Bestätigung von Industriepreisen für Erzeugnisse und Leistungen der Betriebe mit staatlicher Beteiligung, der Produktionsgenossenschaften des Handwerks und der privaten Betriebe v. 15.12.1970, GBl. II 1970, S. 673.

Der auszuweisende Gewinn war für die Berechnung der Gewinnsteuer um die Produktionsfondssteuer zu vermindern.[407]

Bis 1971 waren die Gewinnsteuersätze in Abhängigkeit zur Höhe des Jahresgewinns je Mitglied (§ 4 Abs. 2 PGHStG/DDR), aber unabhängig von der Art der in den Betrieben erbrachten Leistungen, progressiv gestaffelt. Sie lagen nach der Jahrestabelle A (Anlage 1 zum PGHStG/DDR) zwischen 2 und 45 %.

Ab 1971 war die Jahressteuertabelle A nur noch für Produktionsgenossenschaften des Handwerks anwendbar, die ausschließlich Reparatur-, Dienst- und Versorgungsleistungen für die Bevölkerung erbrachten. Für die Übrigen kam die Jahressteuertabelle B zur Anwendung, nach der die Steuersätze zwischen 2 und 60 % der Jahresgewinnsumme je Mitglied lagen.[408]

6. Besteuerung berufsfremder Nebenbetriebe

Für berufsfremde Nebenbetriebe waren die Gewinne gesondert zu ermitteln. Von diesen Gewinnen verblieben der Genossenschaft 35 %. Der übersteigende Betrag war als Gewinnsteuer abzuführen (§ 5 Abs. 1 PGHStG/DDR).

Erlöse aus berufsfremden Nebenbetrieben unterlagen der Umsatzsteuer (§ 5 Abs. 2 PGHStG/DDR).

VIII. Kapitalertragsteuer

1. Steuerpflichtige Kapitalerträge

Bei folgenden Kapitalerträgen wurde die Einkommensteuer durch Abzug vom Kapitalertrag erhoben (§ 43 Abs. 1 EStG/DDR[409]):

- Gewinnanteile (Dividenden), Zinsen und sonstige Bezüge aus Anteilen an Kapitalgesellschaften, an Erwerbs- und Wirtschaftsgenossenschaften;
- Einkünfte aus stillen Gesellschafterbeteiligungen an einem Handelsgewerbe;
- Zinsen aus Hypotheken, Schuldverschreibungen und sonstigen Darlehen, wenn der Schuldner eine juristische Person war;
- von Banken bezahlte oder gutgeschriebene Zinsen, wenn der Gesamtbetrag der Zinsen 250 Mark im Jahr überstieg.

---

407 § 2 Abs. 1 der Verordnung über die Besteuerung der Produktionsgenossenschaften des Handwerks v. 15.12.1970.

408 § 2 Abs. 3 u. die Anlage zur Verordnung über die Besteuerung der Produktionsgenossenschaften des Handwerks v. 15.12.1970.

409 Einkommensteuergesetz i.d.F. v. 18.9.1970, GBl. Sonderdruck Nr. 670; Berichtigung, GBl. II 1971, S. 407.

2. Bemessung und Entrichtung der Kapitalertragsteuer

Nach dem Quellenabzugsverfahren hatte der Schuldner die Kapitalertragsteuer in Höhe von 15 % der Kapitalerträge für den Gläubiger einzubehalten (§ 44 Abs. 1 EStG/DDR). Dem Steuerabzug unterlagen die vollen Kapitalerträge ohne Abzug (§ 44 Abs. 2 EStG/DDR).

3. Steuerschuldner

Steuerschuldner der Kapitalertragsteuer war der Gläubiger. Für die Einbehaltung und Abführung haftete jedoch der Schuldner der Kapitalerträge. Der Gläubiger (Steuerschuldner) wurde nur in Anspruch genommen, wenn der Schuldner die Kapitalerträge nicht vorschriftsmäßig gekürzt hatte oder wenn der Gläubiger wusste, dass der Schuldner die einbehaltene Kapitalertragsteuer nicht vorschriftsmäßig abgeführt hatte und dies dem Rat des Kreises, Abteilung Finanzen, nicht unverzüglich mitteilte (§ 44 Abs. 3 EStG/DDR).

4. Steuerbefreiungen

Zinsen aus Sparguthaben für Bürger mit ständigem Wohnsitz in der DDR waren von der Kapitalertragsteuer befreit.[410]

5. Steuerabzug von Aufsichtsratsvergütungen

Ebenfalls durch Steuerabzug wurde die Einkommensteuer erhoben bei Vergütungen aller Art, die an Mitglieder des Aufsichtsrates für die Überwachung der Geschäftsführung von Aktiengesellschaften, Kommanditgesellschaften auf Aktien, Gesellschaften mit beschränkter Haftung und sonstigen Kapitalgesellschaften, Genossenschaften und Personenvereinigungen, bei denen die Gesellschafter nicht als Unternehmer (Mitunternehmer) anzusehen waren, gezahlt wurden (§ 44a Abs. 1 EStG/DDR).

Der Steuerabzug betrug 65 % des vollen Betrages der Aufsichtsratsvergütungen (§ 44a Abs. 2 und 3 EStG/DDR).

410 § 1 Abs. 2 der Verordnung zur Änderung der Besteuerung der privaten Wirtschaft v. 4.3.1954, GBl. I 1954, S. 240; § 1 Abs. 3 der Verordnung über finanzrechtliche Bestimmungen v. 21.9.1971.

IX. Steuer vom Arbeitseinkommen[411]

1. Vorbemerkungen

In den unmittelbaren Nachkriegsjahren wurden die für die Besteuerung der Einkünfte aus nichtselbständiger Tätigkeit maßgebenden Lohnsteuertabellen aus dem Einkommensteuertarif abgeleitet.[412]

Mit der Steuerreform 1948 wurde dann ein besonderer Lohnsteuertarif eingeführt, der zwar deutlich unter dem Einkommensteuertarif lag, jedoch mit 55 % Spitzensteuersatz immer noch sehr hoch war.[413] Ferner wurden damals schon Einkünfte aus gesellschaftspolitisch bedeutsamer freiberuflicher Tätigkeit (z.B. Ärzte) steuerlich begünstigt.

Erst durch die Verordnung zur Änderung der Besteuerung der Lohnempfänger und der freischaffenden Intelligenz vom 24. Mai 1951 wurden die Lohnsteuersätze erheblich gesenkt.

Schließlich wurde die Besteuerung des Arbeitseinkommens durch die Verordnung zur Besteuerung des Arbeitseinkommens (AStVO) vom 22. Dezember 1952[414] ganz aus dem System der Einkommensbesteuerung herausgenommen. Diese Verordnung wurde ergänzt durch fünf weitere Verordnungen[415] sowie verschiedene Durchführungsbestimmungen. Auf die wichtigsten Regelungen dieser Verordnungen wird im Folgenden eingegangen.

2. Steuerpflicht

Steuerpflichtig mit ihrem Arbeitseinkommen waren Arbeiter und Angestellte (Empfänger von Lohn und Gehalt) sowie Angehörige steuerbegünstigter freier Berufe (§ 1 AStVO/DDR).

Für die Begründung der Steuerpflicht war allein die Erzielung von Arbeitseinkommen in der DDR ausschlaggebend, unabhängig vom Wohnsitz des Ein-

---

411 Vgl. zum Folgenden auch *Buck,* in: DDR-Handbuch, Bd. II, S. 1323 ff.; *Haase,* Haushaltswesen der DDR, S. 157 ff.; *Töben,* Besteuerung des deutsch-deutschen Wirtschaftsverkehrs, S. 162 ff.

412 *Töben,* Besteuerung des deutsch-deutschen Wirtschaftsverkehrs, S. 162 m.w.N.

413 Zu weiteren Einzelheiten *Kaemmel,* DFW 4/5/1949, S. 151 ff.; *Kaiser,* DFW 4/5/1949, S. 145 ff.

414 Bekannt gemacht im GBl. I 1952, S. 1413, abgedruckt in: *Datev,* Steuerrechtssammlung 1990, Bd. I, Nr. 3.

415 Verordnung zur Änderung der Besteuerung des Arbeitseinkommens v. 15.10.1953 (2. AStVO), GBl. I 1953, S. 1031; Zweite Verordnung zur Änderung der Besteuerung des Arbeitseinkommens v. 14.3.1957 (3. AStVO), GBl. I 1957, S. 190; Dritte Verordnung zur Änderung der Besteuerung des Arbeitseinkommens v. 16.5.1958 (4. AStVO), GBl. I 1958, S. 458; Vierte Verordnung zur Änderung der Besteuerung des Arbeitseinkommens v. 30.4.1959 (5. AStVO), GBl. I 1959, S. 518; Fünfte Verordnung zur Änderung der Besteuerung des Arbeitseinkommens v. 10.3.1960 (6. AStVO), GBl. I 1960, S. 191.

kommensbeziehers (Ziff. 1 Abs. 1 AStR/DDR[416]). Demzufolge waren auch Personen mit Wohnsitz oder gewöhnlichem Aufenthalt außerhalb der DDR, die in der DDR Arbeitseinkommen erzielten, steuerpflichtig.

3. Bemessungsgrundlage

Bemessungsgrundlage war das Arbeitseinkommen, welches als Gesamtbetrag der innerhalb eines Kalenderjahres in der DDR erzielten Lohneinkünfte und steuerbegünstigten freiberuflichen Einkünfte definiert wurde (§ 2 AStVO/DDR).

Als Lohneinkünfte galten alle Einnahmen in Geld oder Geldeswert aus einem bestehenden oder früheren Arbeitsrechtsverhältnis, gekürzt um die berufsbedingten Ausgaben (§ 6 AStVO/DDR), und zwar unabhängig davon, ob auf die Einnahmen ein Rechtsanspruch bestand oder nicht (§ 4 AStVO/DDR). Hierzu zählten insbesondere:

- Löhne, Gehälter, Prämien, Leistungsprämien, Provisionen, Gratifikationen, Tantiemen und Vorteile, die vom Betrieb gezahlt oder gewährt wurden;
- Bezüge und Vorteile für eine frühere Arbeitsleistung;
- Entschädigungen für entgangene Lohneinkünfte oder für die Aufgabe oder Nichtausübung der Arbeit (Ziff. 19 Abs. 1 AStR/DDR).

Bei der Berechnung der Steuer war der tatsächlich gezahlte, mindestens jedoch der dem Arbeiter oder Abgestellten nach tariflichen oder lohngestaltenden Bestimmungen zustehende Arbeitslohn zugrunde zulegen (Ziff. 20 Abs. 1 AStR/DDR).

Als steuerbegünstigte freiberufliche Einkünfte galten alle Einnahmen in Geld oder Geldeswert aus folgenden Tätigkeiten, vermindert um die steuerfreien Einnahmen und gekürzt um die berufsbedingten Ausgaben:

- freiberufliche schriftstellerische Tätigkeit;
- freiberufliche wissenschaftliche Forschungs- oder Lehrtätigkeit;
- freiberufliche künstlerische Tätigkeit;
- freiberufliche Tätigkeit als Arzt, Zahnarzt, Tierarzt oder Hebamme;
- freiberufliche Tätigkeit als Erfinder (§ 5 Abs. 1 AStVO/DDR[417]).

Voraussetzung für die Anerkennung als steuerbegünstigte Einkünfte war, dass in Ausübung einer der genannten Tätigkeiten keine qualifizierten oder nicht mehr als zwei technische Hilfspersonen zur gleichen Zeit beschäftigt wurden. Dies galt jedoch nicht für Ärzte (§ 5 Abs. 2 AStVO/DDR). Wesentliches Kriterium der steuerbegünstigten freien Berufe war, dass durch ihre Arbeit die Entwick-

---

416 Richtlinien zur Besteuerung des Arbeitseinkommens v. 22.12.1952, abgedruckt in: *Datev,* Steuerrechtssammlung 1990, Bd. I, Nr. 3.

417 Mit Wirkung vom 1.1.1971 wurde § 5 AStVO durch die Verordnung über die Besteuerung von Berufsgruppen freiberuflich Tätiger v. 15.12.1970, GBl. II 1970, S. 690 (§ 9 Abs. 2), mit dem hier dargestellten Inhalt neu gefasst.

lung des gesellschaftlichen Lebens in der DDR wesentlich beeinflusst wurde. Die Steuerbegünstigung setzte ferner voraus, dass die Tätigkeit in sich abgeschlossen war und nicht in Verbindung mit einer anderen, steuerlich nicht begünstigten Tätigkeit ausgeübt wurde (Ziff. 28 Abs. 1 AStR/DDR).

4. Steuerbefreiungen

Die Verordnung über die Besteuerung des Arbeitseinkommens enthielt eine umfangreiche Aufzählung sachlicher Steuerbefreiungen (§ 3 AStVO/DDR). Die Steuerbefreiungen fanden ihre Rechtfertigung in bestimmten steuerpolitischen Erwägungen, volkswirtschaftlichen Erwägungen oder sozialen Gesichtspunkten.[418] Steuerfrei waren unter anderem:

- Preise aus Literatur-, Kunst- und Architekturwettbewerben;
- Prämien für Materialeinsparungen in der volkseigenen Wirtschaft sowie für das Sammeln von Eisen-, Stahl-, Buntmetallschrott und Buntmetall;
- bestimmte Renten und Bezüge;
- Unterhaltsbeihilfen für Oberschüler und Ausbildungsbeihilfen für Lehrlinge;
- Staub-, Schmutz-, Gesundheits-, Erschwernis- und Gefahrenzulagen;
- Zulagen für Überstunden, Nacht-, Sonntags- und Feiertagsarbeit;
- Reisekosten sowie Kosten für Fahrten zwischen Wohn- und Arbeitsstätte usw.

5. Berufsbedingte Ausgaben

Von den Einnahmen abzugsfähig waren berufsbedingte Ausgaben. Als berufsbedingte Ausgaben galten alle Aufwendungen des Werktätigen, die durch die Beschäftigung im Arbeitsverhältnis oder durch die Ausübung einer steuerbegünstigten freiberuflichen Tätigkeit verursacht wurden und in unmittelbarem Zusammenhang mit der Berufsausübung standen. Dazu zählten z.B. Aufwendungen für Werkzeuge und Berufsbekleidung und Kosten für Fahrten zwischen Wohn- und Arbeitsstätte (§ 6 AStVO/DDR). Steuern vom Arbeitseinkommen und vom Vermögen stellten keine abzugsfähigen berufsbedingten Ausgaben dar. Zu den berufsbedingten Ausgaben gehörten ferner die Pflichtbeiträge zur Sozialversicherung (§ 7 Abs. 2 der 2. AStVO/DDR). Arbeiter und Angestellte konnten zudem Kosten für die doppelte Haushaltsführung bis zu einem Betrag von vier Mark kalenderjährlich und nicht erstattete Aufwendungen für Heimfahrten als berufsbedingte Ausgaben geltend machen, solange die Zwangsläufigkeit der doppelten Haushaltsführung nachgewiesen wurde (Ziff. 35 AStR/DDR). Ebenso zählten nicht erstattete Kosten für einen berufsbedingten Umzug innerhalb der DDR zu den berufsbedingten Ausgaben (Ziff. 36 AStR/DDR).

---

418 *Balling*, Lohnsteuertabellen, S. 10.

Bei den Einnahmen aus steuerbegünstigter freiberuflicher Tätigkeit wurde zusätzlich eine Pauschale in Höhe von 30 % gewährt (Ziff. 33 Abs. 3 AStR/DDR), die in den Steuertabellen nicht berücksichtigt war. Berufsbedingte Ausgaben waren für das Kalenderjahr abzusetzen, in dem sie geleistet wurden.

Die Möglichkeit des Sonderausgabenabzugs gab es in der DDR nicht (§ 7 Abs. 2 der 2. AStVO/DDR).

6. Steuertarif

a. Steuertarif bei den Lohneinkünften

Die Steuer vom Arbeitseinkommen wurde nach einem Tarif G unter Berücksichtigung der Steuerklassen bemessen (§ 9 AStVO/DDR). Bis 1958 gab es sowohl einen Monatssteuertarif G als auch einen Jahressteuertarif G. Der Jahressteuertarif G hatte bei vorübergehender Nicht-Beschäftigung eine progressionsdämpfende Wirkung, was zur Lohnsteuererstattung überzahlter Beträge berechtigte. 1958 wurde der Lohnsteuerjahresausgleich jedoch abgeschafft, um einem häufigen Arbeitsplatzwechsel entgegenzuwirken (§ 2 der 4. AStVO/DDR). Demzufolge wurde mit Wirkung vom 1. Juli 1958 auch der Jahressteuertarif G außer Kraft gesetzt, so dass nur noch der Monatssteuertarif G zur Anwendung kam.[419]

Tabelle 1.2: Monatssteuertarif G[420]:

Steuerpflichtiger Monatslohn (Mark)		Steuerbetrag		
		Mark	zzgl.	d. Betrages
von	bis		(%)	über (Mark)
175	199,99	0,20	11,2	175
200	299,99	3,-	15	200
300	399,99	18,-	20	300
400	499,99	38,-	24	400
500	599,99	62,-	30	500
600	699,99	92,-	34	600
700	1257,99	126,-	22,5	700
1258	und mehr		20	

419 *Töben,* Besteuerung des deutsch-deutschen Wirtschaftsverkehrs, S. 167.

420 *Quelle: MdF*, Besteuerung des Arbeitseinkommens, S. 54.

b. Steuertarif bei den steuerbegünstigten freiberuflichen Einkünften

Die Besteuerung der steuerbegünstigten freiberuflichen Einkünfte wurde durch das Gesetz zur Änderung der Besteuerung der steuerbegünstigten freischaffenden Intelligenz vom 28. Mai 1958[421] geändert. Die Steuer für steuerbegünstigte freiberufliche Einkünfte wurde ab 1958 nach dem Jahressteuertarif H bemessen (sog. Honorarsteuer).

Tabelle 1.3: Jahressteuertarif H[422]:

Steuerpflichtige Einkünfte (Mark)		Steuerbetrag		
von	bis	Mark	zzgl. (%)	d. Betrages über (Mark)
2.100	2.399	2,40	11,2	2.100
2.400	3.599	36,-	15	2.400
3.600	4.799	216,-	20	3.600
4.800	5.999	456,-	24	4.800
6.000	7.199	744,-	30	6.000
7.200	8.399	1.104,-	34	7.200
8.400	15.099	1.512,-	22,5	8.400
15.100	25.999	3.020,-	35	15.100
26.000	35.999	6.800,-	40	26.000
36.000	und mehr		30	

c. Steuertarif bei Erzielung verschiedener Einkunftsarten

Bestanden mehrere Einkunftsarten nebeneinander, so kamen Mischsteuertarife zur Anwendung, deren Sätze sich bei hohen (nicht begünstigten) Einkünften den Steuertarifen der Einkommensteuer annäherten.[423]

7. Besondere Steuersätze

Bestimmte Leistungs- und Akkordlöhne, wie z.B. Mehrleistungslöhne, Lohnprämien oder Ähnliches wurden lediglich mit einem Steuersatz in Höhe von 5 % belastet (§ 10 AStVO/DDR).

---

421 GBl. I 1958, S. 453.

422 Quelle: *MdF*, Besteuerung des Arbeitseinkommens, S. 80.

423 *Haase*, Haushaltswesen der DDR, S. 163.

8. Steuerklassen

Auch in der DDR fanden soziale Gesichtspunkte ihren Ausdruck in der Einteilung der Steuerpflichtigen in verschiedene Steuerklassen. Es gab in der DDR drei unterschiedliche Steuerklassen:

- Steuerklasse I: unverheiratete (ledige, geschiedene, verwitwete) Männer und Frauen, soweit sie nicht in die Steuerklassen II oder III einzustufen waren;
- Steuerklasse II: verheiratete Männer und Frauen; unverheiratete Männer ab Vollendung des 60. Lebensjahres und unverheiratete Frauen ab Vollendung des 40. Lebensjahres, wenn sie nicht in die Steuerklasse III einzustufen waren;
- Steuerklasse III: Männer und Frauen, denen eine Steuerermäßigung (§ 15 AStVO/DDR) für Kinder gewährt wurde (§ 11 AStVO/DDR).

Auswirkungen zeigte die Einteilung in Steuerklassen dahingehend, dass für jedes zusätzliche, für die Einteilung maßgebende Merkmal (Heirat, Alter, Anzahl der Kinder) ein jährlicher Freibetrag in Höhe von 600 Mark bzw. ein monatlicher Freibetrag in Höhe von 50 Mark gewährt wurde.[424]

9. Steuerermäßigungen

Dem Werktätigen stand für jedes Kind, das zu seinem Haushalt gehörte oder überwiegend auf seine Kosten unterhalten und erzogen wurde und das 18. Lebensjahr nicht vollendet hatte, eine Steuerermäßigung zu (§ 15 Abs. 1 AStVO/DDR). Die Ermäßigung wurde auf Antrag auch für Kinder zwischen 18 und 21 Jahren gewährt, wenn sie eine Schule oder Universität besuchten und keine eigenen Einkünfte bezogen, wobei Stipendien, Lehrlingsentgelte oder Einkünfte, von denen keine Steuer erhoben wurde, nicht als eigene Einkünfte galten (§ 15 Abs. 2 AStVO/DDR). Ferner wurde die Ermäßigung für jedes Kind über 21 Jahre gewährt, das sich noch in der Schul- oder Berufsausbildung befand (§ 15 Abs. 3 AStVO/DDR). Lagen die Voraussetzungen zur Gewährung der Steuerermäßigung nicht vor, konnten Werktätige eine Steuerermäßigung wegen außergewöhnlicher Belastung beantragen (Ziff. 50 AStR/DDR).

Außergewöhnliche Belastungen, die dem Werktätigen zwangsläufig erwuchsen, wurden auf Antrag durch Ermäßigung der Steuer in dem Kalenderjahr berücksichtigt, in dem die damit verbundenen Ausgaben getätigt wurden. Die Ermäßigung erfolgte durch Gewährung eines steuerfreien Betrages (§ 18 Abs. 1 AStVO/DDR). Voraussetzung war jedoch, dass das Einkommen des Werktätigen 36.000 Mark nicht überstieg (§ 18 Abs. 2 AStVO/DDR). Als außergewöhnliche Belastungen galten Aufwendungen, die dem Werktätigen zwangsläufig aus tatsächlichen, rechtlichen oder sittlichen Gründen erwuchsen. Diese wurden insoweit berücksichtigt, als sie bei einem Einkommen bis 6.000 Mark 3 % des

424 *Töben,* Besteuerung des deutsch-deutschen Wirtschaftsverkehrs, S. 171.

Einkommens und bei einem Einkommen zwischen 6.000 und 36.000 Mark 4 % des Einkommens überstiegen. Der übersteigende Betrag wurde bei der Bemessung der Steuer als steuerfrei betrachtet (Ziff. 51 Abs. 1 und 2 AStR/DDR). Eine Steuerermäßigung aufgrund außergewöhnlicher Belastungen wurde in folgenden Fällen gewährt:

- bei Krankheit des Werktätigen oder seiner Angehörigen;
- bei Tod eines Angehörigen;
- bei Unglücksfällen;
- in bestimmten Fällen bei Gewährung von Unterhalt an mittellose Angehörige, es sei denn, dass dies bei der Einstufung in die Steuerklasse bereits berücksichtigt wurde (Ziff. 51 Abs. 4 AStR/DDR).

Die Ausgaben mussten glaubhaft gemacht und nachgewiesen werden und fanden nur insoweit Berücksichtigung, wie sie die oben aufgeführten Mindestbelastungsgrenzen überschritten (Ziff. 51 Abs. 5 AStR/DDR). Besondere Vorschriften galten darüber hinaus bei Unterhaltsaufwendungen für Angehörige (Ziff. 51 Abs. 6 AStR/DDR) und bei Beschädigten (Ziff. 52 AStR/DDR).

10. Erhebung der Steuer

a. Steuerabzug von den Lohneinkünften (Lohnsteuer)

Die Steuer von den Lohneinkünften wurde durch Steuerabzug erhoben und richtete sich nach der Höhe der Lohneinkünfte im Lohnzahlungszeitraum. Sie wurde nach den aus dem Monatssteuertarif G abgeleiteten Steuertabellen unter Berücksichtigung der Steuerklassen und der steuerfreien Beträge bemessen. Bei monatlicher Lohnzahlung galt die Steuertabelle M[425] und bei täglicher Lohnzahlung die Steuertabelle T[426], soweit nicht die besonderen Steuersätze (§ 10 AStVO/DDR) zur Anwendung kamen (§ 19 Abs. 1 AStVO/DDR).

In den Steuertabellen waren für die berufsbedingten Ausgaben 1.200 Mark jährlich, 100 Mark monatlich und 3,80 Mark täglich (bei 6-Tage-Woche) eingearbeitet. Nachgewiesene berufsbedingte Ausgaben, die zusammen die genannten Beträge und die Pauschale überstiegen, wurden auf Antrag durch Gewährung eines steuerfreien Betrages berücksichtigt (§ 19 Abs. 2 AStVO/DDR).

b. Steuerabzug von steuerbegünstigten freiberuflichen Einkünften

Der in der Verordnung über die Besteuerung des Arbeitseinkommens geregelte Steuerabzug von steuerbegünstigten freiberuflichen Einkünften (§ 21 AStVO/DDR) wurde 1958 durch das zuvor bereits erwähnte Gesetz zur Änderung der Besteuerung der steuerbegünstigten freischaffenden Intelligenz neu geregelt. Nach § 2 dieses Gesetzes betrug der für das Steuerabzugsverfahren maßgebende

425 Abgedruckt in: *MdF*, Besteuerung des Arbeitseinkommens, S. 55 ff.

426 Abgedruckt in: *MdF*, Besteuerung des Arbeitseinkommens, S. 67 ff.

Steuersatz 20 % der Einnahmen aus der steuerbegünstigten Tätigkeit. Dieser Steuersatz wurde auf Antrag herabgesetzt, wenn der freiberuflich Tätige nachweisen konnte, dass aufgrund der Höhe der Einnahmen oder der berufsbedingten Ausgaben oder zu gewährender Familienermäßigungen und sonstiger Steuerbefreiungen eine niedrigere Steuer für das Kalenderjahr voraussichtlich zu entrichten war.

Wurde die Steuer mit dem Steuerabzug nicht als abgegolten betrachtet, bzw. bestand eine Pflicht zur Jahresveranlagung (§ 25a AStVO/DDR), so galt nach § 1 dieses Gesetzes Folgendes:

- Einkünfte aus steuerbegünstigter freiberuflicher Tätigkeit waren nach dem Jahressteuertarif H zu besteuern;
- bei Erzielung von Lohneinkünften und steuerbegünstigten freiberuflichen Einkünften von zusammen bis 15.099 Mark im Kalenderjahr war der Gesamtbetrag der Einkünfte ebenfalls nach dem Jahressteuertarif H zu besteuern;
- bei Erzielung von Lohneinkünften und steuerbegünstigten freiberuflichen Einkünften von mehr als 15.100 Mark im Kalenderjahr war die Steuer für die steuerbegünstigten freiberuflichen Einkünfte nach einer Steuersatztabelle J zu entrichten, wobei für die Feststellung des Steuersatzes der Gesamtbetrag der Lohneinkünfte und steuerbegünstigten freiberuflichen Einkünfte zugrunde zu legen war.

11. Einbehaltung und Abführung von Steuerabzugsbeträgen/ Haftung

a. Bei Lohneinkünften

Der bei einem Kreditinstitut kontoführungspflichtige Betrieb hatte die Steuer von den Lohneinkünften bei jeder Lohnzahlung einzubehalten und

- bei monatlicher Zahlung von Löhnen am Tage der jeweiligen Zahlung für den Monat,
- bei kurzfristiger Zahlung von Löhnen am Tage der letzten Lohnzahlung für den jeweiligen Monat

auf das Konto des zuständigen Rates des Kreises, Abteilung Finanzen, zu überweisen (§ 20 Abs. 1 AStVO/DDR).

Betriebe, die nicht zur Führung von Konten verpflichtet waren, hatten den Gesamtbetrag der für einen Monat einbehaltenen Steuerbeträge mindestens am 10. Tag des folgenden Monats auf das Konto des zuständigen Rates des Kreises, Abteilung Finanzen, einzuzahlen (§ 20 Abs. 2 AStVO/DDR).

Der Betrieb haftete für die ordnungsgemäße Einhaltung und Abführung der Steuerbeträge (§ 20 Abs. 3 AStVO/DDR).

b. Bei steuerbegünstigten freiberuflichen Einkünften

Der Auftraggeber, dessen Wohnsitz, Sitz oder Geschäftsleistung sich in der DDR befand, hatte die Steuer bei jeder Entgeltzahlung einzubehalten und den Gesamtbetrag der innerhalb eines Monats einbehaltenen Steuerbeträge bis zum 10. des folgenden Monats auf das Konto des zuständigen Rates des Kreises, Abteilung Finanzen, einzuzahlen (§ 22 Abs. 1 AStVO/DDR).

Der Auftraggeber haftete für die ordnungsgemäße Einbehaltung und Abführung der Steuerbeträge (§ 22 Abs. 2 AStVO/DDR).

12. Erstattung von Steuerabzugsbeträgen

Die Steuer vom Arbeitseinkommen galt bei den Lohneinkünften mit dem Steuerabzug grundsätzlich als abgegolten (§ 24 AStVO/DDR). Eine Erstattung von Lohnsteuerabzugsbeträgen erfolgte nur, wenn diese zu Unrecht einbehalten oder falsch berechnet wurden (§ 25 Abs. 1 AStVO/DDR).

Eine Erstattung von Steuerabzugsbeträgen von steuerbegünstigten freiberuflichen Einkünften erfolgte, wenn der Werktätige im Kalenderjahr:

- Lohneinkünfte und Einkünfte aus steuerbegünstigter freiberuflicher Tätigkeit bis zu 720 Mark erzielte;
- Lohneinkünfte und Einkünfte aus steuerbegünstigter freiberuflicher Tätigkeit und steuerlich nicht begünstigter Tätigkeit erzielte, wenn die beiden letztgenannten 720 Mark nicht überschritten;
- nicht steuerbegünstigte Einkünfte und Einkünfte aus steuerlich begünstigter freiberuflicher Tätigkeit bis zu 720 Mark erzielte (§ 25 Abs. 2 AStVO/DDR).

13. Jahresveranlagung

Eine Jahresveranlagung fand bei ausschließlicher Erzielung von Lohneinkünften nicht statt, da die Steuer mit dem Steuerabzug als abgegolten galt.

Die Festsetzung der Jahressteuer im Wege der Veranlagung war jedoch dann durchzuführen, wenn neben Lohneinkünften steuerlich nicht begünstigte Einkünfte erzielt wurden. Während in diesem Fall die Steuer für die Lohneinkünfte mit dem Steuerabzug abgegolten war, war die Steuer für die nicht begünstigten Einkünfte unter Zugrundelegung des Gesamteinkommens nach einer Steuersatztabelle L festzusetzen (§ 25a Abs. 1 Nr. 1 AStVO/DDR), wobei der Spitzensteuersatz bei 90 % lag.

Des Weiteren war eine Jahresveranlagung durchzuführen, wenn steuerbegünstigte freiberufliche Einkünfte erzielt wurden, die dem Steuerabzug aufgrund des besonders festgesetzten Steuersatzes gemäß § 2 Abs. 2 des Gesetzes zur Änderung der Besteuerung der steuerbegünstigten freischaffenden Intelligenz vom 28. Mai 1958 unterlegen haben. Die Steuerfestsetzung erfolgte in diesen Fällen nach dem Jahressteuertarif H (§ 25a Abs. 1 Nr. 2 AStVO/DDR).

Ferner war eine Jahresveranlagung durchzuführen, wenn steuerbegünstigte freiberufliche Einkünfte und nicht begünstigte Einkünfte erzielt wurden, oder wenn neben diesen Einkünften Lohneinkünfte zugeflossen waren (§ 25 a Abs. 1 Nr. 3 und 4 AStVO/DDR). In diesen Fällen kamen wiederum Mischsteuertarife zur Anwendung.

Eine Jahressteuerfestsetzung konnte ferner durch den Steuerpflichtigen beantragt werden, wenn er im Kalenderjahr Lohneinkünfte und steuerbegünstigte freiberufliche Einkünfte bezogen oder ausschließlich steuerbegünstigte freiberufliche Einkünfte bezogen hatte und bei einer Veranlagung gemäß § 1 Abs. 1 bis 3 des Gesetzes zur Änderung der Besteuerung der steuerbegünstigten freischaffenden Intelligenz vom 28. Mai 1958 eine niedrigere Steuer als die abgeführten Steuerabzüge zu entrichten gewesen wäre (§ 25 a Abs. 2 AStVO/DDR).

Die Steuererstattung konnte maximal bis zur Höhe der entrichteten Steuer auf die steuerbegünstigten bzw. nicht begünstigten Einkünfte erfolgen. Lohnsteuerbeträge durften jedoch nicht erstattet werden.

X. Einkommensteuer[427]

1. Persönliche Steuerpflicht

Auch im Einkommensteuerrecht der DDR unterschied man zwischen unbeschränkter und beschränkter Steuerpflicht. Unbeschränkt einkommensteuerpflichtig mit sämtlichen Einkünften waren Personen, die in der DDR einen Wohnsitz oder ihren gewöhnlichen Aufenthalt hatten (§ 1 Abs. 1 EStG/DDR[428]). Beschränkt einkommensteuerpflichtig mit bestimmten in der DDR bezogenen Einkünften (§ 49 EStG/DDR) waren Personen, die in der DDR weder ihren Wohnsitz noch ihren gewöhnlichen Aufenthalt hatten (§ 1 Abs. 2 EStG/DDR).

2. Sachliche Steuerpflicht

Die Einkommensteuer richtete sich nach dem Einkommen, das der Steuerpflichtige innerhalb eines Kalenderjahres bezogen hatte (§ 2 Abs. 1 EStG/DDR).

Als Einkommen galt der Gesamtbetrag der Einkünfte aus den nachfolgend dargestellten Einkunftsarten nach Abzug der Sonderausgaben (§ 2 Abs. 2 EStG/DDR).

427 Vgl. zum Folgenden auch *Ernst,* Besteuerung privater Industriebetriebe, S. 115 ff.; *Töben,* Besteuerung des deutsch-deutschen Wirtschaftsverkehrs, S. 130 ff.

428 Einkommensteuergesetz i.d.F. v. 18.9.1970.

Der Einkommensteuer unterlagen:

- Einkünfte aus Land- und Forstwirtschaft, wobei auf Einkünfte der Mitglieder der sozialistischen Landwirtschaftsgenossenschaften das Einkommensteuergesetz keine Anwendung fand;
- Einkünfte aus Gewerbebetrieb, wobei die Einkünfte privater Handwerker aus handwerklicher Tätigkeit und die Einkünfte aus dem Kommissionshandel privater Einzelhändler und Gastwirte nach besonderen Vorschriften besteuert wurden;
- Einkünfte aus selbständiger Arbeit;
- Einkünfte aus Kapitalvermögen;
- Einkünfte aus Vermietung und Verpachtung;
- sonstige Einkünfte im Sinne des § 22 EStG/DDR (§ 2 Abs. 3 EStG/DDR).

Die Einkünfte aus unselbständiger Arbeit wurden seit 1952 nicht mehr vom Einkommensteuergesetz erfasst.[429]

3. Steuerfreie Einkünfte

Zu den steuerfreien Einkünften zählten unter anderem:

- Bezüge aus der Sozialversicherung;
- Renten;
- Bezüge aus der Sozialfürsorge;
- Nationalpreise;
- Zinsen von Sparguthaben und von Anleihen der Länder der DDR;
- der Nutzungswert der Wohnung im eigenen Einfamilienhaus, wenn der Eigentümer des Einfamilienhauses ausschließlich Arbeitseinkommen bezog (§ 3 EStG/DDR).[430]

4. Ermittlung der Einkünfte

Auch in der DDR galt ein dualer Einkommensbegriff. Das Einkommensteuergesetz unterschied zwischen Gewinneinkünften und Überschusseinkünften. Zu den Gewinneinkünften zählten die Einkünfte aus Land- und Forstwirtschaft, Gewerbebetrieb und selbständiger Arbeit (§ 2 Abs. 4 Nr. 1 EStG/DDR). Als Überschusseinkünfte galten die Einkünfte aus Kapitalvermögen, Vermietung und Verpachtung und die sonstigen Einkünfte (§ 2 Abs. 4 Nr. 2 EStG/DDR).

429 Zur Besteuerung der Einkünfte aus unselbständiger Arbeit siehe 4. Kapitel C. IX.

430 Weitere steuerfreie Einkünfte ergaben sich aus § 2 der Anordnung über die Besteuerung der Gewerbetreibenden, selbständig tätigen und anderen steuerpflichtigen Bürger (Besteuerungs-RL) v. 24.8.1979, GBl. Sonderdruck Nr. 1016.

a. *Gewinneinkünfte*

aa. *Betriebsvermögensvergleich*

Die Gewinneinkünfte wurden identifiziert mit dem Gewinn. Die Ermittlung des Gewinns als steuerliche Bemessungsgrundlage erfolgte wie in der Bundesrepublik Deutschland durch einen Betriebsvermögensvergleich. Gewinn war der Unterschiedsbetrag zwischen dem Betriebsvermögen am Schluss des Wirtschaftsjahres und dem Betriebsvermögen am Schluss des vorangegangenen Wirtschaftsjahres, vermehrt um den Wert der Entnahmen und vermindert um den Wert der Einlagen (§ 4 Abs. 1 S. 1 EStG/DDR). Für Zwecke der Besteuerung mussten einerseits von dem so zu ermittelnden Gewinn bestimmte Beträge abgezogen werden und andererseits waren ihm bestimmte Beträge hinzuzurechnen.[431]

bb. *Bewertung*[432]

Bei der Ermittlung des Gewinns waren die Vorschriften über die Bewertung (§ 6 EStG/DDR) zu befolgen (§ 4 Abs. 1 S. 4 EStG/DDR).

Auch im Einkommensteuerrecht der DDR waren die Begriffe „Anschaffungskosten", „Herstellungskosten" und „Herstellungs- und Erhaltungsaufwand" von Bedeutung. Ihnen wurde jedoch aufgrund der ideologischen Ausrichtung des Steuersystems oftmals ein anderer Inhalt beigemessen. So durften in bestimmten Fällen nicht die tatsächlichen Anschaffungskosten, sondern nur die preisrechtlich zulässigen Anschaffungspreise aktiviert werden. Ebenso sollten zwar die tatsächlichen Herstellungskosten ermittelt werden, jedoch wurden unter Umständen bestimmte Kostenarten, die tatsächlichen Aufwand darstellten, gesetzlich nicht zur Aktivierung zugelassen.

Der Maßgeblichkeitsgrundsatz der Handelsbilanz für die Steuerbilanz hatte in der DDR nur noch geringfügige Bedeutung. Die Gründe hierfür lagen vor allem darin, dass der Einfluss des Handelsrechts in der Zentralverwaltungswirtschaft der DDR stetig zurückging. Die privaten Unternehmer waren durch den starken Einfluss der Abgabenverwaltung gezwungen, nur noch nach steuerlichen Vorschriften Bücher zu führen und zu bilanzieren. Staatliche Organe griffen nicht nur für Zwecke des Fiskus, sondern auch für Zwecke der planmäßigen wirtschaftlichen Kontrolle, der Preisfestsetzung und der Kreditvergabe auf die Steuerbilanz zurück. Zudem war im Einkommensteuergesetz der DDR im Gegensatz zur bundesdeutschen Regelung nur noch von „*Grundsätzen ordnungsgemäßer Buchführung*" und nicht mehr von „*handelsrechtlichen Grundsätzen ordnungsgemäßer Buchführung*" die Rede (§ 5 EStG/DDR). Demnach war der Begriff der Ordnungsmäßigkeit der Buchführung nicht mehr als handelsrecht-

431 §§ 3 u. 4 der Anordnung über die Besteuerung der Gewerbetreibenden, selbständig tätigen und anderen steuerpflichtigen Bürger (Besteuerungs-RL) v. 24.8.1979.

432 Vgl. zum Folgenden *Ernst,* Besteuerung privater Industriebetriebe, S. 146 ff.; *Töben,* Besteuerung des deutsch-deutschen Wirtschaftsverkehrs, S. 132.

licher Begriff aufzufassen, sondern Buchführung und Bilanzierung wurden nur dann als ordnungsgemäß angesehen, wenn sie den steuerrechtlichen Vorstellungen der Finanzverwaltung entsprachen.

Die Bewertungsvorschriften (§ 6 EStG/DDR) waren im Vergleich zu denen der Bundesrepublik Deutschland weniger umfangreich. Im Zusammenhang mit der Bewertung des abnutzbaren Anlagevermögens (§ 6 Nr. 1 EStG/DDR) fehlte z.B. eine Regelung, wonach der niedrigere Teilwert angesetzt werden konnte. Dieser wurde ab 1949 nur noch eingeschränkt im Zusammenhang mit der Bewertung des Umlaufvermögens, der Einlagen und Entnahmen sowie im Fall der Veräußerung angewendet (§ 6 Nr. 2 bis 6 EStG/DDR). Ferner enthielt die Vorschrift zur Bewertung des abnutzbaren Anlagevermögens keine Aussage zum Prinzip des Wertzusammenhangs.[433]

cc. Betriebsausgaben[434]

Die Ermittlung des Gewinns wurde entscheidend davon beeinflusst, welche Aufwendungen und Ausgaben des Betriebes steuerlich als Kosten anerkannt wurden und demzufolge als Betriebsausgaben den Bruttogewinn minderten.

Bereits im Einkommensteuergesetz der DDR in der Fassung vom 28. April 1951 wurde der Passus, dass „*bei der Ermittlung des Gewinns die Vorschriften über die Betriebsausgaben [...]*" zu befolgen waren, gestrichen. Stattdessen wurde die Abteilung Abgabenverwaltung des Finanzministeriums ermächtigt, die steuerlich abzugsfähigen Ausgaben neu abzugrenzen, was in unregelmäßig erscheinenden Veranlagungsrichtlinien erfolgte.[435]

Eine Definition der Betriebsausgaben befand sich in dem von Mitarbeitern der Abgabenverwaltung verfassten „Lexikon der Betriebsausgaben".[436] Danach waren Betriebsausgaben die „*Aufwendungen, die durch den Betrieb veranlasst worden sind. Sie müssen ernstlich zur Förderung des Betriebes gemacht worden sein und mit ihm in einem inneren Zusammenhang stehen. Ob und in welcher Höhe diese Aufwendungen notwendig waren, unterliegt nicht der Nachprüfung durch die Prüfer der Abteilung Finanzen der Räte der Kreise*".

Trotz der an den bundesdeutschen Betriebsausgabenbegriff angelehnten Formulierung gab es beträchtliche Abweichungen bei der Anerkennung von Betriebsausgaben im Vergleich zur Bundesrepublik Deutschland. Nicht alle kostengleichen Aufwendungen des Betriebes wurden steuerlich als Kosten anerkannt. Als Betriebsausgaben galten nur die betrieblichen Kosten, die den volkswirtschaftlichen Planvorstellungen entsprachen. Planschädliche Aufwendungen wurden steuerlich nicht als Betriebsausgaben anerkannt. Nicht der Unternehmer

---

433 Vgl. *Ernst,* Besteuerung privater Industriebetriebe, S. 157 f. m.w.N.

434 Vgl. zum Folgenden *Ernst,* Besteuerung privater Industriebetriebe, S. 121 ff.; *Töben,* Besteuerung des deutsch-deutschen Wirtschaftsverkehrs, S. 132 f.

435 *Töben,* Besteuerung des deutsch-deutschen Wirtschaftsverkehrs, S. 133 m.w.N.

436 Zitiert bei *Ernst,* Besteuerung privater Industriebetriebe, S. 121.

entschied über die nach seiner Ansicht erforderlichen Kosten, sondern das Prinzip der Sparsamkeit bestimmte den Umfang der Betriebsausgaben. Dieser eingeschränkte Betriebsausgabenabzug sollte insbesondere verhindern, dass die privaten Betriebe mit den volkseigenen Betrieben konkurrierten. Demgemäß wurden private Betriebe in Bezug auf die steuerliche Anerkennung von Betriebsausgaben bewusst diskriminiert, um sie zur Umwandlung in halbstaatliche Betriebe zu drängen. Die bewusste Ausnutzung des Betriebsausgabenabzugs als wirtschaftspolitisches Instrument zeigte sich ferner darin, dass Aufwendungen dann steuerlich als Betriebsausgaben anerkannt wurden, wenn sie zwar nicht im Zusammenhang mit dem Betriebszweck standen, jedoch der Realisierung staatlicher Vorhaben dienten.[437]

b. *Überschusseinkünfte*

aa. *Überschuss der Einnahmen über die Werbungskosten*

Die Überschusseinkünfte wurden identifiziert als Überschuss der Einnahmen über die Werbungskosten (§§ 8 und 9 EStG/DDR).

bb. *Einnahmen*

Einnahmen waren alle Güter, die in Geld oder Geldeswert bestanden und dem Steuerpflichtigen im Rahmen der entsprechenden Einkunftsarten zuflossen (§ 8 Abs. 1 EStG/DDR).

Einnahmen, die nicht in Geld bestanden, waren mit den zulässigen Preisen anzusetzen (§ 8 Abs. 2 EStG/DDR).

cc. *Werbungskosten*[438]

Werbungskosten waren, ebenso wie in der Bundesrepublik Deutschland, Aufwendungen zur Erwerbung, Sicherung und Erhaltung der Einnahmen (§ 9 S. 1 EStG/DDR). Sie waren bei der Einkunftsart abzuziehen, bei der sie entstanden waren (§ 9 Satz 2 EStG/DDR). Vereinzelte Abweichungen zum bundesdeutschen Werbungskostenbegriff ergaben sich jedoch bei der Aufzählung der Aufwendungen, die auch als Werbungskosten galten:

- Schuldzinsen und auf besonderen Verpflichtungsgründen beruhende Renten und dauernde Lasten, soweit sie mit einer Einkunftsart im Zusammenhang standen;
- Steuern vom Grundbesitz, sonstige öffentliche Abgaben und Versicherungsbeiträge, soweit solche Ausgaben sich auf Gebäude oder auf Gegenstände bezogen, die dem Steuerpflichtigen zur Einnahmeerzielung dienten;

437 Zum Umfang der Betriebsausgaben vgl. *Ernst,* Besteuerung privater Industriebetriebe, S. 122 ff.; *Töben,* Besteuerung des deutsch-deutschen Wirtschaftsverkehrs, S. 134 f.

438 Vgl. zum Folgenden *Ernst,* Besteuerung privater Industriebetriebe, S. 246 f.

- Beiträge zu Berufsverbänden, deren Zweck nicht auf einen wirtschaftlichen Geschäftsbetrieb gerichtet war;
- notwenige Aufwendungen des Steuerpflichtigen für Fahrten zwischen Wohnung und Arbeitsstätte;
- Aufwendungen für Arbeitsmittel;
- Abschreibungen (§ 9 Satz 3 EStG/DDR).

c. *Abschreibungen*[439]

Abschreibungen waren sowohl bei der Ermittlung des Gewinns mittels Betriebsvermögensvergleich als auch bei der Ermittlung des Überschusses der Einnahmen über die Werbungskosten zu berücksichtigen (§§ 7 und 9 Nr. 6 EStG/DDR).

Eine Vorschrift über die sofortige Absetzung der Anschaffungs- oder Herstellungskosten geringwertiger Wirtschaftsgüter enthielt das Einkommensteuergesetz der DDR im Vergleich zur Bundesrepublik Deutschland nicht.

Bei Betrachtung der Regelung zu Abschreibungen (§ 7 EStG/DDR) fällt wiederum auf, dass diese einen wesentlich geringeren Umfang hatte, als die entsprechende bundesdeutsche Regelung. Grund hierfür war, dass es in der DDR – anders als derzeit noch in der Bundesrepublik Deutschland – nur die Form der linearen Abschreibung gab. Bei Gebäuden und sonstigen Wirtschaftsgütern, deren Verwendung oder Nutzung durch den Steuerpflichtigen sich erfahrungsgemäß auf einen Zeitraum von mehr als einem Jahr erstreckte, waren Absetzungen für Abnutzungen in gleichen Jahresbeträgen vorzunehmen (§ 7 Abs. 1 S. 1 EStG/DDR). Im Gesetzestext fehlte ein Hinweis darauf, dass sich die Absetzung nach der betriebsgewöhnlichen Nutzungsdauer des Wirtschaftsgutes richtete. Für die Bemessung der Abschreibungssätze wurde auf die Liste der Abschreibungssätze für Anlagegegenstände verwiesen, die vom Minister der Finanzen bekannt gegeben wurde (§ 7 Abs. 1 S. 2 EStG/DDR). Sonderabschreibungen sowie Absetzungen für außergewöhnliche technische oder wirtschaftliche Abnutzungen waren nicht erlaubt. Absetzungen für Substanzverringerung waren nur zulässig bei Bergbauunternehmen, Steinbrüchen und anderen Betrieben, die einen Verbrauch der Substanz mit sich brachten (§ 7 Abs. 2 EStG/DDR).

Bemessungsgrundlage der Absetzung für Abnutzung waren grundsätzlich die tatsächlichen Anschaffungs- und Herstellungskosten. In bestimmten Fällen war die Absetzung für Abnutzung jedoch nach den preisrechtlich zulässigen Anschaffungspreisen oder den Neuanschaffungswerten zu bemessen.[440]

Die Höhe der Abschreibungen wurde ohne Berücksichtigung betriebsindividueller Verhältnisse durch die Abgabenverwaltung nach Abstimmung mit den Planungsbehörden bestimmt. Die normierten Abschreibungssätze waren im

---

439 Vgl. zum Folgenden *Ernst,* Besteuerung privater Industriebetriebe, S. 199 ff.; *Töben,* Besteuerung des deutsch-deutschen Wirtschaftsverkehrs, S. 135 f.

440 *Ernst,* Besteuerung privater Industriebetriebe, S. 201 ff.

Vergleich zur Bundesrepublik Deutschland wesentlich niedriger, d.h. die Nutzungsdauer wurde bedeutend länger angesetzt. Nicht genutzte Anlagegüter mit Ausnahme von Grundstücken, Gebäuden und Bahnanlagen durften nur zu 25 % und Reserveanlagen nur zu 50 % der vorgeschriebenen Abschreibungssätze abgeschrieben werden.[441]

d. Besteuerungszeitraum

Abweichend von der bundesdeutschen Regelung war der Besteuerungszeitraum in der DDR stets mit dem Kalenderjahr (Veranlagungszeitraum) identisch (§§ 2 und 25 EStG/DDR). Einen vom Kalenderjahr abweichenden Gewinnermittlungszeitraum (Wirtschaftsjahr) gab es im Einkommensteuerrecht der DDR nicht.

5. Sonderausgaben[442]

Die Möglichkeit des Sonderausgabenabzugs war in der DDR im Vergleich zur Bundesrepublik Deutschland erheblich eingeschränkt. Als Sonderausgaben konnten nur Pflichtbeiträge zur Sozialversicherung für den Steuerpflichtigen, seinen Ehegatten und seine Kinder bis einschließlich 15 Jahre vom Gesamtbetrag der Einkünfte abgezogen werden (§ 10 Abs. 1 EStG/DDR). Der Abzug von Sonderausgaben für die zuvor genannten Angehörigen war jedoch nur zulässig, wenn diese mit dem Steuerpflichtigen zusammen veranlagt wurden (§ 10 Abs. 2 EStG/DDR). Der Sonderausgabenabzug entsprechend der Anzahl der Kinder entfiel, wenn das Einkommen 20.000 Mark überstieg. Er war in allen Fällen betragsmäßig begrenzt (§ 10 Abs. 3 EStG/DDR). Ein allgemeiner Pauschalbetrag für Sonderausgaben wurde in der DDR nicht gewährt (§ 10 Abs. 4 EStG/DDR).

6. Nichtabzugsfähige Ausgaben

Nicht abzugsfähig waren folgende Ausgaben:

- für den Haushalt des Steuerpflichtigen und für den Unterhalt seiner Familienangehörigen aufgewendete Beträge;
- freiwillige Zuwendungen und Zuwendungen an gesetzlich unterhaltsberechtigte Personen;
- Steuern vom Einkommen und sonstige Personensteuern (§ 12 EStG/DDR).

---

441 *Ernst,* Besteuerung privater Industriebetriebe, S. 203 ff.

442 Vgl. zum Folgenden *Ernst,* Besteuerung privater Industriebetriebe, S. 247. Siehe auch § 8 der Anordnung über die Besteuerung der Gewerbetreibenden, selbständig tätigen und anderen steuerpflichtigen Bürger (Besteuerungs-RL) v. 24.8.1979.

7. Verlustausgleich und Verlustabzug[443]

Eine Regelung zum Verlustausgleich und Verlustabzug fehlte im Einkommensteuergesetz der DDR. Demnach waren in der DDR bei der Ermittlung des steuerpflichtigen Einkommens weder ein vertikaler Verlustausgleich, d.h. die Verrechnung positiver Einkünfte mit negativen Einkünften einer anderen Einkunftsart, noch ein Verlustabzug, d.h. ein Rücktrag bzw. Vortrag von Verlusten in andere Veranlagungszeiträume, möglich. Erlaubt war lediglich ein horizontaler Verlustausgleich, d.h. die Verrechnung positiver Einkünfte aus einer bestimmten Einkunftsquelle mit negativen Einkünften aus einer anderen Quelle innerhalb derselben Einkunftsart.[444]

8. Haushaltsbesteuerung

Im Einkommensteuerrecht der DDR gab es eine Haushaltsbesteuerung. Unter bestimmten Voraussetzungen wurden Ehegatten zusammen veranlagt und demnach bestimmte Einkünfte zusammengerechnet (§ 26 EStG/DDR). Ebenso wurden der Steuerpflichtige und seine minderjährigen Kinder, für die ihm eine Kinderermäßigung (§ 32a Abs. 2 Nr. 1 EStG/DDR) zustand, bei Vorliegen bestimmter Voraussetzungen zusammen veranlagt (§ 27 EStG/DDR).[445]

9. Pauschalbesteuerung

Der Minister der Finanzen konnte die Einkommensteuer bei Personen, die durch Zuzug aus dem Ausland unbeschränkt steuerpflichtig wurden, bis zur Dauer von 10 Jahren in einem Pauschalbetrag festsetzen, sowie die Besteuerung der Angestellten des diplomatischen Dienstes abweichend von den allgemeinen Vorschriften regeln (§ 31 EStG/DDR).

---

443 Vgl. zum Folgenden *Ernst,* Besteuerung privater Industriebetriebe, S. 243 ff.; *Töben,* Besteuerung des deutsch-deutschen Wirtschaftsverkehrs, S. 136 f.

444 § 5 der Anordnung über die Besteuerung der Gewerbetreibenden, selbständig tätigen und anderen steuerpflichtigen Bürger (Besteuerungs-RL) v. 24.8.1979.

445 Weitere Einzelheiten enthielt § 24 der Anordnung über die Besteuerung der Gewerbetreibenden, selbständig tätigen und anderen steuerpflichtigen Bürger (Besteuerungs-RL) v. 24.8.1979.

10. Steuertarif

Die zu veranlagende Einkommensteuer errechnete sich nach folgendem Grundtarif (§ 32 EStG/DDR):

Tabelle 1.4: Grundtarif K (Anlage zum EStG/DDR):

Einkommen (Mark)		Jahressteuerbetrag		
über	bis	Mark	zzgl. (%)	d. Betrages über (Mark)
0	1.200			
1.200	1.800	16,-	15	1.200
1.800	2.400	106,-	18	1.800
2.400	3.600	214,-	24	2.400
3.600	4.800	502,-	30	3.600
4.800	6.000	862,-	35	4.800
6.000	7.200	1.282,-	37	6.000
7.200	9.000	1.726,-	40	7.200
9.000	12.000	2.446,-	46	9.000
12.000	15.000	3.826,-	51	12.000
15.000	20.000	5.356,-	69	15.000
20.000	30.000	8.800,-	80	20.000
30.000	40.000	16.800,-	84	30.000
40.000	50.000	25.200,-	88	40.000
50.000	250.000	34.000,-	89	50.000
250.000	300.000	212.000,-	90	250.000
300.000	400.000	257.000,-	95	300.000
400.000	500.000	352.000,-	98	400.000
500.000		90 des Einkommens		

Auffällig sind das niedrige steuerfreie Existenzminimum und die ungewöhnlich starke Progression.

11. Steuerermäßigungen

Im Einkommensteuerrecht der DDR waren Ehegattenermäßigungen, Kinderermäßigungen, Elternermäßigungen und Altersermäßigungen vorgesehen (§ 32a EStG/DDR).[446]

Ferner wurden Steuerermäßigungen wegen außergewöhnlicher Belastungen gewährt (§ 33 Abs. 1 EStG/DDR). In den Fällen

- der Krankheit des Steuerpflichtigen oder eines Angehörigen,
- des Todes eines Angehörigen,
- der Gewährung von Unterhalt an mittellose Angehörige sowie
- in Unglücksfällen

konnte die Steuer ermäßigt werden, wenn das Einkommen 20.000 Mark jährlich nicht überstieg. Bei Körperbehinderungen des Steuerpflichtigen lag die Grenze bei 36.000 Mark jährlich. Die vom Steuerpflichtigen zu tragende Mindestbelastung richtete sich nur nach dem Einkommen (bei einem Einkommen bis 6.000 Mark 3 %, von mehr als 6.000 Mark bis 20.000 bzw. 36.000 Mark 4 % des Einkommens). Voraussetzung für die Gewährung der Steuerermäßigung war, dass die außergewöhnlichen Belastungen dem Steuerpflichtigen zwangsläufig erwuchsen und seine soziale Lage wesentlich beeinträchtigten (§ 33 Abs. 2 EStG/DDR). Für den Unterhalt mittelloser Angehöriger durften jährlich nicht mehr als 50 Mark abgesetzt werden (§ 33 Abs. 3 EStG/DDR).[447]

XI. Kommissionshandelsteuer[448]

1. Steuerpflicht

Steuerpflichtig waren Kommissionshändler, d.h. private Einzelhändler und Gastwirte sowie Handwerker mit Einzelhandelstätigkeit, die mit den Zulieferbetrieben des staatseigenen Einzel- und Großhandels einen Kommissionshandelsvertrag abgeschlossen hatten (§ 1 KoHStVO/DDR[449]). Die Steuerpflicht begann mit dem Zeitpunkt des Inkrafttretens des Kommissionshandelsvertrages und endete mit Ablauf des Vertrages.

---

446 Weitere Bestimmungen hierzu enthielten die §§ 26 bis 29 der Anordnung über die Besteuerung der Gewerbetreibenden, selbständig tätigen und anderen steuerpflichtigen Bürger (Besteuerungs-RL) v. 24.8.1979.

447 Weitere Bestimmungen hierzu enthielten die §§ 30 u. 31 der Anordnung über die Besteuerung der Gewerbetreibenden, selbständig tätigen und anderen steuerpflichtigen Bürger (Besteuerungs-RL) v. 24.8.1979.

448 Einen Überblick über die Besteuerung der Kommissionshändler geben *Buck,* in: DDR-Handbuch, Bd. II, S. 1328 u. *Haase,* Steuern der DDR, S. 33.

449 Verordnung über die Besteuerung der Kommissionshändler v. 24.12.1959, GBl. I 1960, S. 19.

Das Einkommen aus dem Kommissionshandel unterlag der Steuer des Kommissionshandels (§ 2 Abs. 1 KoHStVO/DDR). Dieses Einkommen ergab sich aus dem Gewinn aus dem Kommissionshandel gemindert um die abzugsfähigen Pflichtbeiträge zur Sozialversicherung (§ 2 Abs. 2 KoHStVO/DDR).

2. Befreiungen von anderen Steuern

Die Kommissionshändler waren zum Teil von anderen Steuern befreit (§ 3 KoHStVO/DDR). So unterlagen Provisionen und Erlöse, die der Kommissionshändler aus dem Verkauf von Grundmitteln und Arbeitsmitteln erzielte, nicht der Umsatzsteuer.[450] Ferner war für die Kommissionshandelstätigkeit keine Gewerbesteuer zu entrichten. Darüber hinaus war das Betriebsvermögen von der Vermögensteuer befreit, wenn der Kommissionshändler über kein anderes steuerpflichtiges Vermögen verfügte und zum Betriebsvermögen kein Grundstück zählte oder wenn das andere steuerpflichtige Vermögen des Kommissionshändlers und der mit ihm Zusammenveranlagten 2.000 Mark nicht überstieg[451].

3. Gewinnermittlung

Gewinn aus dem Kommissionshandel war der im Kalenderjahr erzielte Überschuss der Provision über die Handelskosten. Zum Gewinn zählten auch Gewinne aus der Veräußerung einzelner Gegenstände des abnutzbaren Anlagevermögens (§ 4 KoHStVO/DDR).

Handelskosten waren alle durch die Kommissionshandelstätigkeit verursachten und nachgewiesenen Aufwendungen abzüglich der erstatteten Handelskosten (§ 5 Abs. 1 KoHStVO/DDR). Anschaffungskosten für Wirtschaftsgüter des abnutzbaren Anlagevermögens, die im Kommissionshandelsgeschäft genutzt wurden und deren Nutzungsdauer sich erfahrungsgemäß auf einen Zeitraum von mehr als einem Jahr erstreckte, waren im Jahr ihrer Verausgabung in voller Höhe als Handelskosten abzugsfähig, wenn sie je Wirtschaftsgut oder je Wirtschaftsguteinheit 500 Mark nicht überstiegen. Lagen die Anschaffungskosten über diesem Betrag, so waren die Gesamtkosten auf die Jahre der Nutzung zu verteilen (§ 5 Abs. 2 KoHStVO/DDR). Darüber hinaus hatte der Minister der Finanzen die Abzugsfähigkeit einzelner Kostenarten gesondert zu regeln (§ 5 Abs. 3 KoHStVO/DDR).

---

450 § 4 der Vierten Durchführungsbestimmung zur Verordnung über die Besteuerung der Kommissionshändler v. 13.2.1980, GBl. Sonderdruck Nr. 1033.

451 § 5 der Vierten Durchführungsbestimmung zur Verordnung über die Besteuerung der Kommissionshändler v. 13.2.1980.

Zum Zwecke der Besteuerung waren einerseits von dem so ermittelten Gewinn bestimmte Beträge abzuziehen und ihm andererseits bestimmte Beträge hinzuzurechnen.[452]

4. Steuertarif

Für die Steuer des Kommissionshandels war die folgende Grundtabelle maßgebend (§ 2 Abs. 3 KoHStVO/DDR):

Tabelle 1.5: Steuertarif Grundtabelle

Jahreseinkommen (Mark) über	bis	Jahressteuerbetrag Mark	zzgl. (%)	d. Betrages über (Mark)
0	1.200			
1.200	1.800	16,-	15	1.200
1.800	2.400	106,-	18	1.800
2.400	3.600	216,-	20	2.400
3.600	4.800	458,-	24	3.600
4.800	6.000	744,-	30	4.800
6.000	7.200	1.104,-	34	6.000
7.200	13.900	1.512,-	22,5	7.200
13.900	und mehr	3.020,-	20	13.900

5. Steuerklassen

Für die Berechnung der Steuer waren folgende Steuerklassen maßgebend:

- Steuerklasse I: Kommissionshändler, soweit sie nicht in die Steuerklassen II oder III einzustufen waren;
- Steuerklasse II: Kommissionshändler, die im Kalenderjahr mindestens vier Monate verheiratet waren, und Kommissionshändler, die als Mann das 60. Lebensjahr bzw. als Frau das 40. Lebensjahr bis zum Ablauf des Kalenderjahres vollendet hatten und nicht in die Steuerklasse III einzustufen waren;
- Steuerklasse III: Kommissionshändler, die Kinderermäßigung erhielten (§ 8 KoHStVO/DDR).

452 § 9 der Vierten Durchführungsbestimmung zur Verordnung über die Besteuerung der Kommissionshändler v. 13.2.1980.

Die sich aus der oben dargestellten Grundtabelle ergebende Steuer entsprach der Steuerklasse I. Für die Steuerklasse II war der zu versteuernde Betrag um 600 Mark sowie für jedes Kind, für das der Kommissionshändler Kinderermäßigung erhielt, um weitere 600 Mark je Kind zu mindern.

6. Steuerermäßigungen

a. Kinderermäßigung

Der Kommissionshändler erhielt Kinderermäßigung für jedes Kind, das im Kalenderjahr mindestens vier Monate zu seinem Haushalt gehörte oder überwiegend auf seine Kosten unterhalten und erzogen wurde und das 18. Lebensjahr nicht vollendet hatte (§ 9 Abs. 2 KoHStVO/DDR).

Für Kinder, die das 18. Lebensjahr vollendet hatten, wurde bei Vorliegen bestimmter Voraussetzungen auf Antrag ebenfalls Kinderermäßigung gewährt (§ 9 Abs. 2 und 3 KoHStVO/DDR).

b. Außergewöhnliche Belastungen

Bei Vorliegen bestimmter Voraussetzungen konnten auf Antrag Steuerermäßigungen wegen außergewöhnlicher Belastungen gewährt werden (§ 10 KoHStVO/DDR).[453]

7. Zuschlag zur Kommissionshandelsteuer

Ab 1971 hatte der Kommissionshändler für den 24.000 Mark übersteigenden Jahresgewinn einen Zuschlag zur Kommissionshandelssteuer in Höhe von 50 % zu zahlen.[454] Ab 1984 musste der Zuschlag ab einem Jahresgewinn von 30.000 Mark geleistet werden.[455] Bei einem Jahresgewinn von 30.000 Mark bis 35.000 Mark betrug der Zuschlag 30 % des übersteigenden Jahresgewinns. Bei einem Jahresgewinn von mehr als 35.000 Mark erhöhte sich der Zuschlag auf 50 % des 35.000 Mark übersteigenden Jahresgewinns.

8. Besteuerung anderer Einkünfte

Erzielte der Kommissionshändler neben seinen Einkünften aus dem Kommissionshandel noch andere steuerpflichtige Einkünfte im Sinne des Einkommen-

---

453 Weitere Bestimmungen zu den Steuerermäßigungen wegen außergewöhnlicher Belastungen enthielten die §§ 13 f. der Vierten Durchführungsbestimmung zur Verordnung über die Besteuerung der Kommissionshändler v. 13.2.1980.

454 Vgl. Zweite Verordnung über die Besteuerung der Kommissionshändler v. 15.12.1970, GBl. II 1970, S. 689.

455 § 1 Abs. 3 der Dritten Verordnung über die Besteuerung der Kommissionshändler v. 29.3.1984, GBl. I 1984, S. 115.

steuergesetzes der DDR, so waren hierfür die Bestimmungen des allgemeinen Steuerrechts anzuwenden (§ 11 KoHStVO/DDR).[456]

XII. Körperschaftsteuer[457]

1. Vorbemerkungen

Die Körperschaftsteuer hatte die finanzpolitische Aufgabe, private Kapitalgesellschaften zu verdrängen. Dies wurde deutlich an der Verweigerung von Steuervergünstigungen, der daraus resultierenden Doppelbelastung sowie an der Tarifgestaltung. Mit der Zeit hatte die Körperschaftsteuer an Bedeutung verloren, da es in der DDR kaum noch Kapitalgesellschaften gab. Demgemäß kam die Körperschaftsteuer fast nur noch auf das unter staatlicher Verwaltung zusammengefasste ausländische Betriebsvermögen zur Anwendung.[458]

2. Steuerpflicht

Im Körperschaftsteuerrecht der DDR wurde ebenso wie in der Bundesrepublik Deutschland zwischen unbeschränkter und beschränkter Körperschaftsteuerpflicht unterschieden.

Unbeschränkt körperschaftsteuerpflichtig waren die folgenden Körperschaften, Personenvereinigungen und Vermögensmassen, die ihre Geschäftsleitung oder ihren Sitz in der DDR hatten:

- Kapitalgesellschaften;
- Erwerbs- und Wirtschaftsgenossenschaften;
- Versicherungsvereine auf Gegenseitigkeit;
- sonstige juristische Personen des Zivilrechts;
- nichtrechtsfähige Vereine, Anstalten, Stiftungen und andere Zweckvermögen;
- Betriebe gewerblicher Art von juristischen Personen, die selbst von der Körperschaftsteuer befreit waren (§ 1 Abs. 1 KStG/DDR[459]).

Die unbeschränkte Körperschaftsteuerpflicht erstreckte sich auf sämtliche Einkünfte (§ 1 Abs. 2 KStG/DDR).

456 Nähere Bestimmungen hierzu enthielten die §§ 15 f. d. Vierten Durchführungsbestimmung zur Verordnung über die Besteuerung der Kommissionshändler v. 13.2.1980. Zu den einkommensteuerrechtlichen Vorschriften siehe 4. Kapitel C. X.

457 Vgl. zum Folgenden *Ernst,* Besteuerung privater Industriebetriebe, S. 261 ff.; *Töben,* Besteuerung des deutsch-deutschen Wirtschaftsverkehrs, S. 143 ff.

458 *Ernst,* Besteuerung privater Industriebetriebe, S. 261 ff.; *Haase,* Steuern der DDR, S. 33.

459 Körperschaftsteuergesetz i.d.F. v. 18.9.1970, GBl. Sonderdruck Nr. 671.

Beschränkt körperschaftsteuerpflichtig waren:

- Körperschaften, Personenvereinigungen und Vermögensmassen, die weder ihre Geschäftsleitung noch ihren Sitz in der DDR hatten, und zwar mit ihren in der DDR bezogenen Einkünften;
- Körperschaften, Personenvereinigungen und Vermögensmassen, die nicht unbeschränkt steuerpflichtig waren, mit den in der DDR bezogenen Einkünften, von denen der Steuerabzug zu erheben war (§ 2 KStG/DDR).

Nichtrechtsfähige Personenvereinigungen, Anstalten, Stiftungen und andere Zweckvermögen waren nur dann körperschaftsteuerpflichtig, wenn ihr Einkommen weder nach dem Körperschaftsteuergesetz der DDR noch nach dem Einkommensteuergesetz der DDR unmittelbar bei einem anderen Steuerpflichtigen zu versteuern war (§ 3 KStG/DDR).

Auf sozialistische Genossenschaften fand das Körperschaftsteuergesetz der DDR keine Anwendung.

3. Persönliche Steuerbefreiungen

Grundsätzlich steuerbefreit waren:

- zugelassene politische Parteien sowie juristische Personen, deren Zweck die Verwaltung des Vermögens der politischen Parteien war;
- demokratische Organisationen nach näherer Bestimmung des Ministers der Finanzen;
- Körperschaften, Personenvereinigungen und Vermögensmassen, die ausschließlich und unmittelbar kirchlichen, gemeinnützigen oder karitativen Zwecken dienten (§ 4 Abs. 1 KStG/DDR).

4. Körperschaftsteuerpflichtiges Einkommen

Bemessen wurde die Körperschaftsteuer nach dem Einkommen, das der Steuerpflichtige innerhalb eines Kalenderjahres bezogen hatte (§ 5 Abs. 1 KStG/DDR). Der Hinweis auf das vom Kalenderjahr abweichende Wirtschaftsjahr (§ 5 Abs. 2 KStG/DDR) dürfte in der DDR aufgrund des eingeschränkten Verlustausgleichs kaum noch Bedeutung gehabt haben.[460]

Das körperschaftsteuerpflichtige Einkommen war auch in der DDR nach den Vorschriften des Einkommensteuergesetzes[461] unter Berücksichtigung körperschaftsteuerspezifischer Bestimmungen (§§ 7 bis 16 KStG/DDR) zu ermitteln (§ 6 KStG/DDR). Es fehlte in der DDR zwar eine der bundesdeutschen Regelung entsprechende Vorschrift, wonach bei bestimmten Körperschaften alle Einkünfte als Einkünfte aus Gewerbebetrieb zu behandeln waren (§ 8 Abs. 2

460 Zum Verlustausgleich vgl. 4. Kapitel C. X. 7.

461 Siehe hierzu 4. Kapitel C. X.

KStG/Bundesrepublik), dennoch dürfte dies mit Verweis auf § 2 Abs. 2 GewStG/DDR auch für die DDR gegolten haben.

Bei der körperschaftsteuerpflichtigen Einkommensermittlung waren neben den einkommensteuerrechtlichen Vorschriften insbesondere die körperschaftsteuerspezifischen Vorschriften über abzugsfähige und nicht abzugsfähige Ausgaben zu berücksichtigen. Besonders aus deren (Nicht-) Anerkennung ergaben sich Abweichungen im Vergleich zur Bundesrepublik Deutschland. Abzugsfähige Ausgaben waren in der DDR:

- bei Kapitalgesellschaften die Kosten der Ausgabe von Aktien und sonstigen Gesellschaftsanteilen, soweit sie nicht aus dem Ausgabeaufgeld gedeckt werden konnten;
- bei Versicherungsunternehmen die Zuführungen zu versicherungstechnischen Rücklagen, soweit sie für die Leistungen aus den am Bilanzstichtag laufenden Versicherungsverträgen erforderlich waren;
- bei Kommanditgesellschaften auf Aktien der Teil des Gewinns, der an persönlich haftende Gesellschafter auf ihre nicht auf das Grundkapital gemachten Einlagen oder als Vergütung für die Geschäftsführung verteilt wurde (§ 11 KStG/DDR).

Trotz dieser klaren gesetzlichen Regelung wurde bei Kommanditgesellschaften auf Aktien der als Vergütung verteilte Gewinn in der Praxis nicht als abzugsfähige Ausgabe anerkannt, denn ab 1953 wurde allen Vergütungen, die von den Kapitalgesellschaften an ihre Aktionäre oder Gesellschafter und deren Ehegatten für ihre Tätigkeit im Dienst der Gesellschaft gewährt wurden, der Kostencharakter versagt.[462]

Nicht abzugsfähig waren in der DDR:

- Aufwendungen für die Erfüllung von Zwecken des Steuerpflichtigen, die durch Stiftung, Satzung oder sonstige Verfassung vorgeschrieben waren;
- Steuern vom Einkommen und die Vermögensteuer;
- Vergütungen jeder Art, die an Mitglieder des Aufsichtsrates, Verwaltungsrates oder andere mit der Überwachung der Geschäftsführung beauftragte Personen gewährt wurden;
- Ausgaben zu gemeinnützigen, karitativen, kirchlichen und ähnlichen Zwecken (§ 12 KStG/DDR).

Abgesehen von den zuvor dargestellten Regelungen enthielt das Körperschaftsteuergesetz noch besondere Vorschriften über anteilige Bezüge (§ 13 KStG/DDR), Auflösung und Abwicklung (§ 14 KStG/DDR), Verschmelzung und

462 § 12 der Verordnung zur Änderung der Besteuerung und zur Senkung des Einkommensteuertarifes (Steueränderungsverordnung) v. 23.7.1953, GBl. I 1953, S. 889; § 5 der Zweiten Durchführungsbestimmung zur Verordnung zur Änderung der Besteuerung und zur Senkung des Einkommensteuertarifes v. 23.7.1953, GBl. I 1953, S. 893.

Umwandlung (§ 15 KStG/DDR), sowie über die Verlegung der Geschäftsleitung ins Ausland (§ 16 KStG/DDR), die bei der körperschaftsteuerlichen Einkommensermittlung zu berücksichtigen waren.

5. Mindestbesteuerung

Als Mindesteinkommen wurden der Besteuerung zugrunde gelegt:

- die Ausschüttungen einschließlich verdeckter Gewinnausschüttungen, soweit sie mehr als 4 % des eingezahlten Grund- oder Stammkapitals oder, wenn ein solches nicht vorhanden war, des bei der letzten Veranlagung zur Vermögensteuer festgestellten Vermögens betrugen;
- die Vergütungen jeder Art, die an die Mitglieder des Aufsichtsrates, Verwaltungsrates oder andere mit der Überwachung der Geschäftsführung beauftragte Personen gewährt wurden;
- die Vergütungen jeder Art, die an die Mitglieder des Vorstandes oder an andere Angestellte in leitender Stellung für ihre Tätigkeit gewährt wurden, soweit sie außer Verhältnis zu ihrer Arbeitsleistung standen (§ 17 Abs. 1 KStG/DDR).

Die Mindestbesteuerung war nur dann vorzunehmen, wenn der Gesamtbetrag des Mindesteinkommens höher war als das nach den vorgenannten Vorschriften zu ermittelnde Einkommen (§ 17 Abs. 2 KStG/DDR).

6. Steuertarif

Bei Betrachtung des Körperschaftsteuertarifes zeigt sich die größte Abweichung im Vergleich zum Körperschaftsteuerrecht der Bundesrepublik Deutschland. Die Körperschaftsteuer bemaß sich in der DDR grundsätzlich nach folgendem Grundtarif (§ 19 KStG/DDR):

Tabelle 1.6: KSt-Grundtarif 1 (Anlage 1 zum KStG/DDR):

Einkommen (Mark)		Jahressteuerbetrag		
über	bis	Mark	zzgl. (%)	d. Betrages über (Mark)
0	720			
720	840	5,-	8	720
840	1.200	14,60	16,5	840
1.200	2.400	74,-	20	1.200
2.400	3.600	314,-	25	2.400

3.600	4.800	614,-	28	3.600
4.800	6.000	950,-	36	4.800
6.000	7.200	1.382,-	45	6.000
7.200	9.000	1.922,-	50	7.200
9.000	13.200	2.822,-	56	9.000
13.200	18.000	5.174,-	64	13.200
18.000	24.000	8.246,-	72	18.000
24.000	60.000	12.566,-	86	24.000
60.000	100.000	43.526,-	87	60.000
100.000	150.000	78.326,-	91	100.000
150.000	200.000	123.826,-	92	150.000
200.000	250.000	169.826,-	93	200.000
250.000		216.326,-	95	250.000

Die Progression war noch stärker ausgeprägt als bei der Einkommensteuer. Die Schutzvorschrift, wonach die Einkommen- und Vermögensteuer ab 1954 zusammen 90 % des Gesamtbetrages der Einkünfte nicht übersteigen durfte, fand auf private Kapitalgesellschaften keine Anwendung.[463] Der Spitzensteuersatz von 95 % wurde bei einem Jahreseinkommen von 423.680 Mark erreicht. Bei einem Einkommen in Höhe von nur 8.390 Mark wurde bereits fast ein Drittel dieses Satzes (30 %) und bei einem Einkommen in Höhe von 17.230 Mark fast die Hälfte dieses Satzes (45 %) erreicht. Hinzu kam, dass das der Besteuerung zugrunde liegende Einkommen überhöht war um die Aufwendungen, die eindeutig Kostencharakter hatten. Zudem unterlag das Einkommen aus Kapitalvermögen dem stark progressiven Einkommensteuertarif. Diese hohen Belastungen verdeutlichten die staatliche Zielsetzung der Beseitigung privater Kapitalgesellschaften.

Für Erwerbs- und Wirtschaftsgenossenschaften sowie Genossenschaftsverbände, bestimmte Berufsverbände und Betriebe gewerblicher Art galten weniger hohe Steuertarife (§ 19 Abs. 2 KStG/DDR).

463 § 5 Abs. 3 der Verordnung zur Änderung der Besteuerung und zur Senkung des Einkommensteuertarifes (Steueränderungsverordnung) v. 23.7.1953; § 1 Abs. 2 der Zweiten Durchführungsbestimmung zur Verordnung zur Änderung der Besteuerung und zur Senkung des Einkommensteuertarifes v. 23.7.1953; § 2 der Verordnung zur Änderung der Besteuerung der privaten Wirtschaft (Zweite Steueränderungsverordnung) v. 4.3.1954, GBl. I 1954, S. 240.

7. Pauschalbesteuerung

Um die Schwierigkeiten einer exakten Gewinnabgrenzung zu umgehen, bestand in der DDR die Möglichkeit einer Pauschalbesteuerung (§ 21 KStG/DDR). Danach hatte der Rat des Kreises, Abteilung Finanzen, bei offensichtlicher Geringfügigkeit des steuerpflichtigen Einkommens und Unverhältnismäßigkeit des Verwaltungsaufwandes zur Ermittlung dieses Einkommens die Befugnis, die Körperschaftsteuer in einem Pauschbetrag festzusetzen.

XIII. Steuern der PGH-Mitglieder[464]

1. Vorbemerkungen

Die Mitglieder der Produktionsgenossenschaften des Handwerks wurden nach Höhe und Herkunft ihres Einkommens differenziert besteuert. Unterschieden wurde zwischen den Einnahmen aus Arbeitsleistungen, den Einnahmen aus Gewinnbeteiligungen und aus betrieblichen Sozialleistungen sowie den Einnahmen aus der Verpachtung und dem Verkauf von Produktionsmitteln an die Produktionsgenossenschaft.

2. Einnahmen aus Arbeitsleistungen

Die Einnahmen für die in der Produktionsgenossenschaft des Handwerks geleistete Arbeit waren getrennt nach Leistungsgrundvergütungen und Mehrleistungsvergütungen zu besteuern (§ 7 Abs. 1 PGHStG/DDR[465]).

Die Besteuerung der Leistungsgrundvergütungen und Zeitvergütungen erfolgte nach einem Steuertarif, der dem der Lohnsteuer entsprach[466] (§ 7 Abs. 2 PGHStG/DDR). Berücksichtigt wurden auch hier soziale Gesichtspunkte durch die Einteilung in unterschiedliche Steuerklassen.

Die Steuer auf Mehrleistungsvergütungen war unter Berücksichtigung der vom jeweiligen Mitglied im betreffenden Monat erreichten durchschnittlichen Normerfüllung nach einem von 5 bis 20 % gestaffelten Steuertarif[467] zu bemessen (§ 7 Abs. 3 PGHStG/DDR).

---

464 Einen Überblick über die Steuern der Mitglieder der Produktionsgenossenschaften des Handwerks geben *Buck,* in: DDR-Handbuch, Bd. II, S. 1327; *Haase,* Steuern der DDR, S. 30.

465 Gesetz über die Besteuerung der Produktionsgenossenschaften des Handwerks und ihrer Mitglieder (PGH-Steuergesetz) v. 30.11.1962.

466 Siehe Anlage 2 zum Gesetz über die Besteuerung der Produktionsgenossenschaften des Handwerks und ihrer Mitglieder (PGH-Steuergesetz) v. 30.11.1962.

467 Siehe Anlage 3 zum Gesetz über die Besteuerung der Produktionsgenossenschaften des Handwerks und ihrer Mitglieder (PGH-Steuergesetz) v. 30.11.1962.

Folgende Zahlungen an die Mitglieder waren insoweit steuerfrei, als sie nach den Grundsätzen und in Höhe der Sätze für die übrige Wirtschaft gezahlt wurden:

- Zuwendungen und solche Teile der Arbeitsvergütungen, die als Ersatz für besondere Aufwendungen der Mitglieder gezahlt wurden und in unmittelbarem Zusammenhang mit der Tätigkeit in der Genossenschaft standen, wie z.B. Erschwerniszuschläge, Reisekosten, Arbeitsschutzkleidung;
- Zuschläge für Überstunden-, Nacht-, Sonntags- und Feiertagsarbeit;
- Bezüge aus Mitteln der Sozialversicherung.[468]

Steuerermäßigungen wurden gewährt

- für ältere Mitglieder der Produktionsgenossenschaften des Handwerks,
- für Körperbehinderte,
- für den Unterhalt von Familienangehörigen und
- für besondere finanzielle Belastungen (§ 7 Abs. 5 PGHStG/DDR).[469]

3. Einnahmen aus Gewinnbeteiligungen und aus betrieblichen Sozialleistungen

Die Einnahmen aus Gewinnbeteiligungen (Gewinnausschüttungen) wurden nach einem Einheits- und Proportionalsteuersatz in Höhe von 10 % besteuert (§ 8 Abs. 1 PGHStG/DDR).

Prämien und soziale Leistungen der Genossenschaften an ihre Mitglieder waren steuerfrei (§ 8 Abs. 3 PGHStG/DDR).

4. Einnahmen aus der Vermietung und dem Verkauf von Produktionsmitteln an die Produktionsgenossenschaft

Einnahmen aus der nutzungsweisen Überlassung von Produktionsmitteln an die Produktionsgenossenschaft waren steuerfrei, wenn der Nutzungsvertrag eine für das Mitglied unkündbare Nutzungsdauer von mindestens fünf Jahren hatte. Andernfalls wurden die Pachteinnahmen mit einem Einheitssteuersatz von 30 % der Bruttobeträge[470] besteuert (§ 8 Abs. 2 PGHStG/DDR). Diese Steuerbefreiung bei fünfjähriger Nutzungsüberlassung galt jedoch nur, soweit die Summe der für die einzelnen Jahre gezahlten Nutzungsentgelte den Zeitwert der Produktionsmittel im Zeitpunkt des Beginns der Nutzung nicht überschritten hatte. Die

468 § 18 Abs. 2 u. 3 der Ersten Durchführungsbestimmung zum PGH-Steuergesetz vom 4.12.1962.

469 Zu den Steuerermäßigungen siehe im Einzelnen die §§ 20 bis 22 der Ersten Durchführungsbestimmung zum PGH-Steuergesetz v. 4.12.1962.

470 § 23 der Ersten Durchführungsbestimmung zum PGH-Steuergesetz v. 4.12.1962.

nach Erreichen des Zeitwerts weiterhin gezahlten Nutzungsentgelte waren zu 30 % steuerpflichtig.[471]

Einnahmen aus der Einbringung von Produktionsmitteln in die Produktionsgenossenschaft und aus dem Verkauf von Produktionsmitteln waren steuerfrei. Beim Verkauf an andere Erwerber wurde die Steuerfreiheit nur gewährt, wenn die Produktionsgenossenschaft nachweislich kein Interesse am Erwerb hatte (§ 8 Abs. 4 PGHStG/DDR).

5. Besteuerung der Einkünfte außerhalb der Produktionsgenossenschaft

Die Besteuerung der Einkünfte außerhalb der Produktionsgenossenschaft erfolgte nach den dafür geltenden Bestimmungen (§ 9 Abs. 1 PGHStG/DDR). Anzuwenden waren insbesondere die einkommensteuerrechtlichen Bestimmungen[472] und die Bestimmungen zur Besteuerung des Arbeitseinkommens[473]. Die Einkommensteuer auf die außerhalb der Produktionsgenossenschaft erzielten, steuerlich nicht begünstigten Einkünfte lag zwischen 2 und 68 %[474] des jährlichen Gesamteinkommens (§ 9 Abs. 2 PGHStG/DDR).

6. Vermögensteuer

Bei der Ermittlung der von den Mitgliedern der Produktionsgenossenschaft zu zahlenden Vermögensteuer blieben außer Ansatz:

- Forderungen an die Produktionsgenossenschaft aus der Einbringung und dem Verkauf von Produktionsmitteln, aus Nutzungsüberlassungen und Arbeitsvergütungen;
- der Wert der einer Produktionsgenossenschaft zur Nutzung überlassenen Produktionsmittel;
- Anteile der Mitglieder an der Produktionsgenossenschaft (§ 11 PGHStG/DDR).

Im Übrigen galten die vermögensteuerrechtlichen Bestimmungen.[475]

---

471 § 3 der Verordnung über die Besteuerung der Produktionsgenossenschaften des Handwerks v. 15.12.1970.

472 Zu den einkommensteuerrechtlichen Bestimmungen siehe 4. Kapitel C. X.

473 Zur Besteuerung des Arbeitseinkommens siehe 4. Kapitel C. IX.

474 Siehe Anlage 4 zum PGH-Steuergesetz v. 30.11.1962.

475 Zu den vermögensteuerrechtlichen Bestimmungen siehe 4. Kapitel C. III.

7. Steuervergünstigungen bei der Umwandlung von Einkaufs- und Liefergenossenschaften in Produktionsgenossenschaften

Steuern, die bei Auflösung einer Einkaufs- und Liefergenossenschaft des Handwerks im Zusammenhang mit dem Eintritt ihrer Mitglieder in eine Produktionsgenossenschaft des Handwerks entstanden, wurden nicht erhoben (§ 12 Abs. 1 PGHStG/DDR). Kam es bei der Auflösung zur Ausschüttung bisher nicht besteuerter Rücklagen an Mitglieder, unterlagen diese Beträge der Körperschaft- und Gewerbesteuer (§ 12 Abs. 2 PGHStG/DDR). Gleiches galt bei der Umwandlung einer gewerblichen Produktionsgenossenschaft in eine Produktionsgenossenschaft des Handwerks.[476]

8. Haftung

Die Produktionsgenossenschaften des Handwerks waren verpflichtet, die von ihren Mitgliedern zu entrichtenden Steuern auf die Einnahmen aus Arbeitsvergütungen, aus Gewinnausschüttungen und aus der nutzungsweisen Überlassung von Produktionsmitteln einzubehalten und an den Rat des Kreises bzw. der Stadt abzuführen. Sowohl die Produktionsgenossenschaft als auch ihre Mitglieder hafteten für das korrekte Einbehalten und Abführen der Steuerbeträge (§ 13 PGHStG/DDR).

XIV. Beförderungsteuer

1. Steuergegenstand

Der Beförderungsteuer unterlagen

- die Beförderung von Personen und Gütern auf Schienenbahnen,
- die gewerbsmäßige Beförderung von Personen mit Kraftfahrzeugen,
- die Beförderung von Gütern im Güterfernverkehr mit Kraftfahrzeugen sowie
- die Beförderung von Gütern im Werkverkehr mit Kraftfahrzeugen außerhalb eines Umkreises von 50 km (§ 1 BefStG/DDR[477]),

sofern sie innerhalb der DDR erfolgten (§ 2 BefStG/DDR).

2. Steuerbefreiungen

Von der Steuer befreit waren unter anderem

- die Beförderung von Personen im Berufs- und Schülerverkehr, soweit die Beförderung zu ermäßigten Preisen erfolgte, sowie

476 § 29 der Ersten Durchführungsbestimmung zum PGH-Steuergesetz v. 4.12.1962.
477 Beförderungsteuergesetz i.d.F. v. 18.9.1970, GBl. Sonderdruck Nr. 679.

- die Beförderung von Gütern, die den Zwecken des eigenen Beförderungsunternehmens dienten (§ 3 BefStG/DDR).

Darüber hinaus gab es zahlreiche Steuerbefreiungen, die nicht im Beförderungsteuergesetz festgelegt waren.[478]

Nicht anzuwenden war das Beförderungsteuergesetz auf Beförderungsleistungen der sozialistischen Genossenschaften der Landwirtschaft sowie der Konsumgenossenschaften[479].

3. Bemessungsgrundlage

Bemessungsgrundlage für die Steuer war grundsätzlich der Preis, der für die Beförderung an das Beförderungsunternehmen zu entrichten war (§ 5 Abs. 1 BefStG/DDR). Für den nichtöffentlichen, den grenzüberschreitenden sowie den internationalen Verkehr galten ebenso wie für den Eisenbahn- und Eisenbahnfährverkehr zur Bestimmung des der Berechnung der Steuer zugrunde zu legenden Preises besondere Bestimmungen (§§ 5, 6 und 7 BefStG/DDR).

4. Steuerschuldner/Haftung

Steuerschuldner war grundsätzlich derjenige, der den Beförderungspreis zu zahlen hatte. Neben ihm haftete für die Steuer das Beförderungsunternehmen (§ 8 Abs. 1 BefStG/DDR). Das Beförderungsunternehmen hatte die Steuer zu Lasten des Schuldners zu entrichten (§ 8 Abs. 2 BefStG/DDR).

Im nichtöffentlichen Güterverkehr war der Inhaber des Unternehmens Steuerschuldner (§ 8 Abs. 3 BefStG/DDR).

5. Steuersätze

Bei der Personenbeförderung betrug die Steuer

- in der 1. Fahrklasse 16 %,
- in der 2. Fahrklasse 14 % und
- in der 3. Fahrklasse 12 % des Beförderungspreises (§ 11 Abs. 1 BefStG/DDR).

Bei Zuschlagskarten für beschleunigte Beförderungen betrug die Steuer in der 1. und 2. Klasse 15 % und in der 3. Klasse 12 % des Preises (§ 11 Abs. 2 BefStG/DDR). Bei weniger als 3 Klassen bestimmte der Minister der Finanzen die Steuersätze (§ 11 Abs. 3 BefStG/DDR).

---

478 Vgl. z.B. die Anordnung über die Befreiung von der Beförderungsteuer v. 14.11.1966, GBl. II 1966, S. 821.

479 § 7 Abs. 3 der Verordnung über die Regelung von Finanzbeziehungen der Konsumgenossenschaften zum Staatshaushalt v. 26.1.1972, GBl. II 1972, S. 61.

Im Gepäckverkehr betrug die Steuer 12 % des Beförderungspreises (§ 11 Abs. 4 BefStG/DDR).

Im Ortslinienverkehr ermäßigte sich die Steuer bei der Personenbeförderung auf 2 % des Beförderungspreises (§ 11 Abs. 5 BefStG/DDR).

Im Bereich der Güterbeförderung betrug die Steuer 7 % des Beförderungspreises (§ 12 BefStG/DDR).

Ab 1982 gab es für Gewerbetreibende, die gegen Entgelt mit Kraftfahrzeugen Personen beförderten, gesonderte Steuersätze, die zwischen 1,9 und 10,7 % des tariflichen Beförderungspreises lagen. Im Ausflugs- und Gelegenheitsverkehr waren für jede Person und jeden Kilometer der Strecke 0,03 Mark Beförderungsteuer zu zahlen.[480]

XV. Hundesteuer

1. Vorbemerkungen

Die Hundesteuer wurde als Gemeindesteuer von den Räten der Städte bzw. Gemeinden auf der Rechtsgrundlage örtlicher Hundesteuerordnungen erhoben (§ 1 HStVO/DDR[481]). Als Rechtsgrundlage für den Erlass örtlicher Hundesteuerordnungen galt die Muster-Hundesteuerordnung[482] (§ 2 HStVO/DDR).

2. Steuerpflicht

Der Steuer unterlagen das Halten von über drei Monate alten Hunden sowie das Halten von Hunden zur Pflege oder auf Probe.

3. Steuersätze

Für die Hundesteuer galten in der DDR Rahmensteuersätze, die für die Festlegung der örtlichen Steuersätze verbindlich waren (§ 2 HStVO/DDR). Die Steuersätze waren progressiv nach der Zahl der gehaltenen Hunde und nach den Gemeindegrößenklassen gestaffelt. Die Steuer betrug

- für den ersten Hund zwischen 18 und 120 Mark im Kalenderjahr,
- für den zweiten Hund zwischen 24 und 144 Mark im Kalenderjahr und
- für den dritten und jeden weiteren Hund zwischen 30 und 162 Mark im Kalenderjahr.

---

480 § 2 der Ersten Durchführungsverordnung zum Beförderungsteuergesetz v. 20.10.1981, GBl. I 1981, S. 437.

481 Verordnung über die Erhebung der Hundesteuer v. 18.7.1957, GBl. I 1957, S. 385.

482 Abgedruckt als Anlage zur Verordnung über die Erhebung der Hundesteuer v. 18.7.1957.

4. Steuerbefreiungen und -ermäßigungen

Von der Steuer befreit waren unter anderem Diensthunde der Volkspolizei oder der Volksarmee, Hunde des Deutschen Roten Kreuzes und Blindenhunde.

Der Steuersatz halbierte sich bei Vorliegen gewisser Voraussetzungen für bestimmte Wachhunde, Gebrauchshunde und für Zuchthunde.

5. Steuerschuldner

Steuerschuldner war der Hundehalter sowie derjenige, der einen Hund länger als einen Monat zur Pflege oder auf Probe hielt. Mehrere Hundehalter waren Gesamtschuldner.

XVI. Kraftfahrzeugsteuer

1. Steuergegenstand

Besteuert wurden die zum Verkehr auf öffentlichen Straßen zugelassenen Kraftfahrzeuge für die Dauer ihrer Zulassung (§ 1 KraftStVO/DDR[483]).

2. Steuerbefreiungen

Die Kraftfahrzeugsteuer wurde nicht erhoben für Kraftfahrzeuge der Haushaltsorganisationen und der volkseigenen Betriebe (§ 2 Abs. 1 KraftStVO/DDR).

Zudem konnte der Minister der Finanzen weitere Kraftfahrzeuge ganz oder teilweise von der Besteuerung ausnehmen (§ 2 Abs. 2 KraftStVO/DDR). So wurde z.B. auf Antrag bei Vorliegen bestimmter Voraussetzungen keine Kraftfahrzeugsteuer erhoben für Feuerlösch- und Krankenfahrzeuge, für Kraftfahrzeuge diplomatischer und konsularischer Vertretungen einschließlich deren Mitglieder sowie für Fahrzeuge der Schwerbeschädigten.[484]

3. Steuersätze

Die Kraftfahrzeugsteuer betrug jährlich

- für Zwei- und Dreiradfahrzeuge 12 Mark je angefangene 100 cm^3 Hubraum,
- für Personenkraftwagen einschließlich Kombiwagen bis zu 2 m^2 Ladefläche 18 Mark je angefangene 100 cm^3 Hubraum,
- für Zugmaschinen ohne Güterladeraum 10 Mark je angefangene 1,0 PS Höchstbremsleistung,
- für alle übrigen Kraftfahrzeuge einschließlich Omnibussen und Lastkraftwagen bis zu einem Eigengewicht von 2.400 kg 45 Mark je angefangene

483 Verordnung über die Kraftfahrzeugsteuer v. 16.11.1961, GBl. II 1961, S. 505.

484 § 2 der Ersten Durchführungsbestimmung zur Verordnung über die Kraftfahrzeugsteuer v. 17.11.1961, GBl. II 1961, S. 506.

200 kg Eigengewicht, und bei einem Eigengewicht über 2.400 kg 15 Mark je angefangene 200 kg Eigengewicht, das 2.400 kg überstieg (§ 3 KraftStVO/DDR).

XVII. Rennwett- und Lotteriesteuer

1. Steuergegenstand

Der Rennwett- und Lotteriesteuer unterlagen Buchmacherwetten (§§ 11 ff. RennwLottG/DDR[485]) sowie Lotterien und Ausspielungen (§§ 17 ff. RennwLottG/DDR).

2. Besteuerung von Buchmacherwetten

Der Buchmacher hatte von jeder bei ihm abgeschlossenen Wette eine Steuer von 16 ⅔ % des Wetteinsatzes an den Rat des Kreises, Abteilung Finanzen, zu entrichten (§ 11 Abs. 1 RennwLottG/DDR).

Die Steuerschuld entstand, wenn die Wette verbindlich geworden war, spätestens jedoch mit der Entscheidung des Rennens, und zwar unabhängig davon, ob der Buchmacher zugelassen war (§§ 11 Abs. 2 und 12 RennwLottG/DDR). Steuerschuldner war der Buchmacher (§ 13 Abs. 1 S. 1 RennwLottG/DDR).

Für volkseigene Rennbetriebe gab es eine generelle Steuerbefreiung.[486]

3. Besteuerung von Lotterien und Ausspielungen

Die Steuer bei in der DDR veranstalteten öffentlichen Lotterien und Ausspielungen betrug 20 % des Preises (Nennwert) sämtlicher Lose ausschließlich der Steuer (§ 17 RennwLottG/DDR).

Von der Steuer befreit waren unter bestimmten Voraussetzungen Ausspielungen, bei denen Ausweise nicht erteilt wurden, sowie genehmigte Lotterien und Ausspielungen (§ 18 RennwLottG/DDR). Darüber hinaus waren Steuerbefreiungen für Lotterien und Tombolen der staatlichen Organe und Einrichtungen, Parteien und gesellschaftlichen Organisationen sowie des VEB Vereinigte Wettspielbetriebe außerhalb des Gesetzes festgelegt.[487]

Die Steuerschuld entstand bei öffentlichen Lotterien und Ausspielungen mit Beginn der jeweiligen Ausspielung. Steuerschuldner war bei gewerblich durch-

---

485 Rennwett- und Lotteriegesetz i.d.F. v. 18.9.1970, GBl. Sonderdruck Nr. 680, i.d.F. der Bekanntmachung v. 13.11.1981, GBl. I 1981, S. 432; Berichtigung, GBl. II 1982, S. 108.

486 Vgl. die Anordnung über die Aufhebung der Rennwettsteuer bei volkseigenen Rennbetrieben v. 10.10.1959, GBl. II 1959, S. 282.

487 § 2 der Anordnung über die Erhebung der Lotteriesteuer v. 24.11.1981, GBl. I 1981, S. 433.

geführten Ausspielungen der Gewerbetreibende und im Übrigen der Veranstalter.[488]

Die Steuer für Lose und Ausweise über Spieleinlagen aus anderen Staaten betrug 0,25 Mark je 1 Mark des Preises (§ 21 Abs. 1 RennwLottG/DDR). Die Steuerschuld entstand, sobald die Lose oder Ausweise in die DDR eingebracht wurden. Steuerschuldner war in diesem Fall derjenige, welcher die Lose und Ausweise in die DDR verbrachte oder als Erster in der DDR in Empfang nahm (§ 21 Abs. 3 RennwLottG/DDR).

XVIII. Umsatzsteuer[489]

1. Vorbemerkungen

Ursprünglich galt in der DDR, wie auch in der Bundesrepublik Deutschland bis 1968, das Umsatzsteuergesetz vom 16. Oktober 1934[490] in Verbindung mit zahlreichen anderen Vorschriften.

Formell waren die Grundzüge des Umsatzsteuerrechts auch nach der Neufassung 1970 erhalten geblieben, materiell traten jedoch bedeutende Änderungen ein. Der Kreis der Steuerpflichtigen hatte sich durch die generelle Umgestaltung des Steuersystems in der DDR erheblich verkleinert. Die Erhebung der Umsatzsteuer wurde weitgehend durch die Einführung der produktgebundenen Abgaben abgelöst.[491] Das Umsatzsteuergesetz der DDR in der Fassung vom 18. September 1970[492] fand daher keine Anwendung mehr auf Umsätze der

- staatlichen Organe und Einrichtungen,
- volkseigenen und gleichgestellten Kombinate und Betriebe,
- sozialistischen Genossenschaften der Landwirtschaft mit Ausnahme der von ihnen unterhaltenen gewerblichen Nebenbetriebe,
- Konsumgenossenschaften,
- Kreditgenossenschaften.

Darüber hinaus wurde Umsatzsteuer in den Fällen nicht erhoben, in denen für die Umsätze Preise der Industriepreisreform bzw. Preise aus planmäßigen Industriepreisänderungen kalkuliert wurden und diese Preise keine Umsatzsteuer

488 § 3 der Anordnung über die Erhebung der Lotteriesteuer v. 24.11.1981.

489 Vgl. zum Folgenden *Ernst,* Besteuerung privater Industriebetriebe, S. 327 ff.; *Töben,* Besteuerung des deutsch-deutschen Wirtschaftsverkehrs, S. 158 ff.

490 RGBl. I 1934, S. 942.

491 *Ernst,* Besteuerung privater Industriebetriebe, S. 327 f.

492 GBl. Sonderdruck Nr. 673; Berichtigung, GBl. II 1971, S. 407.

umfassten.[493] Die Umsatzsteuer war in der DDR aufgrund dieser Veränderungen nur noch von untergeordneter Bedeutung.[494]

2. Steuergegenstand

Der Umsatzsteuer unterlagen die folgenden Umsätze:

- die Lieferungen und sonstigen Leistungen, die ein Unternehmer in der DDR gegen Entgelt im Rahmen seines Unternehmens ausführte;
- der Eigenverbrauch, d.h. die Entnahme von Gegenständen aus dem Unternehmen für Zwecke, die außerhalb des Unternehmens lagen;
- die Einfuhr von Gegenständen in die DDR (Ausgleichsteuer) (§ 1 UStG/DDR).

3. Steuerschuldner

In den Fällen der Lieferungen und sonstigen Leistungen und des Eigenverbrauchs war der Unternehmer Steuerschuldner (§ 9 UStG/DDR). Unternehmer war, wer eine gewerbliche oder berufliche Tätigkeit selbständig ausübte. Gewerblich oder beruflich war jede nachhaltige Tätigkeit zur Erzielung von Einnahmen, auch wenn die Absicht, Gewinn zu erzielen, fehlte oder eine Personenvereinigung nur gegenüber ihren Mitgliedern tätig wurde (§ 2 UStG/DDR). Diese Begriffsbestimmung deckt sich weitgehend mit dem bundesdeutschen Unternehmerbegriff (§ 2 Abs. 1 UStG/Bundesrepublik). Im Unterschied zur Bundesrepublik Deutschland hatte jedoch das Umsatzsteuerprivileg wegen Unternehmereinheit oder Organschaft (§ 2 Abs. 2 Nr. 2 UStG/Bundesrepublik) für private Betriebe in der DDR keine Gültigkeit.[495]

In den Fällen der Einfuhr von Gegenständen (Ausgleichsteuer) fanden für die Entstehung der Steuerschuld und die Person des Steuerschuldners, für die Fälligkeit, die Erhebung, die Erteilung des Steuerbescheides und den Zahlungsaufschub, für die dingliche und persönliche Haftung, für die Steueraufsicht und die Freibezirke die Vorschriften, die für Zölle galten, sinngemäß Anwendung (§ 15 UStG/DDR).

4. Steuerbefreiungen und -vergünstigungen

Das Umsatzsteuergesetz der DDR enthielt einen Katalog von 15 Befreiungstatbeständen (§ 4 UStG/DDR). Darüber hinaus waren zahlreiche Umsatzsteuervergünstigungen außerhalb des Gesetzes in Anordnungen festgelegt.

---

493 Vgl. *Ernst,* Besteuerung privater Industriebetriebe, S. 330; *Töben,* Besteuerung des deutsch-deutschen Wirtschaftsverkehrs, S. 159 m.w.N.

494 *Ernst,* Besteuerung privater Industriebetriebe, S. 331; *Kitsche,* Steuersystem in der SBZ, S. 110.

495 *Ernst,* Besteuerung privater Industriebetriebe, S. 328 m.w.N.

5. Besteuerungsgrundlage

Die Umsatzsteuer bemaß sich bei Lieferungen und sonstigen Leistungen nach den vereinnahmten Entgelten und im Fall des Eigenverbrauchs nach dem Wert, mit dem der zuvor entnommene Gegenstand für Zwecke der steuerlichen Gewinnermittlung zu bewerten war (§ 5 Abs. 1 UStG/DDR). Zum Entgelt gehörten nicht sog. durchlaufende Posten, d.h. Beträge, die der Unternehmer im Namen und für Rechnung eines anderen vereinnahmte und verausgabte (§ 5 Abs. 3 UStG/DDR). Die Entgelte der steuerpflichtigen Umsätze konnten um bestimmte Kosten, wie z.B. Beförderungs-, Versicherungs- und Verpackungskosten, gekürzt werden (§ 5 Abs. 4 UStG/DDR). Auf Antrag hatte der Rat des Kreises, Abteilung Finanzen, die Möglichkeit, die Besteuerung nach vereinbarten Entgelten zu gestatten (§ 14 UStG/DDR).

Die Ausgleichsteuer wurde grundsätzlich nach dem Erwerbspreis oder, wenn dieser nicht nachgewiesen werden konnte oder ein solcher nicht vorhanden war, nach dem Wert des eingeführten Gegenstandes bemessen (§ 6 Abs. 1 S. 1 UStG/DDR). Maßgebend war der Erwerbspreis oder der Wert des Gegenstandes im Zeitpunkt der Entstehung der Steuerschuld (§ 6 Abs. 1 S. 2 UStG/DDR). Dem Erwerbspreis oder dem Wert hinzuzurechnen waren die bis zu diesem Zeitpunkt entstandenen Beförderungs-, Versicherungs-, Kommissions- und Verpackungskosten sowie Zollgebühren und Verbrauchsabgaben, soweit sie nicht bereits enthalten waren (§ 6 Abs. 1 S. 3 UStG/DDR).

6. Steuersätze

Die Steuer betrug für jeden steuerpflichtigen Umsatz aus Lieferungen und sonstigen Leistungen sowie im Falle des Eigenverbrauchs 3 % des Entgeltes (§ 7 Abs. 1 UStG/DDR). Bei Vorliegen bestimmter Voraussetzungen ermäßigte sich der Steuersatz auf 1,5 bzw. 0,75 % (§ 7 Abs. 2 und 3 UStG/DDR). Für Unternehmer mit einem Gesamtumsatz im letzten vorangegangenen Kalenderjahr von über 1 Mio. Mark erhöhte sich der Steuersatz auf 3,75 %, und zwar

- bei Unternehmern, die im letzten vorangegangenen Kalenderjahr mehr als 75 % des Gesamtumsatzes im Einzelhandel umgesetzt hatten, für alle steuerpflichtigen Umsätze;
- bei Unternehmern, die im letzten vorangegangenen Kalenderjahr nicht mehr als 75 % des Gesamtumsatzes im Einzelhandel umgesetzt hatten, nur für die steuerpflichtigen Umsätze im Einzelhandel (§ 7 Abs. 4 UStG/DDR).

Der Steuersatz der Ausgleichsteuer betrug 3 % des Erwerbspreises oder des entsprechenden Wertes. Er ermäßigte sich für die Einfuhr gewisser Waren auf 1,5 % (§ 7 Abs. 5 UStG/DDR).

XIX. Vergnügungsteuer

1. Vorbemerkungen

Die Vergnügungsteuer war als Gemeindesteuer von den Räten der Städte bzw. Gemeinden auf der Rechtsgrundlage örtlicher Vergnügungsteuerordnungen zu erheben (§ 1 VergnStVO/DDR[496]). Als Grundlage für den Erlass örtlicher Vergnügungsteuerordnungen galt eine Muster-Vergnügungsteuerordnung[497] (§ 2 VergnStVO/DDR).

2. Steuerpflicht

Der Vergnügungsteuer unterlagen alle in der Stadt bzw. Gemeinde veranstalteten öffentlichen Vergnügungen, für die ein Entgelt gefordert wurde. Hierzu zählten z.B. Konzerte, Ballette, Zirkusvorstellungen und Theatervorstellungen.

3. Steuerbefreiungen

Es gab zahlreiche öffentliche Vergnügungen, die von der Vergnügungsteuer befreit waren, wie z.B. Veranstaltungen der staatlichen Organe, bestimmte Jugendveranstaltungen und Veranstaltungen der Leitungen politischer Parteien.

4. Erhebungsform/Besteuerungsgrundlage

Erhoben wurde die Steuer:

- als Kartensteuer nach dem Bruttopreis und der Anzahl der ausgegebenen Eintrittskarten oder ähnlichen Ausweisen;
- als Pauschalsteuer, je nach Art der Veranstaltung nach einem Vielfachen des Einzelpreises oder Einzelentgeltes, nach der Dauer der Aufstellung von Apparaten oder nach der Roheinnahme.

5. Steuersätze

Die örtlichen Steuersätze hatten sich nach festgelegten Rahmensteuersätzen zu richten (§ 2 Abs. 3 VergnStVO/DDR). Die Kartensteuer betrug allgemein zwischen 10 und 25 % des Bruttopreises. Für bestimmte Veranstaltungen waren abweichend hiervon niedrigere Rahmensteuersätze festgelegt.

---

496 Verordnung über die Erhebung der Vergnügungsteuer v. 18.7.1957, GBl. I 1957, S. 381, i.d.F. der Zweiten Verordnung über die Erhebung der Vergnügungsteuer v. 27.5.1964, GBl. II 1964, S. 559.

497 Abgedruckt als Anlage zur Verordnung über die Erhebung der Vergnügungsteuer v. 18.7.1957.

6. Steuerschuldner

Steuerschuldner waren die Veranstalter.

Schlussbetrachtung

Das im Vergleich zur Bundesrepublik Deutschland völlig andersartige Gesellschafts- und Wirtschaftssystem, welches die Steuerpolitik maßgebend beeinflusste, hatte in der DDR zur Herausbildung eines – mit dem bundesdeutschen nicht vergleichbaren – Steuersystems geführt.

Das vorwiegend für die private Wirtschaft in der DDR gültige Steuersystem diente der Durchsetzung politisch-ideologischer und wirtschaftlicher Zielsetzungen und hatte dementsprechend eine erhebliche Wandlung erfahren. Unter den Begriff „Steuer“ fielen nur noch die Pflichtzahlungen der sozialistischen Genossenschaften, der privaten Wirtschaftsbetriebe sowie der Bevölkerung. Der hiervon abzugrenzende Begriff „Abgabe“ bezeichnete vorwiegend die Pflichtabführungen der volkseigenen Wirtschaft an den Staatshaushalt, auf die nicht die – auf die Diskriminierung der privaten Wirtschaft ausgerichteten – steuerrechtlichen Regelungen angewendet wurden.

Die Funktionen der Steuern hatten sich entsprechend der sozialistischen Vorstellungen gewandelt. Während Steuern in der Bundesrepublik Deutschland in erster Linie zur Finanzierung der Staatsausgaben dienen, trat deren fiskalischer Zweck in der DDR im Laufe der Entwicklung immer mehr in den Hintergrund. Als Einnahmequelle des Staatshaushalts waren die Steuern in der DDR nur noch von untergeordneter Bedeutung, obwohl man bei Betrachtung der exorbitant hohen Steuertarife insbesondere bei der Einkommen- und Körperschaftsteuer einen anderen Eindruck gewinnen könnte. Die Ursache für das geringe Steueraufkommen kann aus heutiger Sicht nur darin zu sehen sein, dass die Zahl der privaten Wirtschaftsbetriebe bzw. der privaten Unternehmer im Laufe der Zeit stetig zurückging. In der DDR dienten Steuern vorwiegend wirtschafts- und sozialpolitischen Zielsetzungen. Der Besteuerung kam im Wesentlichen die Funktion zu, die „Klasse“ der privaten Kapitalisten zu verdrängen sowie die Entwicklung der privaten Wirtschaft im Rahmen der Planwirtschaft zu kontrollieren und einzuschränken bzw. das private Unternehmertum endgültig zu beseitigen.

Das mit dem bundesdeutschen nicht vergleichbare Steuersystem der DDR hatte ferner zu einer entscheidenden Wandlung der dem Steuerrecht zugrunde liegenden Prinzipien geführt. Die für das bundesdeutsche Steuerrecht maßgebenden Grundsätze der Besteuerung fanden in der DDR keine Beachtung. Die auf die Beseitigung privatkapitalistischer Besitzverhältnisse und die Einschränkung der privaten Wirtschaftstätigkeit ausgerichtete Steuerpolitik hatte zwangsläufig die der Besteuerung zugrunde liegenden Prinzipien und Wertungen geprägt und ihnen einen – an bundesdeutschen Maßstäben nicht zu messenden – Inhalt verliehen.

Diese gewandelten Prinzipien, insbesondere die Aufgabe des Grundsatzes der Gleichmäßigkeit der Besteuerung zu Gunsten sozialökonomisch differenzierter Besteuerungsmaßstäbe, führten nicht zuletzt zu materiell-rechtlichen Änderungen im Steuersystem der DDR. Die Besteuerung bestimmter, mit Blick auf den „Aufbau des Sozialismus" als besonders förderungswürdig erachteter Wirtschaftszweige und Personengruppen wurde aus den allgemeinen Steuergesetzen herausgelöst. So wurde z.B. bereits 1950 die Besteuerung der privaten Handwerker gesondert geregelt, da die kleinen Handwerksbetriebe aufgrund der schwierigen Wirtschaftslage, insbesondere zur Schließung von Versorgungslücken, erhalten und gefördert werden sollten. Ein weiteres Beispiel ist die 1952 erfolgte Herauslösung der Besteuerung der Lohnempfänger und der Angehörigen steuerbegünstigter freier Berufe, da – nach der Gründungsverfassung der DDR – *„auf erarbeitetes Vermögen und Einkommen besonders Rücksicht"* zu nehmen war. Demgegenüber wurde die Besteuerung nach den allgemeinen Steuergesetzen, die vorwiegend auf die privaten Wirtschaftsbetriebe, deren Inhaber sowie die privaten Kapitalgesellschaften angewendet wurden, verschärft.

Solche steuerrechtlichen Änderungen waren größtenteils Ergebnis der Tätigkeit der Steuerverwaltung. Diese nahm in der DDR eine besondere Stellung ein. Die steuerrechtlichen Normen wurden fast ausschließlich von ihr erlassen und interpretiert. Die Vereinigung von gesetzgeberischer und ausführender Gewalt in der Hand der Verwaltung rief zwangsläufig einen Zustand der Rechtsunsicherheit für die Steuerpflichtigen hervor. Neben der erschwerten Abgrenzung zwischen allgemein gültigen Rechtsnormen und internen Verwaltungsanweisungen mussten Steuerpflichtige zur Beantwortung von Steuerfragen zusätzlich zu den maßgebenden Steuergesetzen zahlreiche Verwaltungsvorschriften heranziehen. Deren Auffinden bereitete jedoch Schwierigkeiten, da sie unter den verschiedensten Bezeichnungen erlassen wurden. Die Rechtsunsicherheit wurde noch dadurch verstärkt, dass die Interpretation von veröffentlichten Rechtsnormen in internen, nicht öffentlich bekannt gegebenen Verwaltungsanweisungen erfolgte. Diese Dominanz der Steuerverwaltung führte jedoch nicht nur zur Rechtsunsicherheit, sondern nahm gerade im Bereich der privaten Wirtschaft diskriminierende Ausmaße an. Die Vertreter der Steuerverwaltung waren häufig nicht nur fachlich unterqualifiziert, sondern ihre Entscheidungen waren einseitig auf die zuvor genannten Zielsetzungen der Steuerpolitik ausgerichtet und ergingen demnach nicht unabhängig und unvoreingenommen.

Die Stellung der Steuerverwaltung wurde zusätzlich dadurch verstärkt, dass sie auch in Rechtsmittelverfahren zu entscheiden hatte. Eine Finanzgerichtsbarkeit existierte in der DDR nicht. Steuerpflichtige, die in der DDR steuerlichen Rechtsschutz vor Maßnahmen der Steuerverwaltung suchten, mussten sich an die gleiche Behörde, die auch die steuerrechtlichen Rechtsnormen verbindlich festlegte, bzw. ihr übergeordnete Dienststellen wenden. Dadurch wurde insbesondere privaten Unternehmern nur eine steuerpolitisch einseitige und hieraus abgeleitete Behandlung der Eingabe zuteil.

Vor diesem Hintergrund erstaunt es umso mehr, dass das in der Abgabenordnung der DDR in der Fassung vom 18. September 1970 niedergelegte Verfahren weitgehend rechtsstaatlichen Anforderungen entsprach. Dies ist im Ergebnis damit zu begründen, dass die in der 1970 neu gefassten Abgabenordnung enthaltenen Vorschriften überwiegend wort- und inhaltsgleich aus der Reichsabgabenordnung, die ursprünglich in beiden Teilen Deutschlands zur Anwendung kam, übernommen wurden. Man hatte die entsprechenden Vorschriften bei der Neufassung der Abgabenordnung der DDR nicht neu erarbeitet, sondern nur vereinzelt im Wortlaut geändert. Die Vorschriften der Reichsabgabenordnung, die im Steuerverfahren der DDR nicht mehr angewendet werden sollten und konnten, waren in der Abgabenordnung der DDR gegenstandslos oder wurden gestrichen. Deren Ersatzbestimmungen waren außerhalb der Abgabenordnung festgelegt, was nicht zuletzt zur Unübersichtlichkeit und Kompliziertheit des allgemeinen Steuerrechts führte. Die weitgehend rechtsstaatlichen Anforderungen entsprechenden Verfahrensvorschriften in der Abgabenordnung der DDR können jedoch nicht ohne weiteres zu der Annahme führen, dass das Besteuerungsverfahren in der DDR auch tatsächlich an rechtsstaatlichen Grundsätzen ausgerichtet war. An der Beachtung dieser Vorschriften in der Praxis bestehen erhebliche Zweifel.

So unübersichtlich und kompliziert das für die Besteuerung in der DDR maßgebende Steuerrecht auch war, um so deutlicher kommen bei der Analyse der wichtigsten Vorschriften zu den einzelnen Steuerarten die Zielsetzungen der Steuerpolitik zum Ausdruck.

Die mit der Steuerpolitik verfolgte Einschränkung bzw. Verdrängung der privaten Wirtschaft wird besonders deutlich bei der Betrachtung der Vorschriften des Einkommensteuergesetzes. So war z.B. der Betriebsausgabenabzug nur sehr eingeschränkt möglich. Zahlreiche nach bundesdeutschem Steuerrecht eindeutig betrieblich veranlasste Aufwendungen wurden in der DDR nicht zum Abzug zugelassen. Auch die Bewertungsvorschriften wirkten sich nachteilig auf die Inhaber privater Betriebe aus. Zusammen mit der restriktiven Auslegung des Begriffes der steuerlichen Kosten führten sie zur Überbewertung der Aktiva und zur Unterbewertung der Passiva. Der hieraus resultierende viel zu hohe steuerliche Erfolg wurde schließlich dem stark progressiven Einkommensteuertarif unterworfen. Im Ergebnis wurde den privaten Betrieben damit die betrieblich notwendige Liquidität genommen. Betrachtet man dann noch die Vorschriften des Einkommensteuergesetzes, welche die persönlichen Verhältnisse des Steuerpflichtigen berücksichtigen sollten (Sonderausgabenabzug, außergewöhnliche Belastungen usw.), so wird deutlich, dass Steuerpflichtige mit einem hohen Einkommen bewusst diskriminiert wurden.

Auch die Körperschaftsteuer stand im Dienste staatlicher Wirtschaftspolitik. Ihre Aufgabe bestand darin, die Gründung und Fortführung privater Kapitalgesellschaften zu verhindern und deren Umwandlung in Personengesellschaften zu fördern. Der körperschaftsteuerpflichtige Gewinn wurde nicht nur durch die Anwendung der nachteiligen Gewinnermittlungsvorschriften des Einkommensteuergesetzes, sondern zusätzlich durch die Anwendung körperschaftsteuerspezifischer Bestimmungen erhöht. Zum einen wurden Aufwendungen mit Kostencharakter (besonders Vergütungen aller Art an Gesellschafter und ihre Ehegatten) nicht zum Abzug zugelassen und der Kreis der nicht abzugsfähigen Ausgaben erweitert. Zum anderen wurde den privaten Kapitalgesellschaften die Geltendmachung der Steuervergünstigungen verweigert, die anderen privaten Betrieben gewährt wurden. Der hieraus resultierte sehr hohe Gewinn wurde schließlich mit einem Steuersatz belastet, der bei höheren Einkommen einer Enteignung gleich kam, aber auch kleinere Einkommen sehr stark belastete. In Verbindung mit dem nicht ganz so stark progressiven Einkommensteuertarif lief die Tarifgestaltung der Körperschaftsteuer auf eine Substanzbesteuerung bei den Kapitalgesellschaften hinaus. Andere körperschaftsteuerrechtliche Vorschriften, wie z.B. das Verbot des Schachtelprivilegs und der Organschaft, waren so gestaltet, dass eine Beteiligung privaten Kapitals unterbunden wurde. Insgesamt war das Körperschaftsteuerrecht in der DDR so ausgestaltet, dass es den wirtschaftspolitischen Zielen des Staates gerecht wurde.

Gleiches dürfte auch für die Gewerbesteuer nach dem Gewerbeertrag gelten. Durch die Anknüpfung an den Gewinn aus dem Gewerbebetrieb, der nach den Vorschriften des Einkommensteuergesetzes oder Körperschaftsteuergesetzes zu ermitteln war, wurden die Besteuerungsgrundlagen zu hoch angesetzt und führten damit zu einer, für den einzelnen Gewerbebetrieb sehr ungünstigen Besteuerung. Auch die wirtschaftspolitische Lenkung privater Betriebe über Steuervergünstigungen ist bezüglich der Besteuerung nach dem Gewerbeertrag erkennbar. Der sehr niedrige steuerfreie Betrag und die gestaffelten Steuermesszahlen für natürliche Personen und Personengesellschaften ergaben im Vergleich zur Bundesrepublik Deutschland sehr viel höhere Steuermessbeträge. Kapitalgesellschaften wurden dadurch diskriminiert, dass ein steuerfreier Betrag nicht gewährt wurde und die Messzahl gleichmäßig 5 % betrug. Hinzu kam noch der einheitliche, sehr hohe Hebesatz von 400 %, so dass die Gewerbesteuerbelastung in der DDR im Vergleich zur Bundesrepublik Deutschland sehr viel höher war.

Neben der Einkommen-, Körperschaft- und Gewerbeertragsteuer, bei denen die steuerpolitische Diskriminierung der privaten Wirtschaft besonders deutlich zum Ausdruck kam, führten auch die an das Betriebsvermögen anknüpfenden Steuern (Erbschaft-, Vermögen-, Gewerbekapital-, Grund- und Kraftfahrzeugsteuer) infolge der niedrigen Freibeträge, der Tarifgestaltung oder der einheitlichen Hebesätze zu einer für die privaten Wirtschaftsbetriebe generell höheren Steuerbelastung. Jedoch setzte die Steuerverwaltung die gewinnabhängigen Steuern viel differenzierter gegen die privaten Betriebe und deren Inhaber ein als die vermögensabhängigen Steuern.

Die übrigen Steuern beeinflussten nicht in dem Maße den Gewinn privater Betriebe wie die zuvor genannten Steuern. Als Beispiel sei hier die Umsatzsteuer genannt, die wegen ihrer fixen Steuersätze nicht so flexibel seitens des Staates eingesetzt werden konnte und nach der Industriepreisreform nur noch selten erhoben wurde.

Die steuerpolitische Diskriminierung der privaten Wirtschaft wird noch deutlicher, wenn man die Besteuerung anderer Eigentumsformen vergleichsweise heranzieht. Durch die Herauslösung der Besteuerung der privaten Handwerker, der Lohnempfänger und der Angehörigen steuerlich begünstigter freier Berufe aus den allgemeinen Steuergesetzen und die Anwendung begünstigender, gesondert festgelegter Besteuerungsregelungen, wurde deren Steuerbelastung im Vergleich zu den privaten Betrieben wesentlich niedriger gehalten. Gleiches galt für die Besteuerung der Produktionsgenossenschaften des Handwerks und deren Mitglieder.

Insgesamt lässt die Untersuchung des für die Besteuerung in der DDR maßgebenden Steuerrechts die Feststellung zu, dass insbesondere die an den Gewinn und das Vermögen anknüpfenden Steuern die Substanz der privaten Betriebe beeinträchtigten, wenn unter gewissen Voraussetzungen gewährte staatliche Steuervergünstigungen nicht in Anspruch genommen wurden. Private Einkommen und Vermögen wurden ab einer bestimmten Größenordnung steuerlich derart stark belastet, dass es einer Enteignung gleich kam. Gerade wegen dieser substanzverzehrenden Besteuerung wurde die private Wirtschaft im Laufe der Entwicklung zu Gunsten der volkseigenen Wirtschaft verdrängt.

Literaturverzeichnis

Autorenkollektiv: Das Finanzsystem der DDR, herausgegeben von der Hochschule für Ökonomie, Berlin 1960.

(zitiert als: Autorenkollektiv, Finanzsystem der DDR)

Autorenkollektiv: Das sozialistische Finanzwesen der DDR, 2. Auflage, Berlin 1980.

(zitiert als: Autorenkollektiv: Sozialistisches Finanzwesen der DDR)

Autorenkollektiv: Nationaleinkommen im Sozialismus, Produktion, Verteilung, Umverteilung, Verwendung, Informationssystem und Modellierung, Berlin 1976.

(zitiert als: Autorenkollektiv, Nationaleinkommen im Sozialismus)

Autorenkollektiv: Sozialistische Finanzwirtschaft, Berlin 1981.

(zitiert als: Autorenkollektiv, Sozialistische Finanzwirtschaft)

Balling, Heinz: Lohnsteuertabellen für monatliche und tägliche Lohnzahlungen mit Erläuterungen, 10. Auflage, Berlin 1978.

(zitiert als: Balling, Lohnsteuertabellen)

Bielig, Walter: Die Steuern in der Deutschen Demokratischen Republik, in: Sozialistische Finanzwirtschaft 4/1976, S. 37-38.

(zitiert als: Bielig, Sozialistische Finanzwirtschaft 4/1976)

Bielig, Walter: Steuerreform 1949, in: Sozialistische Finanzwirtschaft 5/1979, S. 23-24.

(zitiert als: Bielig, Sozialistische Finanzwirtschaft 5/1979)

Bielig, Walter/Gurtz, Johannes: Wesen und Bedeutung der Staatseinnahmen aus der volkseigenen Wirtschaft, in: Wirtschaftswissenschaft 1973, S. 1634-1649.

(zitiert als: Bielig/Gurtz, Wirtschaftswissenschaft 1973)

Birk, Dieter: Steuerrecht, 12. Auflage, Heidelberg 2009.

(zitiert als: Birk, Steuerrecht)

***Bockelberg, Helmut von*:** Die Reform der Abgabenordnung, in: BB 1976, S. 1185-1189.

(zitiert als: v. Bockelberg, BB 1976)

***Broudré, Anna/Gliesche, Maritta*:** Besteuerung in den neuen Bundesländern, Veranlagung 1990-1992, Herne/Berlin 1992.

(zitiert als: Broudré/Gliesche, Besteuerung in den neuen Bundesländern)

***Buck, Hannsjörg*:** Steuerpolitik im Ost-West-Systemvergleich, Umsatz- und Verbrauchssteuern als Instrumente zur Einnahmebeschaffung und Wirtschaftslenkung in den Ländern der Europäischen Gemeinschaft und in den RGW-Staaten, Berlin 1982.

(zitiert als: Buck, Steuerpolitik)

***Buck, Hannsjörg*:** Technik der Wirtschaftslenkung in kommunistischen Staaten, Funktionsweise und Funktionsschwächen der Zentralplanwirtschaft sowjetischen Typs in der UdSSR, in Mitteldeutschland und in den osteuropäischen Ländern, Band II, Coburg 1969.

(zitiert als: Buck, Wirtschaftslenkung in kommunistischen Staaten, Bd. II)

***Bundesministerium der Finanzen (Hrsg.)*:** 40 Jahre Verantwortung für die Finanzen des Bundes, Das Bundesministerium der Finanzen, Geschichte, Aufgaben, Leistungen, München 1989.

(zitiert als: BMF, 40 Jahre Verantwortung)

***Bundesministerium der Finanzen (Hrsg.)*:** Von der Reichsschatzkammer zum Bundesfinanzministerium, Geschichte, Leistungen und Aufgaben eines zentralen Staatsorganes, Köln-Marienburg 1969.

(zitiert als: BMF, Von der Reichsschatzkammer zum Bundesfinanzministerium)

***Bundesministerium für innerdeutsche Beziehungen (Hrsg.)*:** DDR-Handbuch, Band 1: A-L, 3. Auflage, Köln 1985.

(zitiert als: Bearbeiter, in: DDR-Handbuch, Bd. I / Stichwort, in: DDR-Handbuch, Bd. I)

***Bundesministerium für innerdeutsche Beziehungen (Hrsg.)*:** DDR-Handbuch, Band 2: M-Z, 3. Auflage, Köln 1985.

(zitiert als: Bearbeiter, in: DDR-Handbuch, Bd. II / Stichwort, in: DDR-Handbuch, Bd. II)

***Cordes, Helmut*:** Untersuchungen über Grundlagen und Entstehung der Reichsabgabenordnung vom 23. Dezember 1919, Köln 1971.

(zitiert als: Cordes, Reichsabgabenordnung)

***Datev eG Nürnberg (Hrsg.)*:** Steuerrechtssammlung 1990 für die Steuererklärungen in den neuen Bundesländern, Band I, Nürnberg 1991.

(zitiert als: Datev, Steuerrechtssammlung 1990, Bd. I)

***Dolzer, Rudolf/Graßhof, Karin/Kahl, Wolfgang/Waldhoff, Christian (Hrsg.)*:** Bonner Kommentar zum Grundgesetz, Stand: 146. Lieferung Juli 2010, Heidelberg.

(zitiert als: Bearbeiter, in: Dolzer/Graßhof/Kahl/Waldhoff, BK)

***Dreier, Horst (Hrsg.)*:** Grundgesetz, Kommentar, Band II: Art. 20-82, 2. Auflage, Tübingen 2006.

(zitiert als: Bearbeiter, in: Dreier, GG)

***Dürr, Ulrich*:** Das Rechtsbehelfsverfahren in Steuersachen im Gebiet der ehemaligen DDR, in: DStZ 1990, S. 586-589.

(zitiert als: Dürr, DStZ 1990)

***Dürr, Ulrich*:** Die Aufhebung von Steuerverwaltungsakten der früheren DDR-Steuerbehörden, in: DStZ 1991, S. 651-657.

(zitiert als: Dürr, DStZ 1991)

***Eisold, Peter*:** Die Finanzverwaltung auf dem Gebiet der heutigen DDR nach dem II. Weltkrieg, in: DStZ 1990, S. 367-370.

(zitiert als: Eisold, DStZ 1990)

***Eisold, Peter*:** Steuerverwaltungsbehörden der DDR – Werkzeuge der Unterdrückung? –, in: DStZ 1992, S. 140-144.

(zitiert als: Eisold, DStZ 1992)

***Erichsen, Hans-Uwe/Ehlers, Dirk (Hrsg.)*:** Allgemeines Verwaltungsrecht, 14. Auflage, Berlin 2010.

(zitiert als: Bearbeiter, in: Erichsen/Ehlers)

***Ernst, Dieter*:** Die Besteuerung privater Industriebetriebe in Mitteldeutschland, Köln/Berlin/Bonn/München 1967.

(zitiert als: Ernst, Besteuerung privater Industriebetriebe)

***Förster, Wolfgang*:** Strukturwandlungen im Steuerrecht der sowjetischen Besatzungszone Deutschlands, in: WPg 1955, S. 245-249.

(zitiert als: Förster, WPg 1955)

***Frenkel, Erdmann*:** Das Steuerrecht der Sowjetzone, Entwicklungsstand und Entwicklungstendenzen, in: JR 1957, S. 47-51.

(zitiert als: Frenkel, JR 1957)

***Frenkel, Erdmann*:** Steuerverwaltung und Steuerrecht in der sowjetischen Besatzungszone, herausgegeben vom Bundesministerium für gesamtdeutsche Fragen, 3. Auflage, Bonn 1956.

(zitiert als: Frenkel, Steuerverwaltung und Steuerrecht in der SBZ)

***Fuchs, Klaus*:** Haushaltsrecht und Haushaltswirtschaft in der DDR, in: Die Verwaltung 13 (1980), S. 213-228.

(zitiert als: Fuchs, Die Verwaltung 13 (1980))

***Fuest, Winfried/Kroker, Rolf*:** Steuerreform in der DDR: Erster Schritt zur Angleichung der Steuersysteme, in: StuW 1990, S. 274-278.

(zitiert als: Fuest/Kroker, StuW 1990)

***Gebhardt, Gerd/Thümmler, Werner*:** Die Ausnutzung der Finanzen und des Finanzsystems durch den sozialistischen Staat bei der Gestaltung der entwickelten sozialistischen Gesellschaft, in: Wirtschaftswissenschaft 1978, S. 1209-1220.

(zitiert als: Gebhardt/Thümmler, Wirtschaftswissenschaft 1978)

***Grund, Walter*:** Im Gedenken an Enno Becker, den Schöpfer der Reichsabgabenordnung, in: DStZ/A 1969, S. 145-146.

(zitiert als: Grund, DStZ/A 1969)

***Gurtz, Johannes/Kaltofen, Gotthold*:** Der Staatshaushalt der DDR, 2. Auflage, Berlin 1982.

(zitiert als: Gurtz/Kaltofen, Staatshaushalt der DDR)

***Haase, Herwig E.*:** Deutsche Demokratische Republik, in: Handbuch der Finanzwissenschaft, herausgegeben von Fritz Neumark, Band IV: Finanzausgleich auf nationaler Ebene / Internationale finanzwirtschaftliche Beziehungen / Die öffentliche Finanzwirtschaft einiger ausgewählter Länder, 3. Auflage, Tübingen 1983, S. 543-575.

(zitiert als: Haase, DDR, in: HdbFW, Bd. IV)

***Haase, Herwig E.*:** Deutsche Demokratische Republik, Finanz- und Steuersystem, in: Handwörterbuch des Steuerrechts unter Einschluss von betriebswirtschaftlicher Steuerlehre, Finanzrecht, Finanzwissenschaft, herausgegeben in Verbindung mit dem DWS von Georg Strickrodt, Günter Wöhe, Christian Flämig, Band I: A-J, 2. Auflage, Bonn/München 1981, S. 345-353.

(zitiert als: Haase, DDR, Finanz- und Steuersystem, in: HwStR, Bd. I)

***Haase, Herwig E*:** Die Funktionen der öffentlichen Finanzwirtschaft in der DDR, in: Basisbereiche der Wirtschaftspolitik in der DDR – Geld-, Finanz- und Preispolitik, herausgegeben von Gernot Gutmann, Asperg bei Stuttgart 1983, S. 71-90.

(zitiert als: Haase, Funktionen der öffentlichen Finanzwirtschaft in der DDR)

Haase, Herwig E.: Die Rolle der öffentlichen Finanzen im Wirtschaftssystem der DDR, in: Wirtschaftsverfassung und Wirtschaftspolitik der DDR, Berlin 1984, S. 165-178.

(zitiert als: Haase, Öffentliche Finanzen im Wirtschaftssystem der DDR)

Haase, Herwig E.: Grundzüge und Strukturen des Haushaltswesens der DDR, herausgegeben von Wolfgang Förster, Erich Klinkmüller, Karl C. Thalheim, Berlin 1978.

(zitiert als: Haase, Haushaltswesen der DDR)

Haase, Herwig E.: Hauptsteuern im sozialistischen Wirtschaftssystem, herausgegeben von Wolfgang Förster, Erich Klinkmüller, Karl C. Thalheim, Berlin 1980.

(zitiert als: Haase, Hauptsteuern)

Haase, Herwig E.: Kritische Anmerkungen zum Staatshaushaltsplan 1976, in: Deutschland Archiv 1976, S. 283-298.

(zitiert als: Haase, Deutschland Archiv 1976)

Haase, Herwig E.: Steuern im Abgabensystem der DDR, in: FS-Analysen 1977, ohne Ortsangabe.

(zitiert als: Haase, Steuern der DDR)

Hangartner, Yvo: Der Grundsatz der Allgemeinheit der Besteuerung, in: Steuerrecht, ausgewählte Probleme am Ende des 20. Jahrhunderts, Festschrift zum 65. Geburtstag von Ernst Höhn, herausgegeben von Francis Cagianut, Klaus A. Vallender, Bern/Stuttgart/Wien 1995, S. 91-107.

(zitiert als: Hangartner, Allgemeinheit der Besteuerung, in: FS für Höhn)

Hänsel, Rudolf/Pilz, Walter: Für eine Vereinfachung des Steuerrechtes!, in: DFW – Ausgabe Staatshaushalt 1957, S. 377-380.

(zitiert als: Hänsel/Pilz, DFW-Staatshaushalt 1957)

Helmschrott, Hans/Schaeberle, Jürgen/Scheel, Thomas: Abgabenordnung, 14. Auflage, Stuttgart 2009.

(zitiert als: Helmschrott/Schaeberle/Scheel, Abgabenordnung)

***Hensel, Albert*:** Die Entwicklung des Steuerrechts durch die Gesetzgebung seit 1919, in: StuW 1924, S. 963-1004.

(zitiert als: Hensel, StuW 1924)

***Hoffmann-Riem, Wolfgang/Schmidt-Aßmann, Eberhard/Voßkuhle, Andreas (Hrsg.)*:** Grundlagen des Verwaltungsrechts, Band I: Methoden, Maßstäbe, Aufgaben, Organisation, München 2006.

(zitiert als: Bearbeiter, in: Hoffmann-Riem/Schmidt-Aßmann/Voßkuhle)

***Hübschmann, Walter/Hepp, Ernst/Spitaler, Armin*:** Abgabenordnung, Finanzgerichtsordnung, Kommentar, Stand: 208. Ergänzungslieferung Juli 2010, Köln.

(zitiert als: Bearbeiter, in: Hübschmann/Hepp/Spitaler, AO/FGO)

***Ipsen, Jörn*:** Staatsrecht I, 21. Auflage, Köln 2009.

(zitiert als: Ipsen, Staatsrecht I)

***Isensee, Josef/Kirchhof, Paul (Hrsg.)*:** Handbuch des Staatsrechts der Bundesrepublik Deutschland, Band I: Grundlagen von Staat und Verfassung, 3. Auflage, Heidelberg 2003.

(zitiert als: Bearbeiter, in: Isensee/Kirchhof, HStR, Bd. I)

***Isensee, Josef/Kirchhof, Paul (Hrsg.)*:** Handbuch des Staatsrechts der Bundesrepublik Deutschland, Band V: Rechtsquellen, Organisation, Finanzen, 3. Auflage, Heidelberg 2007.

(zitiert als: Bearbeiter, in: Isensee/Kirchhof, HStR, Bd. V)

***Jarass, Hans/Pieroth, Bodo*:** Grundgesetz für die Bundesrepublik Deutschland, Kommentar, 10. Auflage, München 2009.

(zitiert als: Bearbeiter, in: Jarass/Pieroth, GG)

***Kaiser, Karl*:** Die demokratische Steuerreform in der sowjetischen Besatzungszone, in: DFW 4/5/1949, S. 145-151.

(zitiert als: Kaiser, DFW 4/5/1949)

***Kaemmel, Ernst*:** Das Finanzsystem der Deutschen Demokratischen Republik, in: Handbuch der Finanzwissenschaft, herausgegeben von Wilhelm Gerloff, Fritz Neumark, Band III: Der öffentliche Kredit / Die Finanz- und Steuersysteme der wichtigsten Länder der Erde, 2. Auflage, Tübingen 1958, S. 396-419.

(zitiert als: Kaemmel, Finanzsystem der DDR, in: HdbFW, Bd. III)

***Kaemmel, Ernst*:** Das Problem der Gerechtigkeit in der Steuer, in: DFW 8/9/1948, S. 4-12.

(zitiert als: Kaemmel, DFW 8/9/1948)

***Kaemmel, Ernst*:** Die neue Einkommensteuer, in: DFW 4/5/1949, S. 151-172.

(zitiert als: Kaemmel, DFW 4/5/1949)

***Kitsche, Adalbert*:** Das Steuersystem in der sowjetischen Besatzungszone Deutschlands, Gelsenkirchen-Buer 1960.

(zitiert als: Kitsche, Steuersystem in der SBZ)

***Kitsche, Adalbert*:** Die öffentlichen Finanzen im Wirtschaftssystem der sowjetischen Besatzungszone Deutschlands, herausgegeben vom Bundesministerium für gesamtdeutsche Fragen, Bonn 1954.

(zitiert als: Kitsche, Öffentliche Finanzen im Wirtschaftssystem der SBZ)

***Klein, Franz (Hrsg.)*:** Abgabenordnung – einschließlich Steuerstrafrecht – , 10. Auflage, München 2009.

(zitiert als: Bearbeiter, in: Klein, AO)

***Koch, Karl*:** Entstehungsgeschichte und Zielsetzungen der AO-Reform, in: DStZ/A 1976, S. 451-455.

(zitiert als: Koch, DStZ/A 1976)

***Kopp, Ferdinand*:** Verfassungsrecht und Verwaltungsverfahrensrecht, herausgegeben von Reinhart Maurach, Hans Spanner, Ernst Steindorff, München 1971.

(zitiert als: Kopp, Verfassungsrecht und Verwaltungsverfahrensrecht)

***Krause, Joachim/Schulz, Michael*:** Überlegungen zu einer Steuerreform in der DDR, in: DStR 1990, S. 155-158.

(zitiert als: Krause/Schulz, DStR 1990)

***Kruse, Heinrich Wilhelm*:** Über Pflichtabführungen und Steuern der Deutschen Demokratischen Republik, in: StuW 1985, S. 356-368.

(zitiert als: Kruse, StuW 1985)

***Kühn, Rolf/Wedelstädt, Alexander von (Hrsg.)*:** Abgabenordnung und Finanzgerichtsordnung, Kommentar, 19. Auflage, Stuttgart 2008.

(zitiert als: Bearbeiter, in Kühn/v. Wedelstädt, AO/FGO)

***Kunig, Philip*:** Das Rechtsstaatsprinzip, Überlegungen zu seiner Bedeutung für das Verfassungsrecht der Bundesrepublik Deutschland, Tübingen 1986.

(zitiert als: Kunig, Rechtsstaatsprinzip)

***Lammerding, Jo*:** Abgabenordnung, Finanzgerichtsordnung und Nebengesetze, herausgegeben von der Deutschen Steuer-Gewerkschaft, 15. Auflage, Achim 2005.

(zitiert als: Lammerding, AO/FGO)

***Lemmnitz, Alfred*:** Die Staatsmacht und die Steuern, in: DFW 12/1948, S. 8-12.

(zitiert als: Lemmnitz, DFW 12/1948)

***Lemmnitz, Alfred*:** Die Wandlung des Wesens und der Funktionen der Steuern im Sozialismus, in: DFW 2/1949, S. 56-62.

(zitiert als: Lemmnitz, DFW 2/1949)

***Mangoldt, Hermann von/Klein, Friedrich/Starck, Christian (Hrsg.)*:** Kommentar zum Grundgesetz, Band 1: Präambel, Art. 1-19, 5. Auflage, München 2005.

(zitiert als: Bearbeiter, in: v. Mangoldt/Klein/Starck, GG)

***Mangoldt, Hermann von/Klein, Friedrich/Starck, Christian (Hrsg.)*:** Kommentar zum Grundgesetz, Band 2: Art. 20-82, 5. Auflage, München 2005.

(zitiert als: Bearbeiter, in: v. Mangoldt/Klein/Starck, GG)

Mangoldt, Hermann von/Klein, Friedrich/Starck, Christian (Hrsg.): Kommentar zum Grundgesetz, Band 3: Art. 83-146, 5. Auflage, München 2005.

(zitiert als: Bearbeiter, in: v. Mangoldt/Klein/Starck, GG)

Maunz, Theodor/Dürig, Günter/und andere (Hrsg.): Grundgesetz Kommentar, Stand: 57. Ergänzungslieferung Januar 2010, München.

(zitiert als: Bearbeiter, in: Maunz/Dürig, GG)

Maurer, Hartmut: Staatsrecht I, Grundlagen, Verfassungsorgane, Staatsfunktionen, 6. Auflage, München 2010.

(zitiert als: Maurer, Staatsrecht I)

Ministerium der Finanzen (Hrsg.): Besteuerung des Arbeitseinkommens, Berlin 1981.

(zitiert als: MdF, Besteuerung des Arbeitseinkommens)

Müssener, Ingo: Das Steuer- und Abgabensystem der DDR im Übergang von der Planwirtschaft zur Marktwirtschaft, Bielefeld 1990.

(zitiert als: Müssener, Steuer- und Abgabensystem der DDR)

Neumark, Fritz: Der Reichshaushaltsplan, herausgegeben von Karl Bräuer, Jena 1929.

(zitiert als: Neumark, Reichshaushaltsplan)

Neumark, Fritz: Theorie und Praxis der Budgetgestaltung, in: Handbuch der Finanzwissenschaft, herausgegeben von Wilhelm Gerloff, Fritz Neumark, Band I: Wesen und Aufgabe der Finanzwissenschaft, ihre Stellung und Beziehungen zu anderen Wissenschaften / Geschichte der öffentlichen Finanzwirtschaft / Geschichte der Finanzwissenschaft / Die öffentliche Haushaltswirtschaft, 2. Auflage, Tübingen 1952, S. 554-605.

(zitiert als: Neumark, Budgetgestaltung, in: HdbFW, Bd. I)

Pilz, Walter/Schulz, Michael: Erläuterungen zur Besteuerung privater Handwerker, Berlin 1989.

(zitiert als: Pilz/Schulz, Besteuerung privater Handwerker)

***Prang, Klaus-Martin*:** Die Vertragspolitik der Bundesrepublik Deutschland beim Abschluss von Doppelbesteuerungsabkommen, Frankfurt am Main/ Bern 1982.

(zitiert als: Prang, Vertragspolitik)

***Rohde, Erwin/Fengler, Heinz*:** Der Staatshaushalt der Deutschen Demokratischen Republik, Berlin 1959.

(zitiert als: Rohde/Fengler, Staatshaushalt der DDR)

***Rzesnitzek, Friedrich*:** Theorie und Entwicklung der Staatseinnahmen in der Deutschen Demokratischen Republik, Berlin 1959.

(zitiert als: Rzesnitzek, Staatseinnahmen in der DDR)

***Rzesnitzek, Friedrich*:** Zur Neuregelung des Abgabensystems in der Deutschen Demokratischen Republik, in: DFW 1953, S. 6-10 und S. 58-60.

(zitiert als: Rzesnitzek, DFW 1953)

***Schmidt-Bleibtreu, Bruno/Hofmann, Hans/Hopfauf, Axel (Hrsg.)*:** Kommentar zum Grundgesetz, 11. Auflage, München 2008.

(zitiert als: Bearbeiter, in: Schmidt-Bleibtreu/Hofmann/Hopfauf, GG)

***Schulz, Michael*:** Grundfragen des Aufbaus und der Aufgaben der Finanzverwaltung in der DDR, in: DStR 1990, S. 306-309.

(zitiert als: Schulz, DStR 1990)

***Spiller, Hans*:** Die Änderung von Steuerverwaltungsakten, in: DFW – Ausgabe Staatshaushalt 1958, S. 108-110.

(zitiert als: Spiller, DFW-Staatshaushalt 1958)

***Spiller, Hans*:** Internationales Finanz- und Währungsrecht, Finanz- und Währungsbeziehungen zu nichtsozialistischen Ländern, Berlin 1984.

(zitiert als: Spiller, Internationales Finanz- und Währungsrecht)

***Spiller, Hans*:** Souveränität und Steuerrecht, in: Staat und Recht 1959, S. 1397-1410.

(zitiert als: Spiller, Staat und Recht 1959)

Spiller, Hans: Steuerrecht und Steuern, in: DFW – Ausgabe Staatshaushalt 1957, S. 737-738.

(zitiert als: Spiller, DFW-Staatshaushalt 1957)

Stadie, Holger: Allgemeines Steuerrecht, Ein systematischer Grundriß, Köln 2003.

(zitiert als: Stadie, Allgemeines Steuerrecht)

Stammen, Theo: Das zentrale Regierungssystem, in: DDR, Das politische, wirtschaftliche und soziale System, herausgegeben von Heinz Rausch, Theo Stammen, 4. Auflage, München 1978, S. 241-261.

(zitiert als: Stammen, Das zentrale Regierungssystem)

Stern, Klaus: Das Staatsrecht der Bundesrepublik Deutschland, Band II: Staatsorgane, Staatsfunktionen, Finanz- und Haushaltsverfassung, Notstandsverfassung, München 1980.

(zitiert als: Stern, Staatsrecht, Bd. II)

Tipke, Klaus: Die Steuerrechtsordnung, Band I: Wissenschaftsorganisatorische, systematische und grundrechtlich-rechtsstaatliche Grundlagen, 2. Auflage, Köln 2000.

(zitiert als: Tipke, StRO, Bd. I)

Tipke, Klaus: Ein halbes Jahrhundert Reichsabgabenordnung, in: FR 1969, S. 299-301.

(zitiert als: Tipke, FR 1969)

Tipke, Klaus: Enno Becker, Schöpfer der Reichsabgabenordnung, in: StuW 1990, S. 74-76.

(zitiert als: Tipke, StuW 1990)

Tipke, Klaus: Fünfzig Jahre Reichsabgabenordnung, in: AöR 94 (1969), S. 224-262.

(zitiert als: Tipke, AöR 94 (1969))

***Tipke, Klaus/Lang, Joachim*:** Steuerrecht, 20. Auflage, Köln 2010.

(zitiert als: Bearbeiter, in: Tipke/Lang, Steuerrecht)

***Töben, Thomas*:** Die Besteuerung des deutsch-deutschen Wirtschaftsverkehrs, 1. Auflage, Baden-Baden 1985.

(zitiert als: Töben, Besteuerung des deutsch-deutschen Wirtschaftsverkehrs)

***Vogel, Erhard*:** Die Bedeutung von Karl Marx und Friedrich Engels für die Begründung der wissenschaftlichen Lehre von den Steuern, in: DFW 1954, S. 514-518.

(zitiert als: Vogel, DFW 1954)

***Vogel, Erhard*:** Zur Vereinfachung des Steuerrechts, in: DFW 1956, S. 766-769.

(zitiert als: Vogel, DFW 1956)

***Vordermaier, Fred*:** Ablaufschema für die Überprüfung von Rechtsbehelfen sowie Anträgen betreffend Steuerfestsetzungen und -erhebungen durch die DDR-Finanzbehörden aus der Zeit vor dem Wirksamwerden des Beitritts (am 3. Oktober 1990), in: DStZ 1991, S. 239-242.

(zitiert als: Vordermaier, DStZ 1991)

***Wachenhausen, Manfred*:** Zur Übernahme bundesdeutschen Steuerrechts in die DDR, in: StuW 1990, S. 268-273.

(zitiert als: Wachenhausen, StuW 1990)

***Wagner, Katja*:** Zur sozialistischen Umgestaltung des privatkapitalistischen Sektors der Industrie in der DDR, Berlin 1962.

(zitiert als: Wagner, Umgestaltung des privatkapitalistischen Sektors der Industrie)

***Walther, Erich*:** Zur Neugestaltung des allgemeinen Steuerrechts, in: DFW 1956, S. 982-984.

(zitiert als: Walther, DFW 1956)

***Wedelstädt, Alexander von*:** 75 Jahre Abgabenordnung, in: DB 1995, S. 7.
(zitiert als: v. Wedelstädt, DB 1995)

***Wolff, Wilfried*:** Allgemeines Verwaltungsrecht, 4. Auflage, Baden-Baden 2004.
(zitiert als: Wolff, Allgemeines Verwaltungsrecht)

FSC
www.fsc.org
MIX
Papier | Fördert gute Waldnutzung
FSC® C083411

Kolibri 360 GmbH
Ferdinand-Jühlke-Straße 7
99095 Erfurt, Deutschland
produktsicherheit@kolibri360.de